9割のムダをなくす!!

パソコン仕事 最速操作 完全ガイド

グエル 鈴木眞里子［著］
日経PC21［編］

日経BP

- 本書の解説は、2021年4月時点における最新バージョンのWindows 10（ウィンドウズ10）および同OS上で動作するWord（ワード）、Excel（エクセル）、Chrome（クローム）、Edge（エッジ）などのアプリケーションに基づいています。基本的な操作方法はほかのバージョンでも同じですが、画面の見た目や動作が一部異なる場合があります。
- 各セクション見出しに付いている「5分時短」などの表記は、1日に同じ操作を何度も繰り返すと想定した場合の、1日における短縮時間の目安です。実際の作業量や同じ操作を行う頻度によって、短縮時間は違ってきます。

はじめに

「デジタルトランスフォーメーション（DX）」や「働き方改革」の必要性が声高に叫ばれる昨今、パソコンやスマートフォンなどのIT機器を使いこなすことは、ビジネスパーソンに必須のスキルとなっています。ビデオ会議の浸透やテレワークの拡大など、パソコンに向かって仕事をする時間は増える一方です。

それだけに、パソコンを手際良く操作し、各種アプリケーションを適切に活用することは、仕事を効率良く進めるうえで欠かせません。パソコンを素早く、無駄なく操作できれば、大幅な時短につながります。

最近は、パソコンをキーボードだけで操作する「ショートカットキー」の解説書が人気を博していて、「マウスを使わない」ことを推奨する本まで登場しています。これも、少しでも仕事を効率化したいというビジネスパーソンのニーズを反映したものといえるでしょう。

キー操作だけでは不十分！ マウスも効果的に使うべき

確かに、決まった操作を一発で実行できるショートカットキーは非常に便利です。例えば「コピー」を実行する「Ctrl」+「C」キー、「貼り付け」を行う「Ctrl」+「V」キーは役立つ場面が多く、ショートカットキーの代表格。マウスでメニューを操作するより格段に速く実行でき、万人が覚えておくべきものでしょう。

しかし、だからといってマウスは不要なのでしょうか。例えばエクセルで、画面の左端にあるデータを、右端のセルにコピーする操作を考えてみましょう。これをキー操作だけでやろうとすると、「コピー」と「貼り付け」は一瞬でできるかもしれませんが、その前段階となる「範囲の選択」や「貼り付け先の選択」は、そう簡単ではありません。複雑なキー操作をしたり矢印キーを何回も押したりする必要があり意外と面倒です。

一方、ちょっとした範囲選択ならマウスのドラッグ操作で一瞬。画面右端のセルを選択するのも、マウスならワンクリックでOKです。従ってこの場合は、片方の手でマウスを持ち、もう片方の手はキーボードに置いて、①マウスで範囲選択→②「Ctrl」+「C」キーでコピー→③マウスで貼り付け先を選択→④「Ctrl」+「V」キーで貼り付け——という“合わせ技”を使う方法が最速だといえます（**図1**）。

また、ショートカットキーが割り当てられていない操作もあります。例えばエクセルの「オートフィル」。セルの右下隅をマウスでドラッグするだけで、連番を自動入力できる便利機能です（**図2**）。これをキー操作だけでやろうとすると、メニューをキーで操作するという遠回りな方法を取ることになり、かえって時間がかかってしまいます。

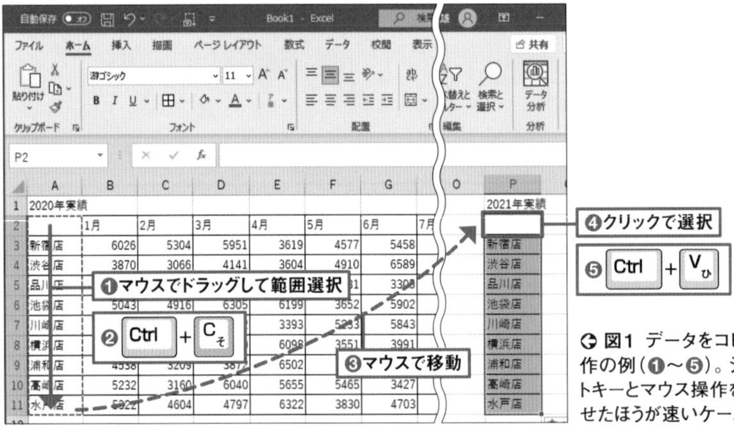

図1 データをコピーする操作の例（❶～❺）。ショートカットキーとマウス操作を組み合わせたほうが速いケースもある

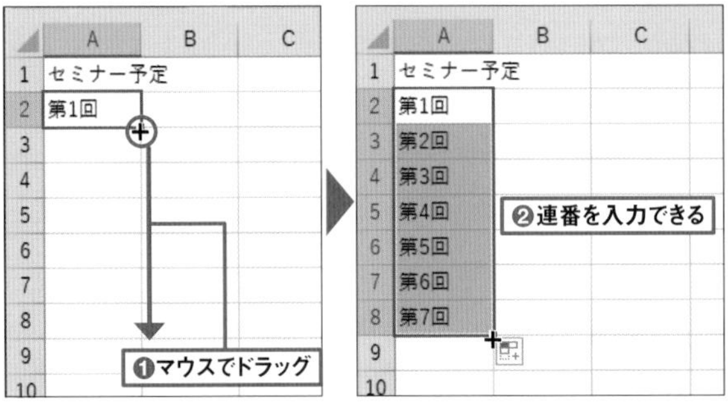

図2 エクセルの「オートフィル」機能を使うと、マウスのドラッグ操作で連番を自動入力できる（❶❷）。マウスを用いた操作を含め、各アプリの便利機能をフル活用することが、時短への近道だ

つまり、パソコンを本当に効率良く使いたいなら、キー操作とマウス操作をともに適材適所で活用し、両者を組み合わせて使うのが正解です。それには、ウィンドウズ10や各アプリケーションが備える機能をよく知ることも大切。自分なりに初期設定を変えて、目的の機能を最速で呼び出せるような環境づくり（カスタマイズ）も必要になります。

本書では、そんな「最速操作」を実現するノウハウを、ショートカットキー、マウス操作、メニュー操作、設定の変更などから、幅広く集めて解説しています。機能や操作方法を覚えやすいように、「アプリやファイルを開く」「データをコピペする」といったシーンごとにテクニックをまとめ、アプリ間で操作が共通する場合は一緒に紹介するように構成しました。

パソコンには、1つの目的を達成するための方法がたくさん用意されているため、気付かぬうちに、遠回りで無駄なやり方を選んでしまっているかもしれません。本書で解説する方法を知れば、「作業時間が10分の1になった！　今までの苦労は何だったんだ」というケースがたくさんあるはずです。本書のノウハウを、皆様の業務効率化に役立てていただければ幸いです。

日経PC21編集長　田村規雄

Contents ●目次

第1章

アプリやファイルを素早く開く・閉じる

仕事の取りかかりを速くすることは、時短を進めるうえで基本中の基本だ。パソコンでも同じ。必要なアプリを素早く起動できる環境を整え、ファイルを即座に開くテクニックを身に付ければ、それだけで作業時間を大幅に短縮できる。アプリの切り替えや終了も高速化しよう。

- ●スタートメニューはキー操作が速い
- ●タスクバー＆デスクトップ画面活用のコツ
- ●一発起動のボタンやアイコンを作成
- ●アプリやパソコンの終了も手早く

Section 01

スタートメニューはマウスでたどるな！

3分 時短

画面上を自由に動かすことのできるマウスは優れた入力機器だ。しかし、パソコンの操作中はキーボードに手を置いていることが多く、「マウスに持ち替える」というひと手間が煩わしい場合もある。また、ノートパソコンではマウスが使えない、タッチパッドが使いづらいということもある。そのためか、時短テクニックでは「マウスを使うな!」とよくいわれる。すべての操作でキーボードがマウスに勝るわけではないが、キー操作に軍配が上がる操作は確かにある。その代表格が、スタートメニューだ。

無駄が多いスタートメニューのマウス操作

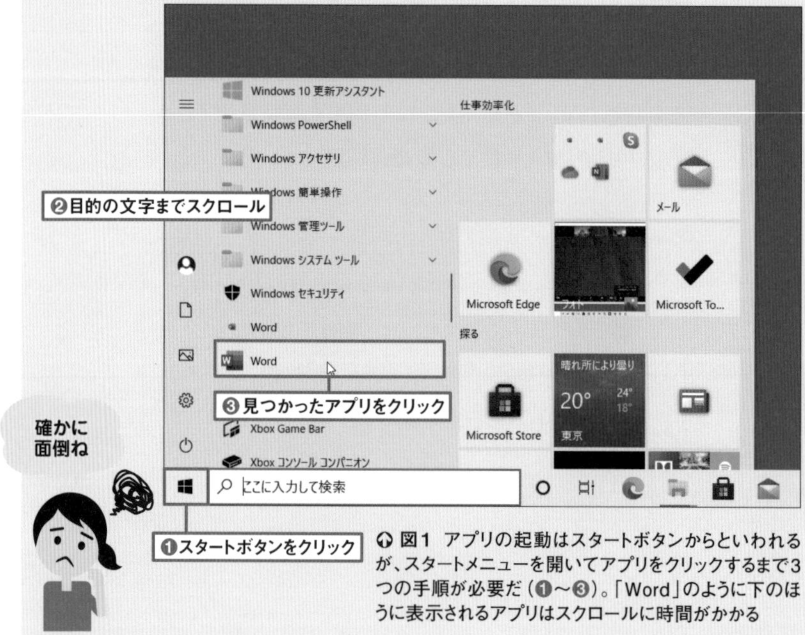

↑ 図1 アプリの起動はスタートボタンからといわれるが、スタートメニューを開いてアプリをクリックするまで3つの手順が必要だ（❶～❸）。「Word」のように下のほうに表示されるアプリはスクロールに時間がかかる

スタートボタンをクリックしてスタートメニューを表示させ、スタートメニューをスクロールして起動するアプリを探し、クリックする（**図1**）。パソコンを習得する過程で誰しもが教わる操作だが、ショートカットキーを使えばずっと簡単に、そして確実にアプリを起動できる。

「Windows」キーを押せばスタートメニューが開く（**図2**）。このとき、カーソルが検索ボックスに表示されることがポイントだ。エクセルを起動するならその頭文字の「E」キー、ワードなら「W」キーを押せばアプリを選択でき、「Enter」キーで起動できる（**図3**）。「E」キーだけでエクセルが選べない場合は、続いて「X」キーを押せば選べるだろう。検索ボックスが表示されていない場合でも、「Windows」キーを押した後、アプリの頭文字を入力すれば同様にアプリの検索ができる。

本書では、マウスとキーのどちらにも偏ることなく、最適な方法、覚えておいて損のない汎用的な操作を紹介していく。スタートメニューからアプリを起動するなら、キー操作がベストだ。

キー操作でアプリを起動

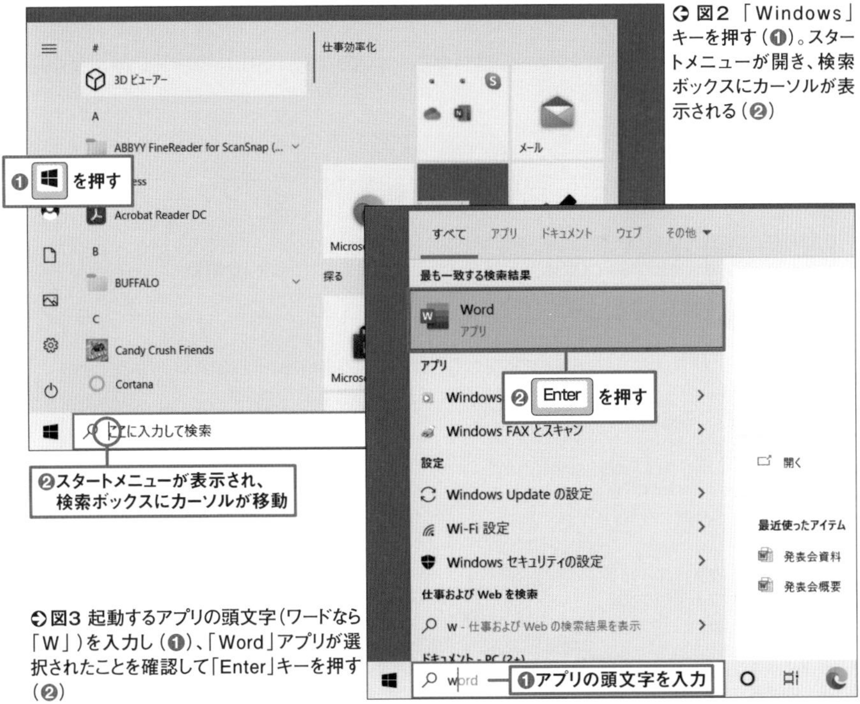

図2 「Windows」キーを押す（❶）。スタートメニューが開き、検索ボックスにカーソルが表示される（❷）

図3 起動するアプリの頭文字（ワードなら「W」）を入力し（❶）、「Word」アプリが選択されたことを確認して「Enter」キーを押す（❷）

Section 02

よく使うアプリはタスクバーから一発起動

5分時短

アプリはスタートメニューから起動するのが基本だが、頻繁に利用するアプリは、いつでも素早く起動できるようにしておきたい。ベストポジションは、タスクバーだ。タスクバーに登録するとワンクリックで起動できる（**図1**）。タスクバーはウインドウで隠れることがなく、いつでも表示されるので使い勝手が良い。

アプリもファイルもタスクバーに登録

タスクバーに登録する方法は簡単だ。登録したいアプリを起動し、タスクバーに表示されたアイコンを右クリックしてタスクバーにピン留めすればよい（**図2**）。起動していない場合は、スタートメニューからもタスクバーにピン留めできる（**図3**）。

タスクバーのアイコンは、アプリを起動するだけでなく、ファイルを開くときにも使える。ファイルのアイコンをタスクバーのアプリアイコンの上に「Shift」キーを押しながら

タスクバーに登録すれば起動はワンクリック

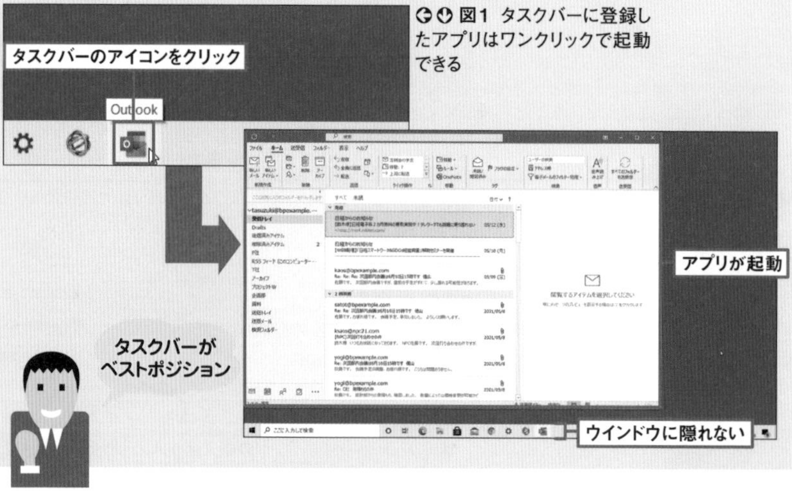

図1 タスクバーに登録したアプリはワンクリックで起動できる

ドラッグすると、そのアプリでファイルを開くことができる（**図4**）。

通常、ファイルを開くと、そのファイルの拡張子に関連付けられた「既定のアプリ」が起動する。例えば、写真ファイルは「フォト」アプリで開くのが既定だとしても、図4の方法を使えば一時的に「ペイント」で開くといったことも可能だ。

タスクバーによく使うアプリを登録

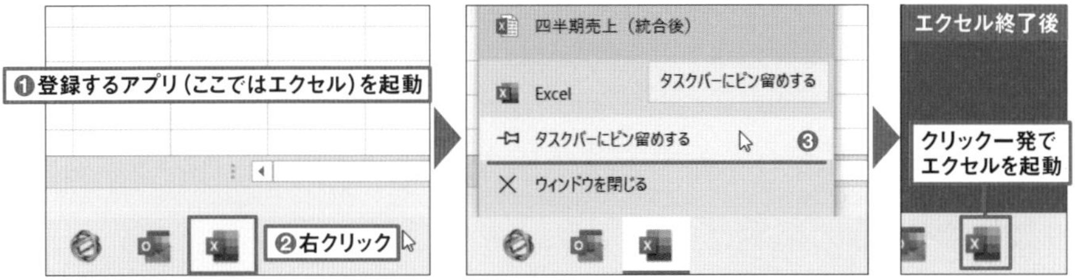

図2 登録したいアプリ（ここではエクセル）を起動したら、タスクバーのアイコンを右クリックして「タスクバーにピン留めする」を選ぶ（❶～❸）。エクセル終了後もアイコンが残り、ワンクリックで起動できる

図3 スタートメニューで登録するアプリを右クリック（❶❷）。「その他」から「タスクバーにピン留めする」を選択する（❸❹）

タスクバーのアプリからファイルを開く

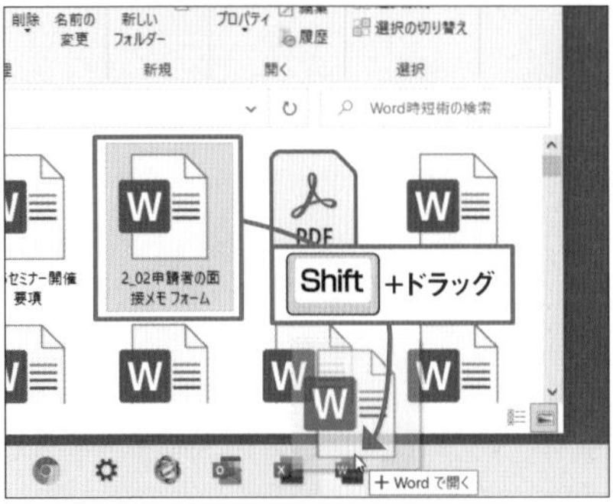

図4 ファイルを「Shift」キー＋ドラッグして開けるのもタスクバーのメリット。ワードファイルの場合、「Shift」キーを押しながらワードのアイコンにドラッグすると、ワードが起動し、文書が開く。写真を「ペイント」で開いたり、HTMLファイルを「メモ帳」で開いたりすることも可能

よく使うファイルやフォルダーはジャンプリストに

ファイルやフォルダーはタスクバーに直接登録することができない。そこで利用したいのが、タスクバーのジャンプリスト。ジャンプリストはタスクバーのアイコンを右クリックすることで表示される、アプリごとのショートカットメニューだ（**図5**）。ワンクリックというわけにはいかないが、右クリック→クリックでファイルやフォルダーを開けるので、エクスプローラーで探して開くよりずっと時短になる。

登録したいファイルやフォルダーをタスクバーのアイコンがない場所にドラッグする（**図6**）。ワードファイルならタスクバーのワードアイコン、フォルダーならエクスプローラーアイコンなど、関連付けされているアプリのアイコンにドラッグしても登録可能だ。

タスクバーからの起動はショートカットキーでもOK

タスクバーに登録したアプリのアイコンはワンクリックで起動できるだけでなく、ショートカットキーでも起動できる。タスクバーの左端のアイコンが「Windows」+「1」キー、以降は「2」「3」「4」…と数字キーが割り当てられている（**図7**）。キーボードに手を置いている場合は、ショートカットキーを使うのもよいだろう。

ちなみに「Windows」+「Alt」+数字キー（タスクバーの左から1、2、3…）で、そ

タスクバーのアイコンを右クリックでジャンプリスト表示

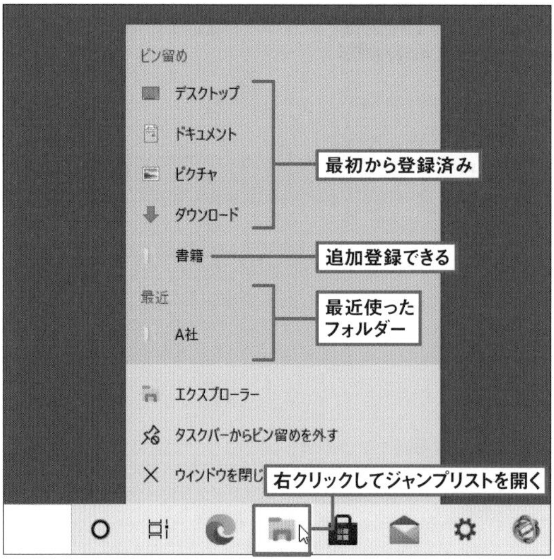

図5 例えば、タスクバーのエクスプローラーのアイコンを右クリックするとジャンプリストが開く。「ドキュメント」や「ピクチャ」などのユーザーフォルダーは既定でピン留めされている。「最近」には最近使ったフォルダーが表示される。「最近」の一覧は常に変化するので、固定したいフォルダーは「ピン留め」に登録するとよい。このジャンプリストはスタートメニューのアプリを右クリックしても開く

れぞれのアイコンのジャンプリストを開くこともできる。開いた後は上下の矢印キーで開きたいフォルダーなどを選択し、「Enter」キーで開く。手順が多くなるので、簡単に開くならマウス操作か、ショートカット（22ページ）のほうが時短になりそうだ。

ファイルやフォルダーはジャンプリストに登録

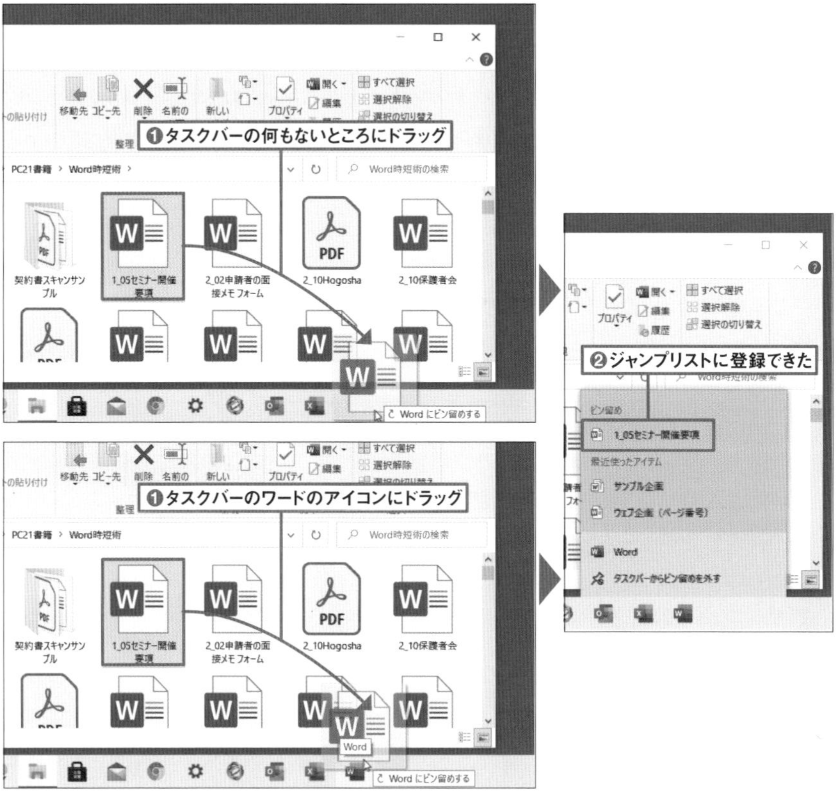

図6　ファイルやフォルダーをタスクバーの空いている場所か、そのファイルを開くアプリのアイコンまでドラッグする（❶）。そのファイルに関連付けられたアプリのジャンプリストに登録できる（❷）

「Windows」＋数字キーで起動

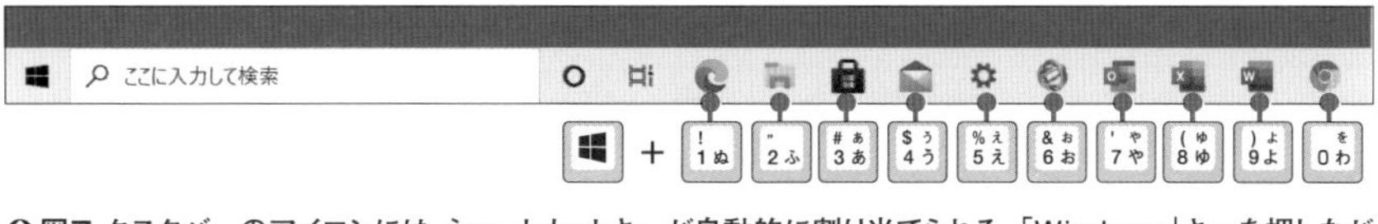

図7　タスクバーのアイコンには、ショートカットキーが自動的に割り当てられる。「Windows」キーを押しながら、それぞれの数字キーを押すと起動できる（テンキーは非対応）

ウェブページをタスクバーから開く

Edge（エッジ）やChrome（クローム）などのウェブブラウザーも、アプリとしてタスクバーにピン留めすることはできる。しかし、「出がけに必ず天気予報を見る」「1日何度もGmail（Gメール）をチェックする」といった場合、タスクバーからブラウザーを起動した後でウェブサイトにアクセスするのでは手間がかかる。時短にこだわるならタスクバーから直接目的のウェブページを開きたい。

ファイルをジャンプリストに登録する際には、タスクバーの対応するアプリアイコンにファイルをドラッグするが、Chromeのウェブページの場合はアドレスバー左端のアイコンを、タスクバーのChromeアイコンまでドラッグする（**図8**）。これでジャンプリストからウェブページを選べるようになる。Chromeの場合、環境によってはタスクバーのChromeアイコンが複数表示されることがあるので、使わないほうのアイコンをタスクバーから削除すればよい（21ページ）。

Edgeの場合、Chromeと同様にジャンプリストに登録することもできるが、ウェブ

Chromeはジャンプリストに登録

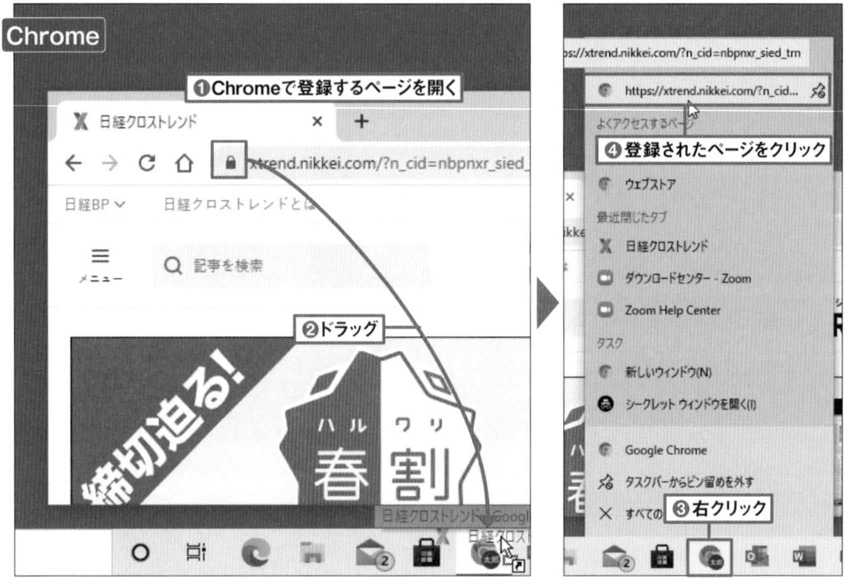

図8 Chromeはジャンプリストにウェブページを登録できる。登録したいページを開いたら、アドレスバーの左端にあるアイコンをタスクバーのChromeのアイコンにドラッグする（❶❷）。タスクバーのChromeアイコンを右クリックして、開くページを選ぼう（❸❹）

ページを直接タスクバーに登録できる。タスクバーに空きがあるなら、直接登録すればワンクリックでウェブページを開けて時短になる。メニューから「タスクバーにピン留めする」を選択し、わかりやすい名前を付けよう（**図9、図10**）。地図やニュースサイトなど、よく使うウェブページを登録すると時短効果が高い。

Edgeならタスクバーに直接登録

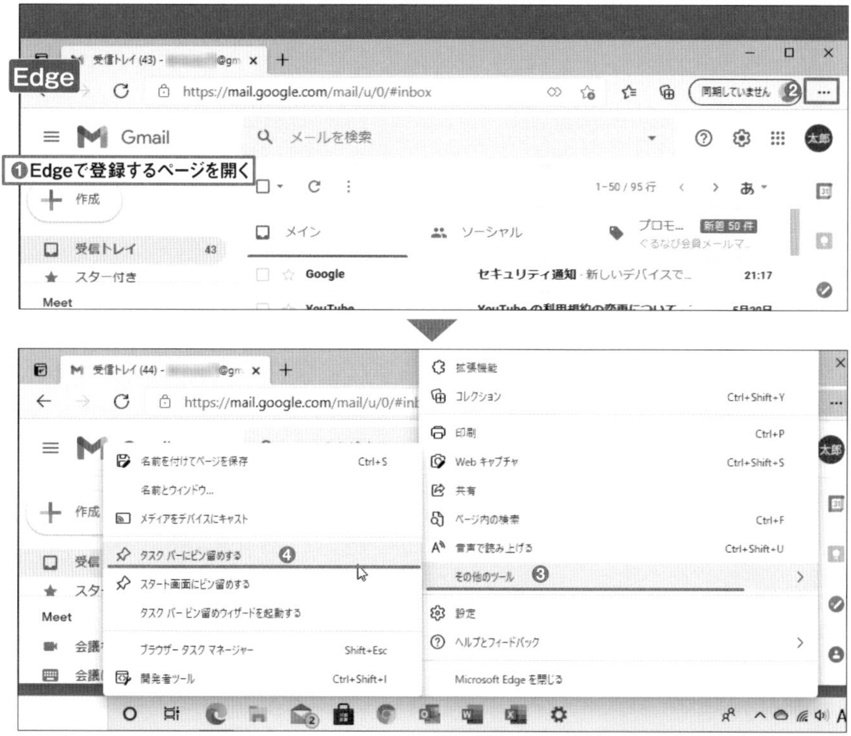

⮉図9　Edgeの場合、直接タスクバーにウェブページを登録できる。Edgeで登録したいページを開いたら、メニューを開く（❶❷）。「その他のツール」から「タスクバーにピン留めする」を選択する（❸❹）

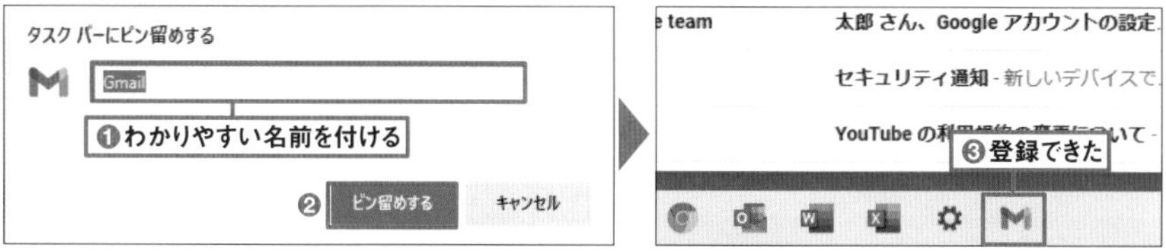

⮉図10　アイコンの名前を付ける画面が開くので、わかりやすい名前を入力し、「ピン留めする」をクリック（❶❷）。タスクバーにウェブページが登録できる（❸）。アイコンのデザインは、登録するウェブページによって異なる

タスクバーのアイコンを使いやすく整理する

タスクバーはワンクリックで起動できる便利な場所だが、登録できるアイコンの数に限りがある。16ページで説明したように、左端から10個のアイコンにはショートカットキーが割り当てられることもあり、よく使うアイコンから順に並べておきたい。タスクバーに登録したアイコンは、ドラッグで順序を入れ替えられるので、使いやすい順に並べよう（**図11**）。

表示できるアプリのアイコンを増やしたいなら、左端にあるCortana（検索ボックス）をアイコンのみにするのも手だ（**図12**）。アイコンをクリックするか、「Windows」キーを押せば検索ボックスへの入力モードになるので、常時表示する必要はない。

あまり使わなくなったアイコンやジャンプリストがあれば、ピン留めを外して整理するとより使いやすくなる。タスクバーのアイコンは右クリックして「タスクバーからピン留めを外す」を選択することで削除できる（**図13**）。不要なジャンプリストは、図13の画面でピンのアイコンをクリックすることで削除できる。

タスクバー右側にある通知領域のアイコンも整理しよう。図12上のメニューで「タ

よく使うアイコンを選びやすくする

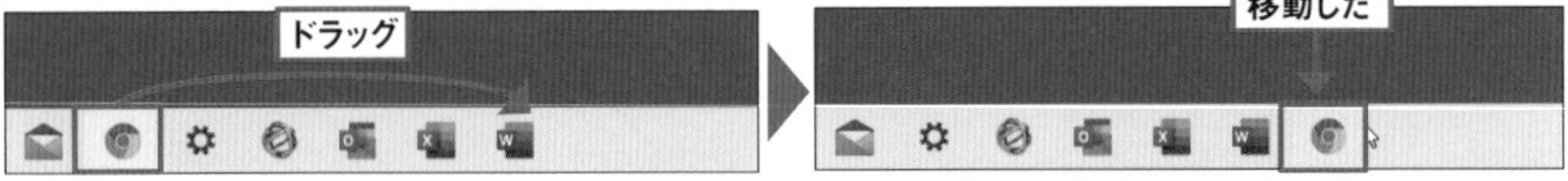

図11 タスクバーのアイコンはドラッグで場所を移動できる。選びやすい順序に並べ替えよう

Cortanaはアイコンのみの表示に

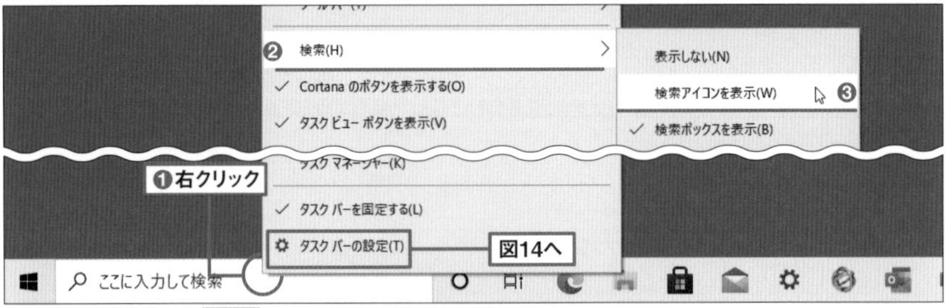

図12 タスクバーの検索ボックスを右クリックして「検索」から「検索アイコンを表示」を選ぶ（❶～❸）。検索ボックスが閉じて、アイコンのみの表示に変わる（❹）

スクバーの設定」を選ぶと、「設定」アプリが起動し、タスクバーの設定画面が開く。「システムアイコンのオン/オフの切り替え」を押すと、時計や音量、ネットワーク、アクションセンターなどウィンドウズシステムアイコンの表示・非表示を個別に切り替えられる（**図14**）。オフにすると、通知領域からアイコンが消えて、三角矢印ボタン（隠れているインジケーターを表示します）のメニューにも表示されなくなる。

使わないアイコンやジャンプリストは整理

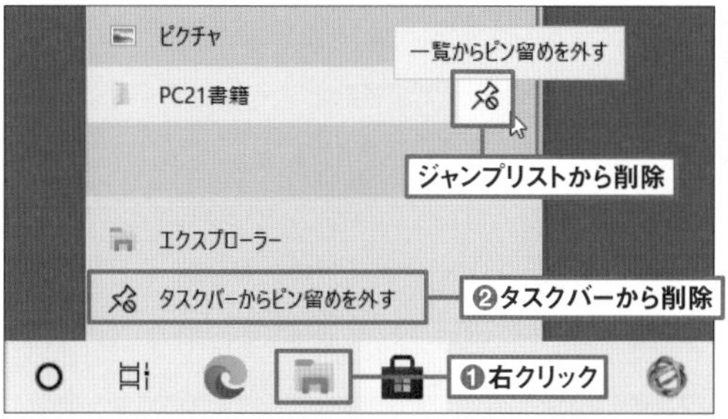

図13 登録を解除するときは、タスクバーのアイコンを右クリックして「タスクバーからピン留めを外す」を選ぶ（❶❷）。ジャンプリストはピンのアイコンをクリックすると削除できる

よく使うアイコンを選びやすくする

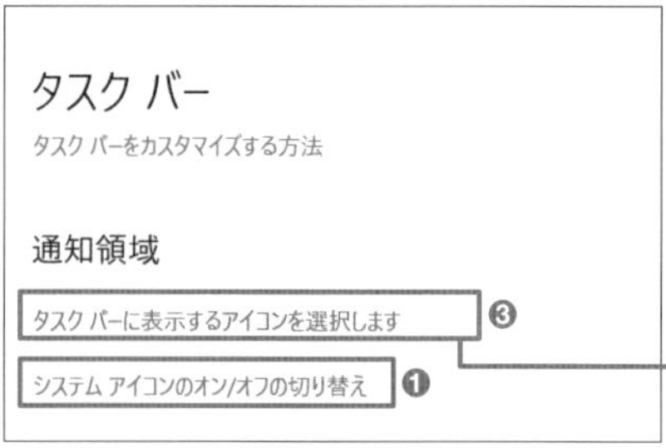

図14 図12上のメニューで「タスクバーの設定」を選ぶと、タスクバーの設定画面が開く。「システムアイコンのオン/オフの切り替え」をクリック（❶）。続く画面で不要なアイコンをオフにする（❷）。そして、通知領域に直接表示したくないアイコンもオフに変える（❸❹）。システムアイコンはオフにすると非表示になるが、タスクバーに表示するアイコンをオフにした場合は三角矢印ボタンのメニューに表示されるようになる

Section 03

よく使うファイルは机の上から一発起動

3分時短

書きかけの文書や日常的に使う辞書などは、机の上にあれば席に戻ったときすぐ仕事の続きにかかれる。パソコンでも同じだ。起動すると真っ先に表示されるデスクトップ画面に、作業中のファイルやフォルダー、よく使うアプリなどが並んでいれば、スタートメニューを開かなくても作業を始められる。

深い階層にあるフォルダーへの近道を作る

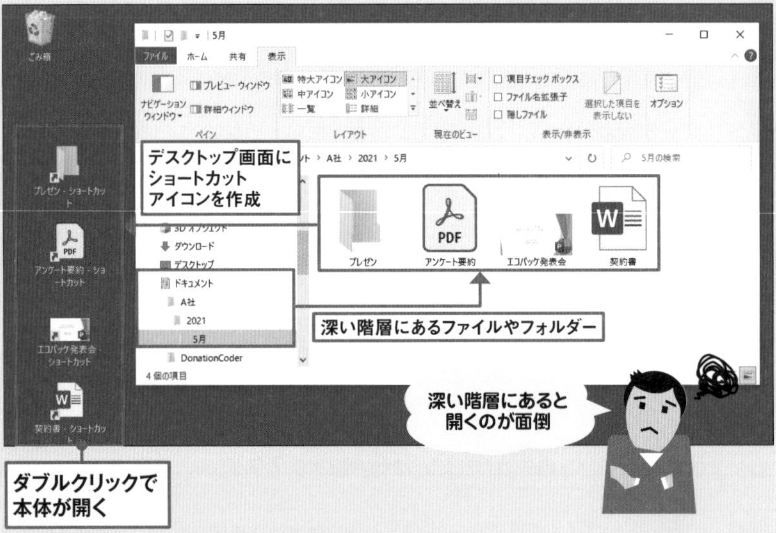

⇧⇨ 図1 「ショートカット」は、元のファイルへのリンクのようなもの。ショートカットを開くだけで元のファイルを開くことができる。深い階層にあるファイルやフォルダーへのアクセスが簡単になる。小さな矢印がショートカットの目印だ

とはいえ、デスクトップ画面にファイルの本体を置くのはお勧めできない。ファイルは「ドキュメント」など、しかるべきフォルダーに保管すべきだ。デスクトップ画面には、元のファイルへの場所を記した「ショートカット」を置けばよい（**図1**）。ショートカットを開けば元のファイルを開いたのと同じ結果になる。どんなに深い階層にあるファイルでも、デスクトップ画面にショートカットがあれば簡単に開けるということだ。ショートカットが不要になれば、消しても元のファイルに影響はないので使い勝手も良い。

フォルダーやファイルのショートカットを作るのは簡単だ。フォルダーやファイルをマウスの右ボタンでデスクトップ画面までドラッグし、開くメニューで「ショートカットをここに作成」を選べばよい（**図2**）。また、元のアイコンを右クリックして「ショートカットの作成」を選んでもショートカットを作成できるので、作成後にショートカットをデスクトップ画面に移動してもよい。ショートカットには「○○ - ショートカット」のような長い名前が付くので、わかりやすい名前に変更しておこう（**図3**）。

ファイルやフォルダーのショートカットをデスクトップ画面に作成

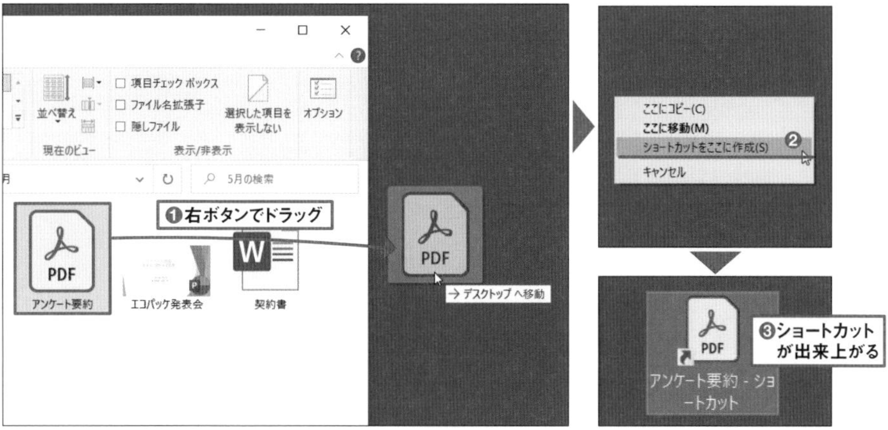

図2 目的のファイルなどを右ボタンでデスクトップ画面にドラッグ（❶）。マウスボタンを離したときに開くメニューから「ショートカットをここに作成」を選ぶ（❷）。アイコンに矢印が付いたショートカットが作成される（❸）

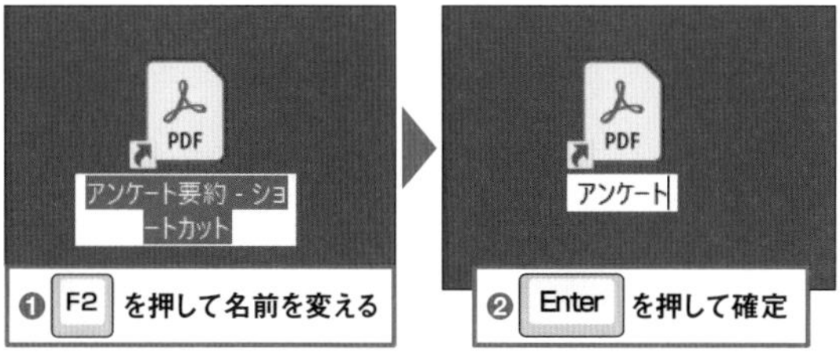

図3 アイコンを選択して「F2」キーを押すと名前を変更できる（❶）。変更したら「Enter」キーで確定する（❷）。本体とまったく違う名前にしても問題ない

アプリを起動するためのショートカットをデスクトップ画面に作ることもできる。アプリの場合、本体が深い階層にあることが多いので、スタートメニューを使うとショートカットを手軽に作成できる（**図4**）。

アプリのショートカットをデスクトップ画面に置く

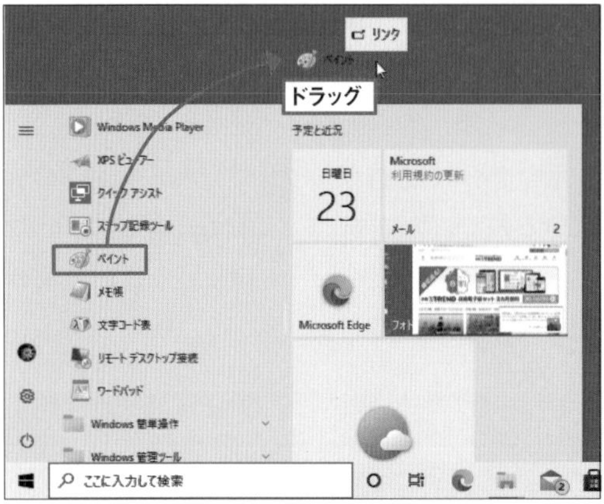

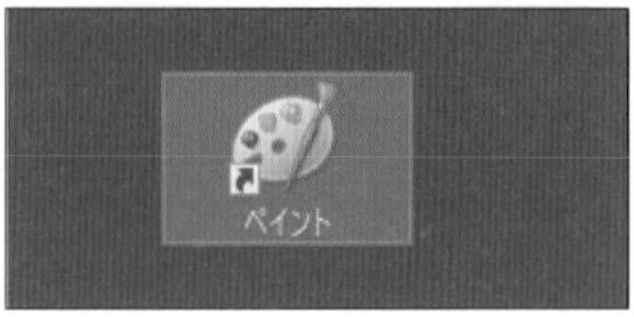

⬅⬆ 図4 スタートメニューの一覧やタイルにあるアプリをデスクトップ画面にドラッグするとショートカットを作成できる。ショートカットをダブルクリックすると本体のアプリが起動する。ショートカットを削除してもアプリがアンインストールされることはない

ウェブページのショートカットをデスクトップ画面に置く

⬆ 図5 「Chrome」や「Edge」では、アドレスバーの左端のアイコンをデスクトップ画面にドラッグするだけで、表示中のウェブページへのショートカットが作れる

デスクトップ画面のショートカットにショートカットキーを設定

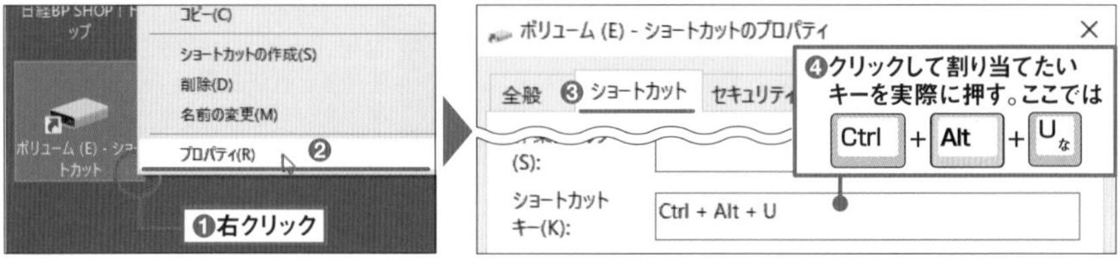

⬆ 図6 ショートカットアイコンを右クリックして「プロパティ」を選ぶ（❶❷）。「ショートカット」タブを開き、「ショートカットキー」欄をクリックして、割り当てたいキーを実際に押す（❸❹）

ただし、アプリのショートカットは画面下部にあるタスクバーに置いたほうがウインドウに隠れることがなく、ワンクリックで起動できる。タスクバーに入りきれないアプリや朝一番で起動したいアプリをショートカットにするなど、使い分けるとよいだろう。

よく使うウェブページがあれば、デスクトップ画面にショートカットを置くことで、タスクバーのジャンプリスト（18ページ）より手軽にアクセスできる（**図5**）。

デスクトップ画面上のショートカットをもっと使いやすく

デスクトップ画面上のショートカットには、起動キー（ショートカットキー）を割り当てられる。プロパティ画面を開き、「ショートカット」タブでキーを割り当てれば設定は完了（**図6**）。割り当てられるキーは「Ctrl」+「Alt」+英字キー、もしくは「Ctrl」+「Shift」+英字キーなので、よく使うショートカットだけに設定しよう。

デスクトップ画面上にあるアイコンは自動的に整列する設定が基本。ショートカットが勝手に移動すると使いづらいので、デスクトップ画面の好きな場所に配置できるように設定を変更しておくとよい（**図7、図8**）。

アイコンを好きな場所に置けるように設定

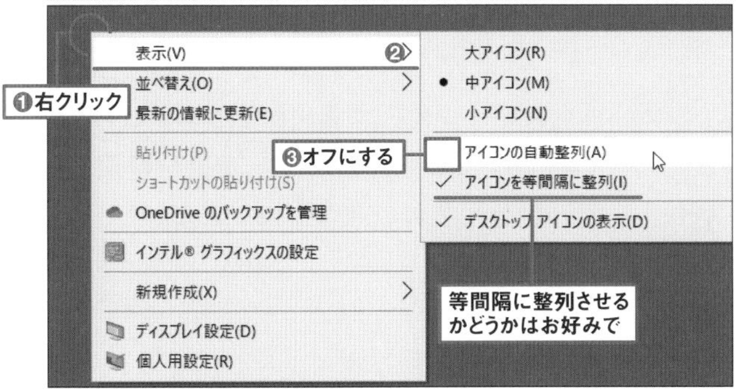

図7 デスクトップ画面の何もないところを右クリックして「表示」を開き「アイコンの自動整列」を確認（❶❷）。チェックが付いていたら、選択してオフにする（❸）。その下にある「アイコンを等間隔に整列」は好みでオンまたはオフにしよう

図8 自動整列がオンの状態だと、アイコンは左上から順に詰めて表示される。オフにすることで、自分の好きな場所にアイコンを配置でき、分類整理がしやすい

Section 04

「いつも使う」アプリやファイルは自動で開く

3分時短

出社したらパソコンの電源を入れ、アウトルックでメールをチェックし、エクセルで昨日の経費を入力する……。そんなルーティンが決まっているのなら、パソコンを起動すればアウトルックの受信トレイやエクセルのファイルが自動的に開くように設定すれば、お茶をいれている間に仕事の準備を整えることができる(**図1**)。

ウィンドウズの「スタートアップ」フォルダーに入れたファイルは、ウィンドウズの起動とともに起動する。スタートアップフォルダーを開くには、「Windows」+「R」キーで「ファイル名を指定して実行」画面を開き、「shell:startup」(半角)と入力して実行する(**図2**)。ここに起動したいアプリやファイルのショートカットを作成すれば設定完了だ(**図3**)。

アプリを起動するだけでも時短にはなるが、例えば「アウトルックを起動したら特定のフォルダーを真っ先に開く」といった場合は、そのフォルダーが自動で開くように設定することもできる(**図4**)。

同様に、エクセルの場合は、「ファイル」→「オプション」→「詳細設定」と選択し、「全般」欄の「起動時にすべてのファイルを開くフォルダー」を指定すると、エクセル起動時に指定したフォルダー内の全ファイルを開いてくれる。このように、起動時の設定はアプリごとに異なるので、よく使う設定を既定にしておくと時短に効果的だ。

ルーティンの自動化が時短のポイント

❶パソコンを起動

▼

❷アプリを起動

▼

❸ファイルやフォルダーを開く

◀ 図1 パソコンの起動時にいつも使うアプリやファイルを開いているとすると、毎日同じ操作を繰り返すことになる(❶～❸)。ルーティンがあるのなら、自動化すると時短効果が高い

確かに毎日
同じことの
繰り返しだ

いつものアプリは自動で起動

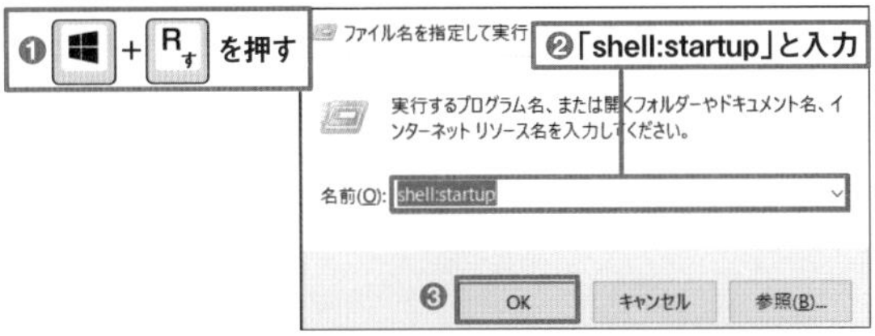

⬅図2 「Windows」+「R」キーを押して「ファイル名を指定して実行」画面を開く（❶）。「shell:startup」と半角で入力し（❷）、「OK」を押す（❸）

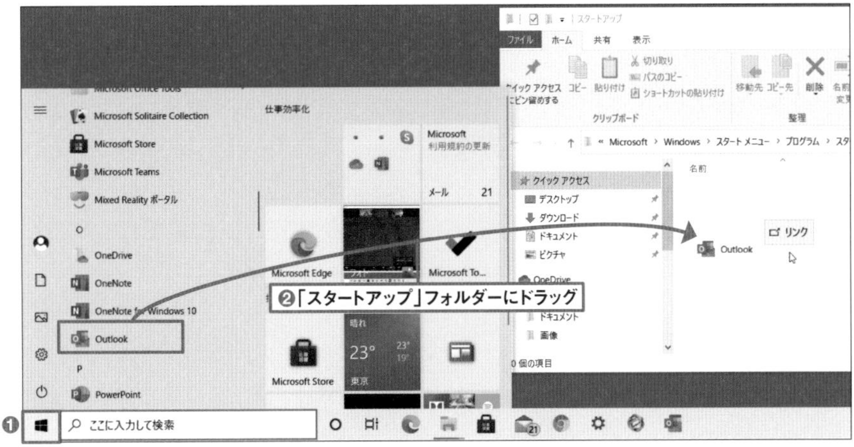

⬆図3 「スタートアップ」フォルダーが開いたら、スタートメニューを開いて「Outlook」をここにドラッグ（❶❷）。これでアウトルックがスタートアップに登録され、ウィンドウズの起動と同時に自動で起動する

アウトルックの起動時に特定のフォルダーを開く

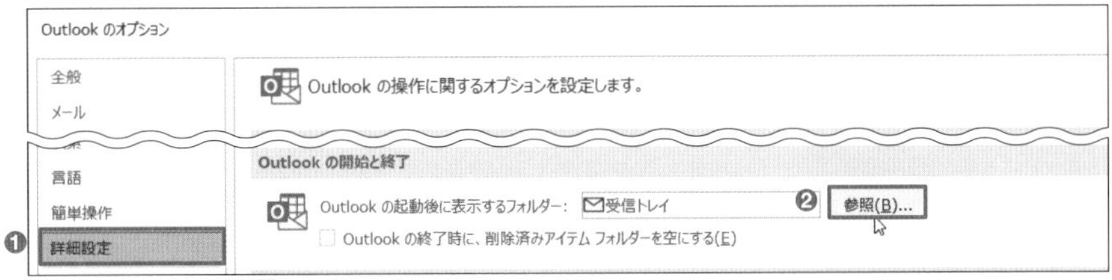

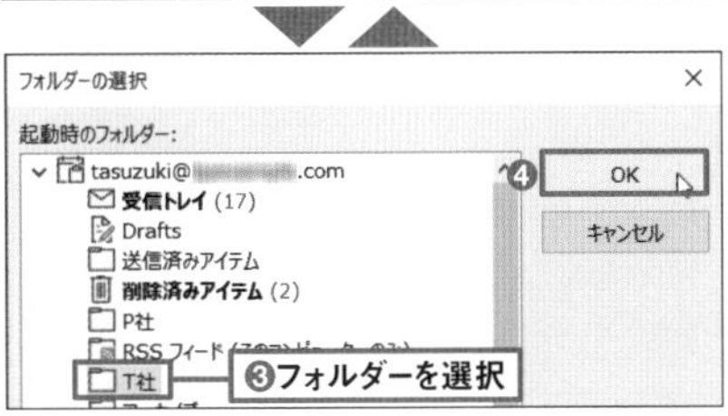

⬆⬅図4 「ファイル」タブを開いて「オプション」を選択する。「詳細設定」で「Outlookの開始と終了」欄にある「参照」をクリック（❶❷）。起動時に開きたいフォルダーを選択して「OK」をクリックする（❸❹）。上の画面に戻るので、画面下の「OK」をクリックして設定を終える

Section 05

「いつもの設定」を既定にする

5分時短

ファイルを開いたら普段使用していないアプリが起動して、いつものアプリを起動し直した経験はないだろうか（**図1**）。あるいは新規文書を作成するたびにフォントや用紙などの設定を変更していないだろうか。ウィンドウズやアプリは既定の設定に従って起動する。その設定が不便だと感じるなら、普段よく使う環境に合わせて既定の設定を変更していこう。

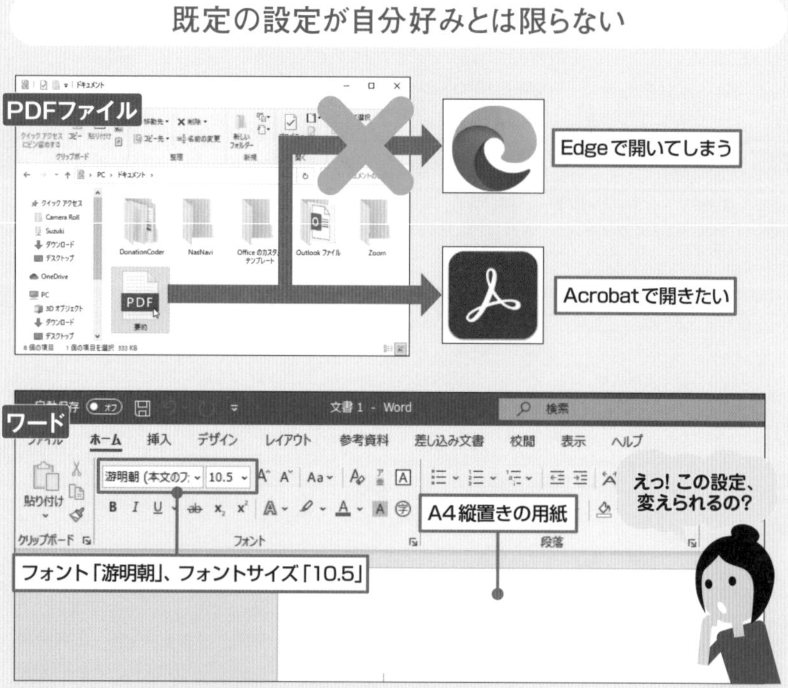
既定の設定が自分好みとは限らない
PDFファイル
Edgeで開いてしまう
Acrobatで開きたい
ワード
A4縦置きの用紙
えっ! この設定、
変えられるの?
フォント「游明朝」、フォントサイズ「10.5」

↑図1 ファイルを開くと普段使っているのとは違うアプリが起動してしまう、あるいは新規文書を開くと使いたいフォントや用紙サイズと異なるため毎回変更しているといった場合、「既定値」を変えることで余分な手間を省ける

いつものアプリを既定のアプリに

メールは「メール」、ウェブページやPDFファイルは「Edge」が初期設定では既定のアプリだ。「メールアプリはアウトルックを使っている」という場合は、「既定のアプリ」を変更する。変更の方法は複数あるが、これまで設定を変更したことがないのなら、ほかの既定のアプリも見直しておいたほうがよい。

「設定」アプリを開き、「アプリ」→「既定のアプリ」と選択する（**図2**）。表示される画面では、メールやブラウザーなど、主要なアプリの設定を変更できる。「ファイルの種類ごとに既定のアプリを選ぶ」を選択して、ファイル形式（拡張子）ごとに既定のアプリを指定することもできる（**図3**）。

既定のアプリを「いつものアプリ」に変更

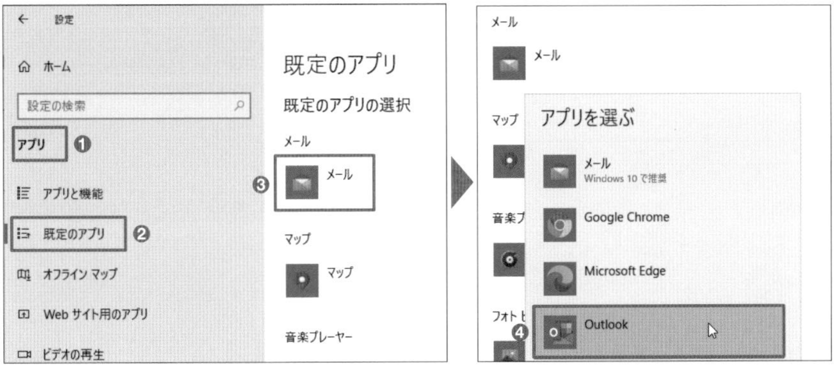

図2 「設定」アプリで「アプリ」を選び、「既定のアプリ」を選択する（❶❷）。ここではメールの設定を変更したいので「メール」をクリックし、既定にしたいアプリ（ここでは「Outlook」）を選択する（❸❹）

図3 図2の画面で「ファイルの種類ごとに既定のアプリを選ぶ」を選択する（❶）。変更したい拡張子に設定されたアプリをクリックし、既定にしたいアプリを選択する（❷❸）

「いつもの設定」を新規文書の既定値に

アプリには、それぞれ既定の設定があり、新規文書を開くとその設定に基づいて作成される。よく使う文字デザインや、行間などの段落書式が既定の設定と違っていて、新規文書を作るたびに書式を変更しているのなら時間の無駄。最もよく使う設定を既定に設定すれば、かなりの時短になる。ここではエクセルとワードで文字デザインの既定の設定を変更する例で説明する。

エクセルでは「本文のフォント」「11ポイント」が初期設定での既定になっている。新規ブックの設定を変更するには、「ファイル」タブの「オプション」を選択し、「新しいブックの作成時」欄で設定を変更すればよい（**図4、図5**）。

ワードの初期設定では、フォントは「游明朝」、フォントサイズは「10.5ポイント」だ。既定のフォントを変更するには、「フォント」ダイアログボックスを開き、いつも使うフォン

エクセルでフォントの既定値を変更する

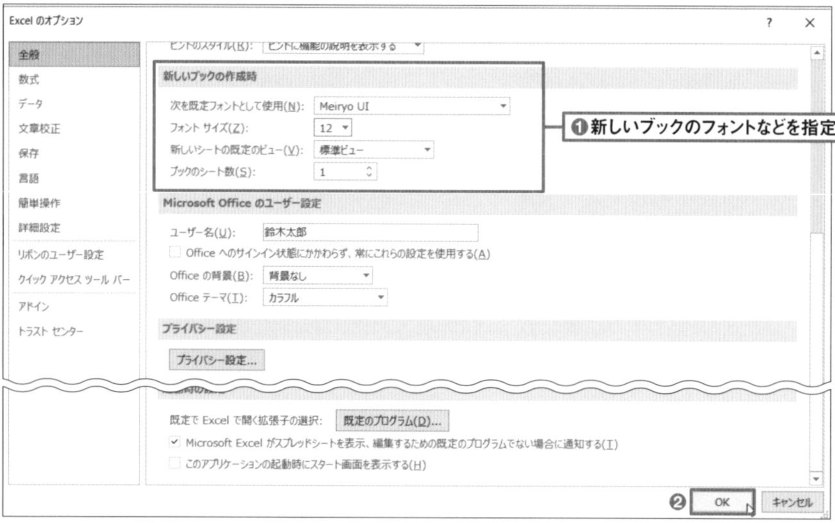

⬆ 図4　エクセルで「ファイル」タブを開き、「オプション」を選択。「新しいブックの作成時」欄でフォントやフォントサイズ、ビューやシート数などを指定し、「OK」ボタンを押す（❶❷）

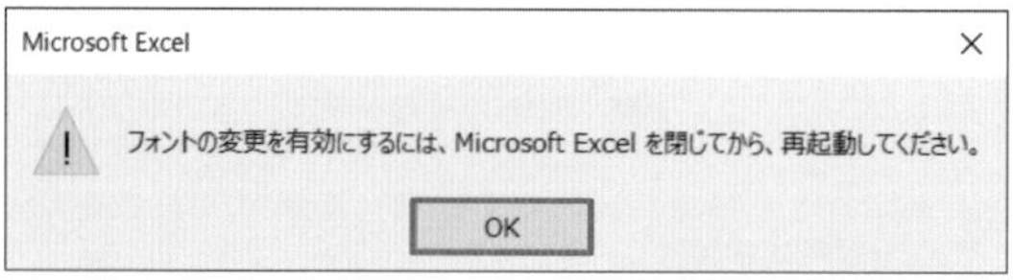

⬅ 図5　確認メッセージが表示されるので、「OK」ボタンを押してエクセルを再起動する。再起動後、新規ブックを作成すると、指定したフォントなどが適用される

トの設定に変更して「既定に設定」ボタンをクリックする（**図6**）。「Normalテンプレートを使用したすべての文書」を選択すれば、今後作成する新規文書の設定を変更できる（**図7**）［注］。同様に既定の段落書式を変更する場合は「段落」ダイアログボックスで設定すればよい。既定のページサイズや用紙の向きを変更するなら、「レイアウト」タブから「ページ設定」画面を開いて既定に設定する（**図8**）。

このように、設定方法はアプリごとに異なるので、自分がよく使うアプリの既定を自分好みに変更できないか調べてみるとよいだろう。

ワードでフォントやページ設定の既定値を変更する

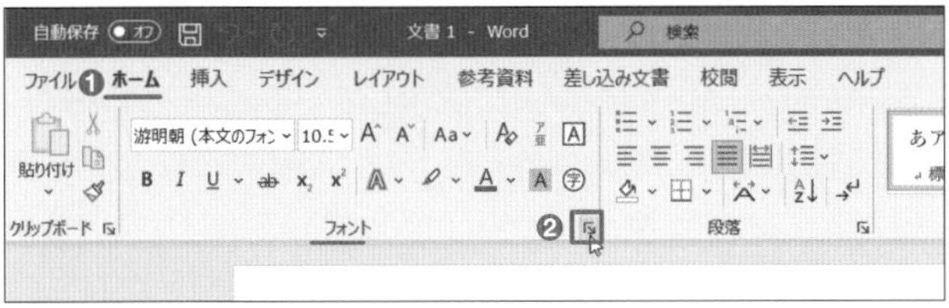

図6 ワードで文書を開き、「ホーム」タブで「フォント」欄右下のボタンをクリックする（❶❷）

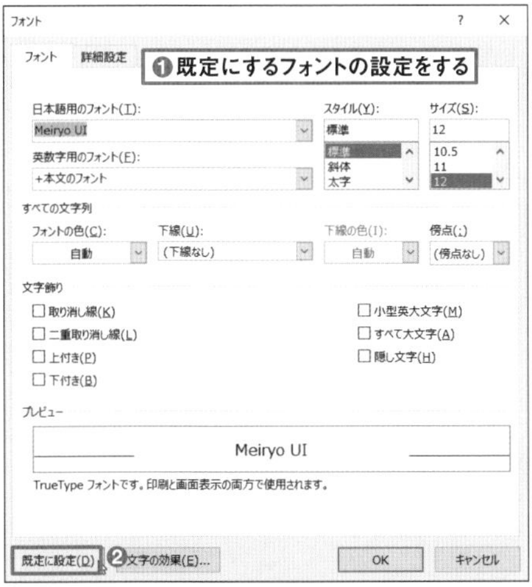

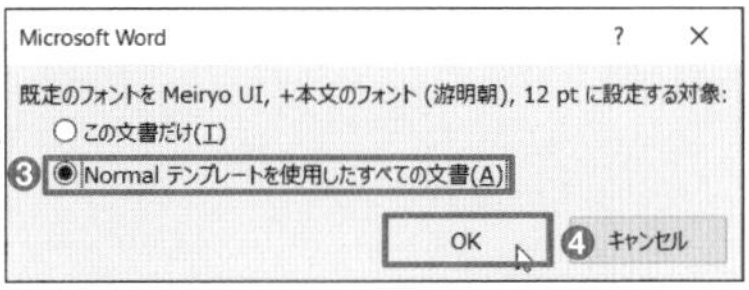

図7 既定にしたいフォントの設定を行い、「既定に設定」ボタンをクリックする（❶❷）。この例では、日本語用のフォントを「Meiryo UI」「12ポイント」に変更した。「Normalテンプレートを使用したすべての文書」を選択して、「OK」ボタンをクリックする（❸❹）

図8 ページサイズなどの既定を変更するには、「レイアウト」タブで「ページ設定」欄右下のボタンをクリックする（❶❷）。表示される「ページ設定」画面で既定にしたい用紙サイズや向き、余白などを指定し、「既定に設定」ボタンを押す

［注］アクセス許可の設定やアドインなどが原因で、既定のフォントなどを変更しても元に戻ってしまうことがある

Section 06

エクスプローラーでファイルを開く便利技

5分
時短

ファイルを開く、コピーする、移動するなど、1日に何度も使うことの多いエクスプローラー。よく使うアプリだけに専用のショートカットキーがあり、「Windows」+「E」キーを押せばエクスプローラーが起動する。「Explorer」の「E」なので覚えやすい。エクスプローラーを開いていて、さらに別ウインドウを開きたいときにも便利だ。

使用頻度の高いエクスプローラーだが、アイコンで表示しているとファイルが探しづらかったり、詳細表示などに切り替えるためには「表示」タブをクリックして開く必要があるなど、少々使いづらい点がある（**図1**）。解決していこう。

エクスプローラーの「使いづらい」を解決

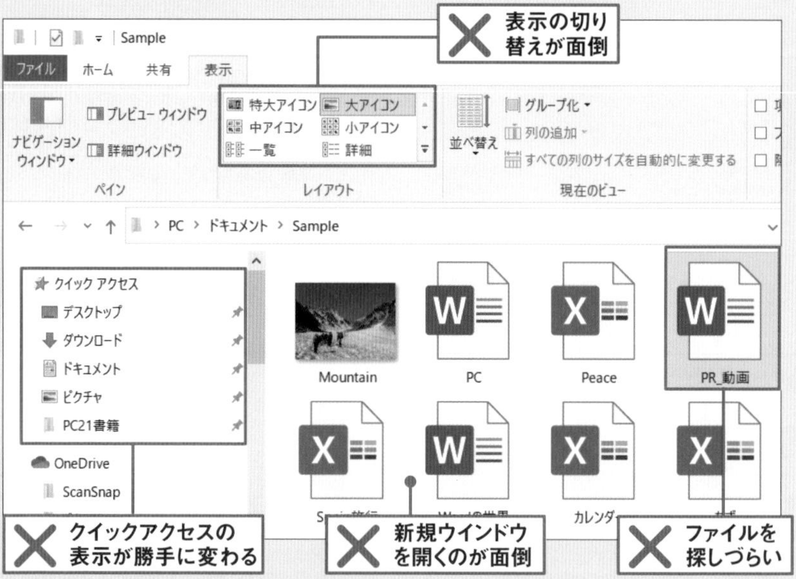

図1 エクスプローラーは初期設定のままだと使いづらいこともある。例えば、フォルダー一覧の並び方が使いづらい、表示の切り替えが面倒といった不満は、設定で解決できる

ファイル名の頭文字でジャンプ

フォルダー内にたくさんのファイルがある場合、ファイル名だけを見ながら探すのは時間がかかる。詳細表示にして並べ替えたり、検索機能を使って目的のファイルを探すのも手だが、近道はファイル名の頭文字を入力することだ。

「P」キーを押せば、「P」で始まる最初のファイルにジャンプできる（**図2**）。アイコン表示でもすぐにファイルを探せるので便利だ。選択後は「Enter」キーで開けばよい。

素早く「PR」と入力すれば「PR」で始まるファイルにジャンプでき、「日経」と入れれば「日経」で始まるファイルにジャンプすることも可能だ。

入力した文字で始まるファイルを表示

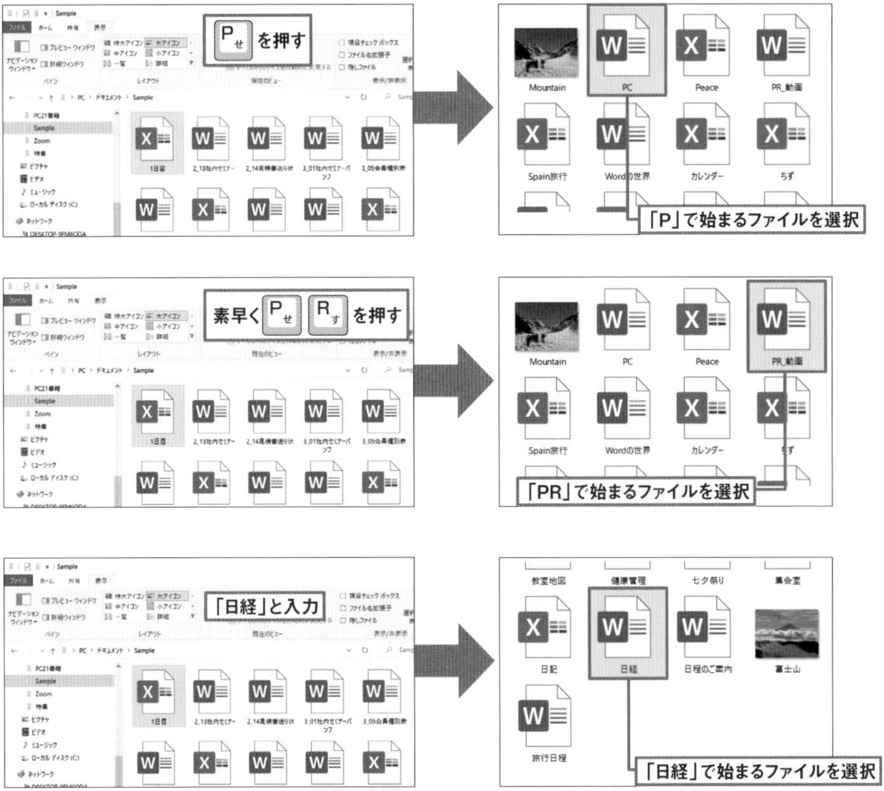

図2 エクスプローラーを開き、探しているファイル名の頭文字を入力すると、該当するファイルまでジャンプできる。「P」キーを押せば「P」で始まるファイル名、素早く「P」「R」とキーを押せば「PR」で始まるファイル名の最初のファイルが選択される。「日経」のような漢字でも探せる

クイックアクセスを有効活用

エクスプローラー左側のフォルダー一覧の最上段には、頻繁に使うフォルダーを登録する「クイックアクセス」が表示される。クイックアクセスには、「ドキュメント」などよく使われるフォルダーが既定として登録されているほか、最近よく使っているフォルダーが自動的に登録されるなど、使用状況に応じて表示するフォルダーが変わる。ウィンドウズ10から登場した機能なので、以前からのユーザーの中には「クイックアクセスは不要」と感じる人もいるようだ。しかし、せっかく最上段の選びやすい場所に表示されるなら、よく使うフォルダーの置き場所として便利に使うのも手だ。

クイックアクセスの自動追加をオフ

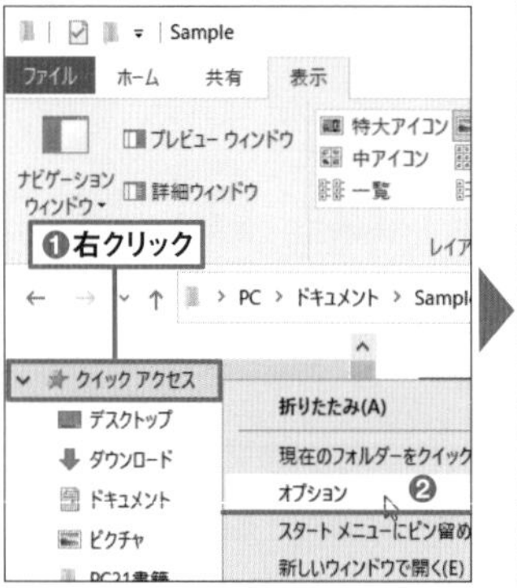

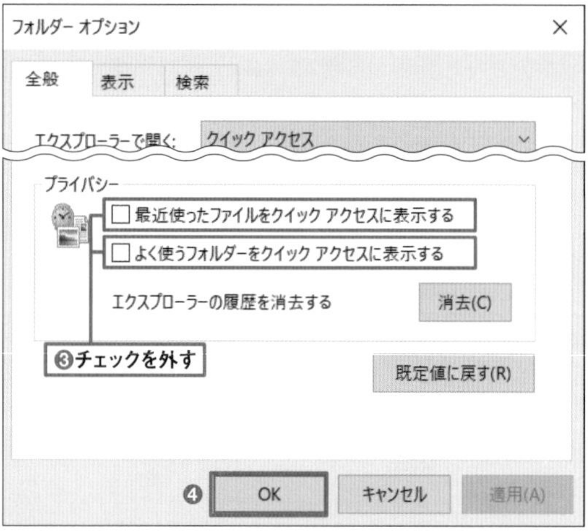

⇧⇨ 図3 「クイックアクセス」を右クリックし、「オプション」を選択する（❶❷）。「プライバシー」欄の2項目のチェックを外して「OK」ボタンを押す（❸❹）

クイックアクセスに追加・削除

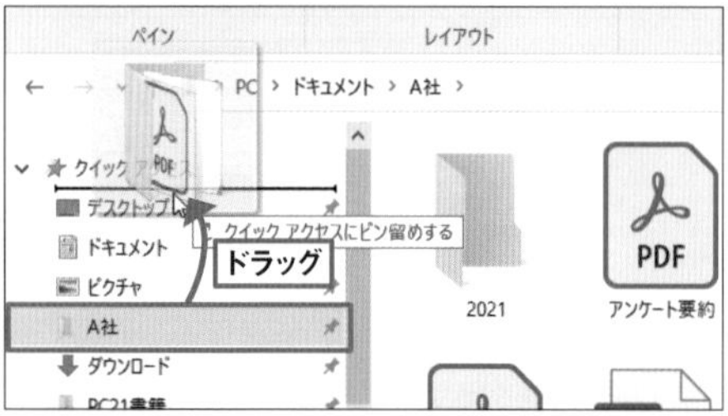

⇧ 図4 よく使うフォルダーをクイックアクセスの登録したい位置までドラッグすると追加される

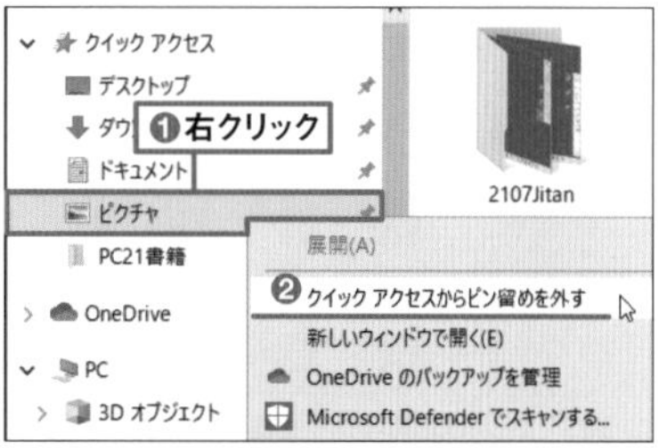

⇧ 図5 不要な項目を右クリックし、「クイックアクセスからピン留めを外す」を選択（❶❷）

クイックアクセスによく使うフォルダーだけを表示したいなら、最近使用したフォルダーなどが勝手に登録されないように設定を変更しておこう（**図3**）。

あとはよく使うフォルダーをクイックアクセスにドラッグするだけで簡単に追加できる（**図4**）。順序の変更もドラッグでできるので、使用頻度の高いフォルダーから順に並べておこう。使わなくなったら、ピン留めを外せばよい（**図5**）。

簡単に見やすく表示

エクスプローラーの操作に時間を取られないためには、ファイルやフォルダーを見やすく表示することも大切だ。「表示」タブの「レイアウト」でアイコンの大きさや詳細、一覧など8つの表示方法を切り替えられることはご存じだろう。しかし、「表示」タブを選択するだけでもひと手間かかるので、もっと簡単に切り替えたい。

8つの表示方法には、それぞれショートカットキーが割り当てられている（**図6**）。「どうしてもキーで操作したい」という人はこれを覚えるとよいだろう。しかし、8つもあると「中アイコンは何番目だっけ?」などと、思い出すのに時間がかかりそうな人には別の方法もある。表示方法の中でも、最もよく使われる「詳細」と「大アイコン」は、エクスプローラーウインドウ右下隅にあるボタンで切り替えられるので、ショートカットキーを覚えるよりボタンを使うほうが簡単そうだ（**図7**）。

ショートカットキーやボタンで表示を切り替え

ショートカットキー	表示方法
Ctrl + Shift + 1	特大アイコン
Ctrl + Shift + 2	大アイコン
Ctrl + Shift + 3	中アイコン
Ctrl + Shift + 4	小アイコン
Ctrl + Shift + 5	一覧
Ctrl + Shift + 6	詳細
Ctrl + Shift + 7	並べて表示
Ctrl + Shift + 8	コンテンツ

↑図6 「Ctrl」キーと「Shift」キーを押しながら、数字の「1」～「8」キーを押すと、表示を簡単に変更できる

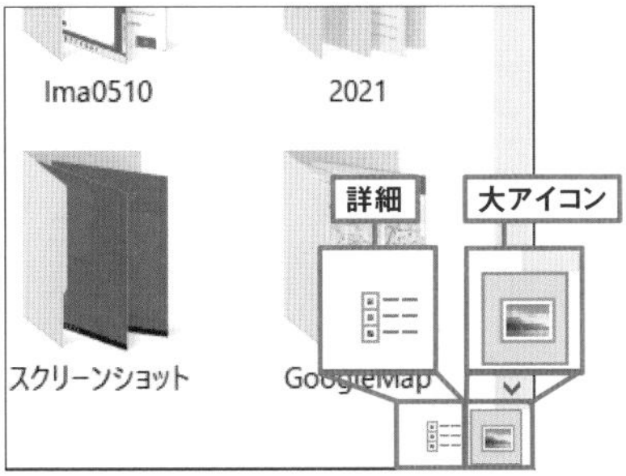

↑図7 エクスプローラーの右下隅には、「詳細」と「大アイコン」のボタンが用意されており、それぞれをクリックすることでレイアウトを切り替えられる

アイコン表示はマウスホイールで自由自在

アイコン表示のときに、「もう少し大きいと見やすいのに」などと考えたことはないだろうか。「表示」タブでは、小アイコンから特大アイコンまで4段階しか選べないが、アイコンの大きさはかなり細かく調整が可能だ。「Ctrl」キーを押しながらマウスのホイールを回してみよう。奥方向に動かせば拡大、手前方向なら縮小になる（**図8**）。

ホイールの回転は、アイコンの大きさを変えるだけでなく、一覧や詳細などの表示に切り替えることもできる（**図9**）。前ページで紹介したショートカットキーを覚えるより、はるかに楽なので、ぜひ覚えてほしい。

「Ctrl」+マウスホイールで表示を切り替え

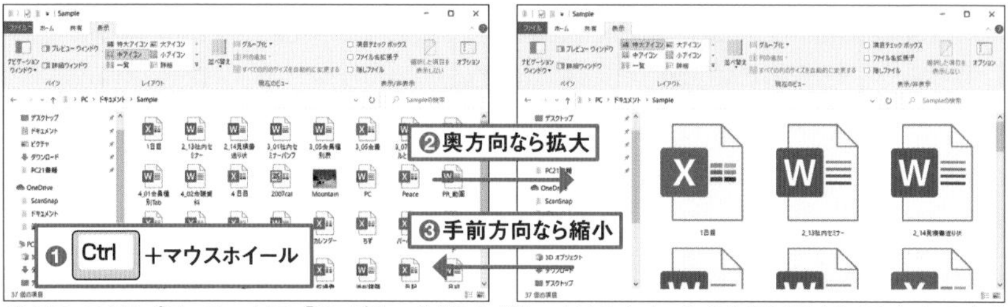

図8 エクスプローラー上で、「Ctrl」キーを押しながらマウスのホイールを前後に回すと、アイコンの大きさが変わる（❶～❸）

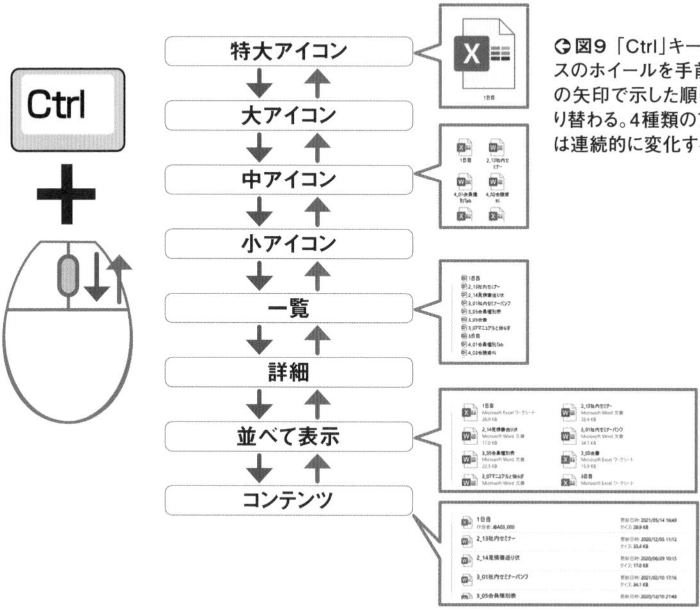

図9 「Ctrl」キーを押したままマウスのホイールを手前に回すと、青色の矢印で示した順にレイアウトが切り替わる。4種類のアイコンのサイズは連続的に変化する

フォルダーを別ウインドウで開く

コピーや移動の操作ではフォルダーを別ウインドウで開けると便利なことがある。フォルダーを右クリックして「新しいウィンドウで開く」を選べばよいのだが、「Ctrl」キーを押しながらダブルクリックしても、フォルダーを選んで「Ctrl」+「Enter」キーを押しても別ウインドウで開けるので状況に応じて使い分けよう（**図10〜図12**）。

フォルダーを新しいウインドウで開くなら「Ctrl」+「Enter」

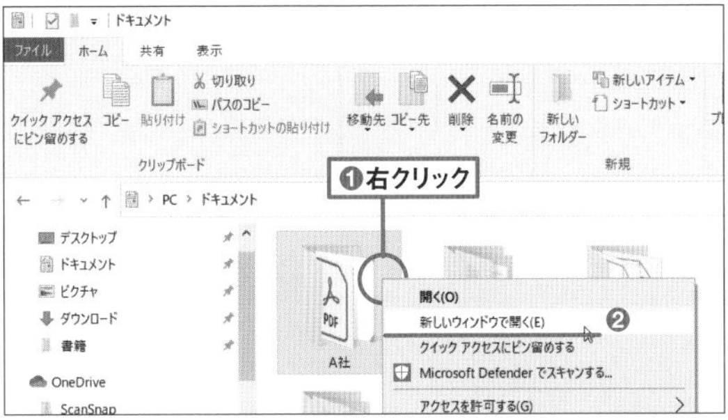

図10 フォルダーを新しいウインドウで開くには、開くフォルダーを右クリックして「新しいウィンドウで開く」を選択するのがオーソドックスな方法だ（❶❷）

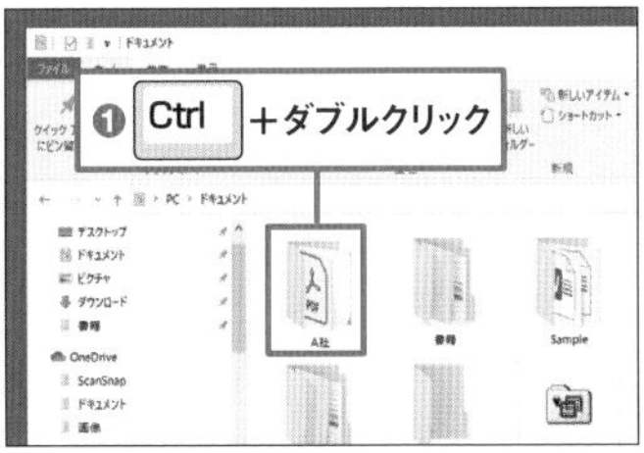

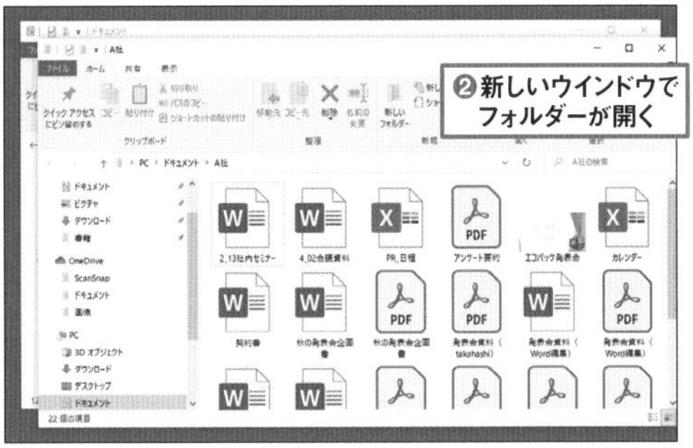

図11 「Ctrl」キーを押しながらフォルダーを開くと、新しいウインドウでフォルダーが開く（❶❷）

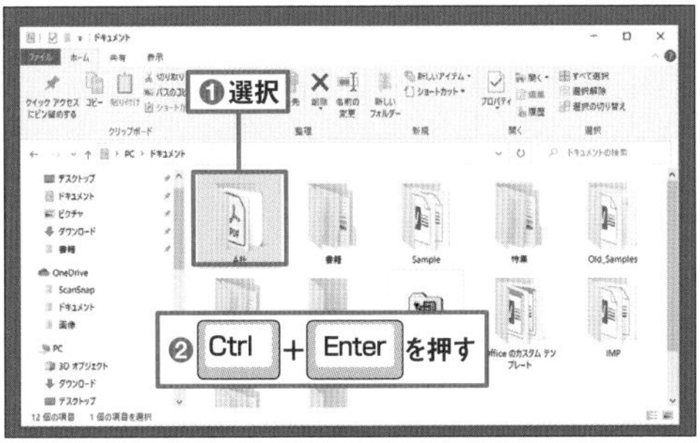

図12 開くフォルダーを選択後に「Ctrl」+「Enter」キーを押しても、新しいウインドウでフォルダーを開ける（❶❷）

Section 07

昨日の作業の続きをすぐにスタート

1分 時短

前日の仕事の続きをするときに、アプリを起動し、「開く」メニューからファイルを選んでいるようなら、もっと時短できる。

スタートメニューを使っている場合は、アプリをクリックするのではなく右クリック（**図1**）。すると最近使ったファイルの一覧が表示されるので、そこから開くファイルを選ぼう。最近使ったファイルの一覧は、スタートメニューだけでなく、ワードなどの起動画面やタスクバーのジャンプリストなどにも表示されるので利用したい（**図2**）。

最近使用したファイルはすぐ開ける

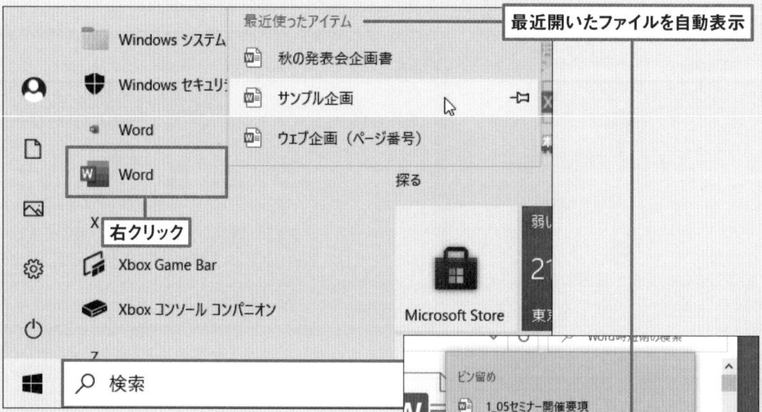

図1 スタートメニューを開き、アプリをクリックするのではなく、アプリを右クリックして「最近使ったアイテム」からファイルを選択。アプリが起動し、当該ファイルが開く

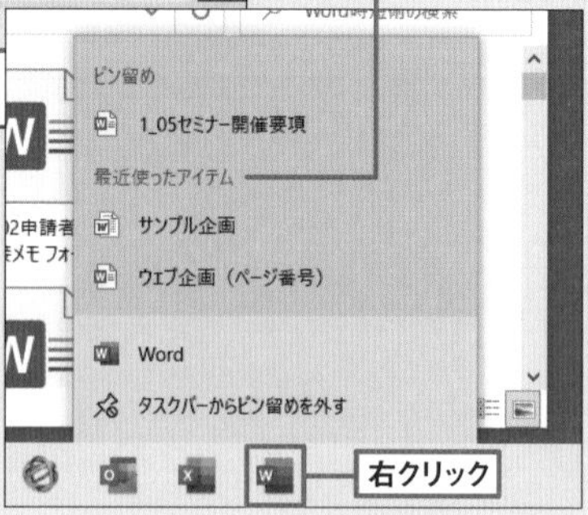

図2 タスクバーのジャンプリストにも、「最近使ったアイテム」が自動表示されるので、ここからファイルを開ける

タスクビューなら過去に開いたファイルをすぐ開ける

最近開いたはずなのにファイル名がわからないといった場合、「タスクビュー」を起動する（**図3**）。タスクビューでは、オフィスソフトやメモ帳など、主要なアプリの履歴を最大30日前まで遡る「タイムライン」機能がある（**図4**）。

履歴を残すには、ウィンドウズで「アクティビティの履歴」をオンにする必要がある（**図5**）。ただ共用パソコンなど、履歴が残ると困る場合はオフにしたほうが安全だ。

タイムラインから最近使ったファイルを開く

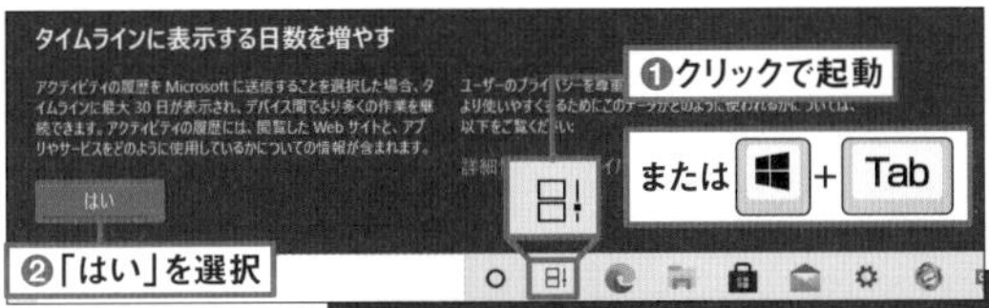

図3 タスクバーの「タスクビュー」アイコンをクリックするとタスクビューが開く（❶）。タイムラインを使うなら、最初に表示される「タイムラインに表示する日数を増やす」で「はい」を選択する（❷）

図4 最上段には現在開いているウインドウが表示され、ウインドウの切り替えもできる。過去の日付を選択し、タイムラインで開きたいファイルをクリックする

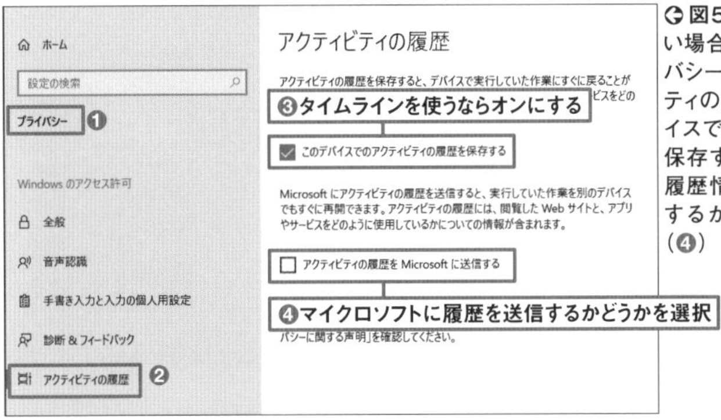

図5 タイムラインが表示されない場合は「設定」アプリで「プライバシー」を選択（❶）。「アクティビティの履歴」を選択し、「このデバイスでのアクティビティの履歴を保存する」をオンにする（❷❸）。履歴情報をマイクロソフトに送信するかどうかも設定しておこう（❹）

Section 08

文書、ウェブ、ウインドウ…新規作成は「Ctrl」+「N」

1分時短

ワードなどで操作中、「Ctrl」+「N」キーを押すと新規文書を作成できるのは、定番のショートカットキーであり、使っている人も多いだろう（**図1**）。このショートカットキーは、「新規に作成する」ためのキーとしてさまざまな場面で役立つ。

例えば、アウトルックで受信トレイを見ているとき、「Ctrl」+「N」キーを押せば新規メールの作成画面が表示される（**図2**）。ブラウザーでウェブページを見ているとき、今見ているページはそのままで、別のページを見たいと思ったら、「Ctrl」+「N」キーを押せば新しいウインドウが開く（**図3**）。

新規文書作成でおなじみの「Ctrl」+「N」

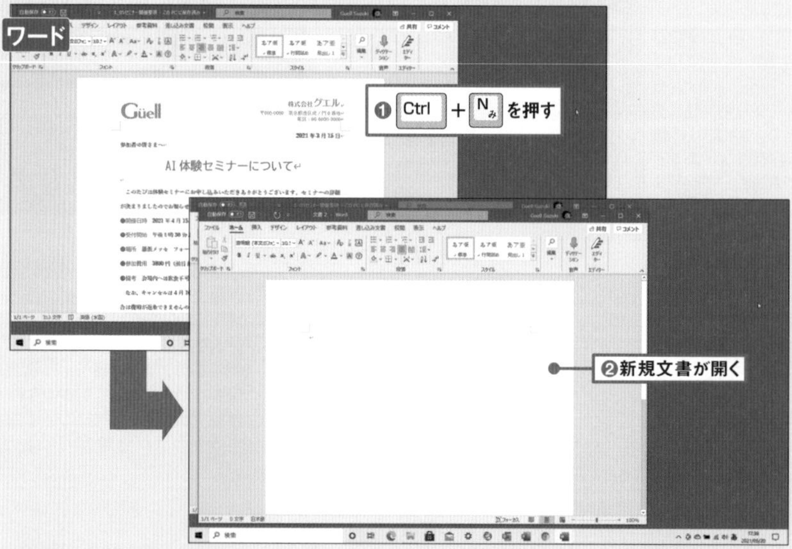
ワード
❶ Ctrl + N を押す
AI体験セミナーについて
❷新規文書が開く

↑図1 ワードで作業中、「Ctrl」+「N」キーを押すと、作業中のウインドウの前面に新規文書のウインドウが表示される（❶❷）

エクスプローラーでの操作中、「Ctrl」+「N」キーを押せば、新しいウインドウを開くことができる（**図4**）。新しいフォルダーを作るショートカットが「Ctrl」+「Shift」+「N」キーであることも、ついでに覚えておくと便利だ。

「Ctrl」+「N」で新規作成

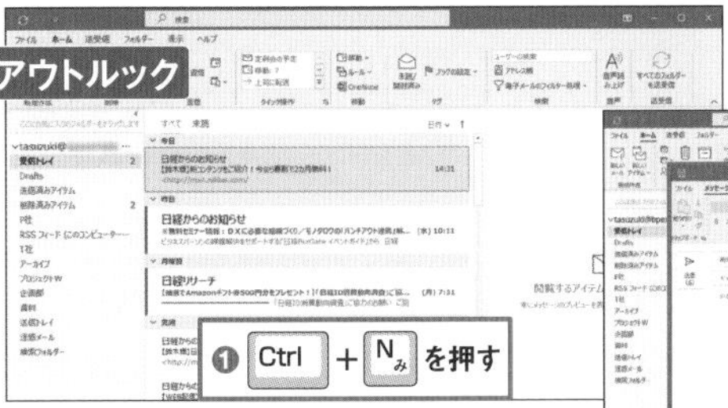
アウトルック
❶ Ctrl + N み を押す
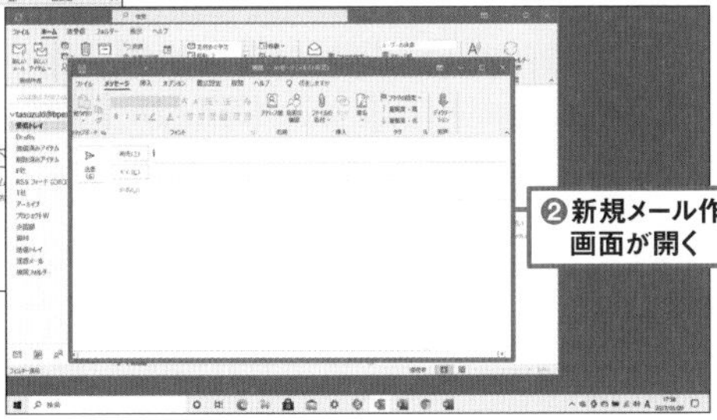
❷新規メール作成画面が開く

図2 アウトルックのメール画面で「Ctrl」+「N」キーを押すと新規メールの作成画面が開く（❶❷）

Chrome
❶ Ctrl + N み を押す

❷新しいウインドウが開く

図3 Chromeで「Ctrl」+「N」キーを押すと新規ウインドウが開く（❶❷）

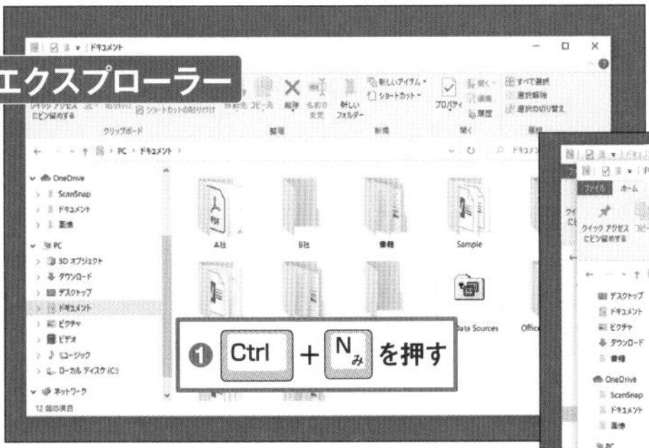
エクスプローラー
❶ Ctrl + N み を押す
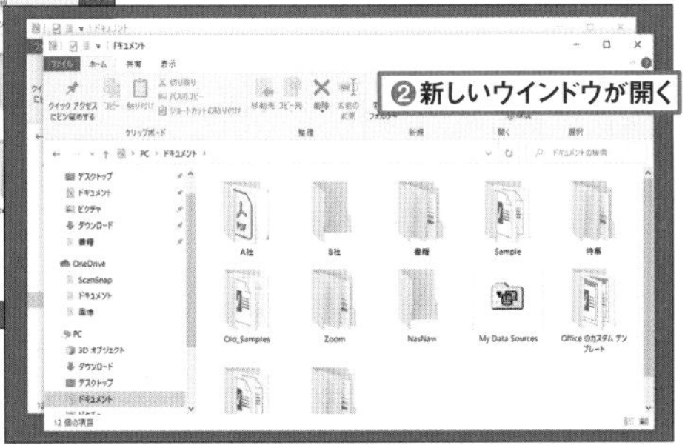
❷新しいウインドウが開く

図4 エクスプローラーで「Ctrl」+「N」キーを押すと新規ウインドウが開く（❶❷）。タスクバーのジャンプリストから開くよりずっと簡単だ

Section 09

複数アプリの切り替えはショートカットキーが便利

3分時短

レポートの作成中に気になる用語をウェブページで検索し、急ぎのメールがないかチェックする。その間に会議の時間が近づき、エクセルで資料をプリントアウト。作業中のウインドウがデスクトップ画面を埋め尽くすと、切り替えに手間取る（**図1**）。

ウインドウの内容がわかる程度に重なっているのなら、前面に表示させたいウインドウを直接クリックするのがいちばん簡単な切り替え方法だ。しかしウインドウが見えない、あるいはどのウインドウかわからないといった状態であれば、タスクバーをクリッ

散らかったウインドウは効率が落ちる

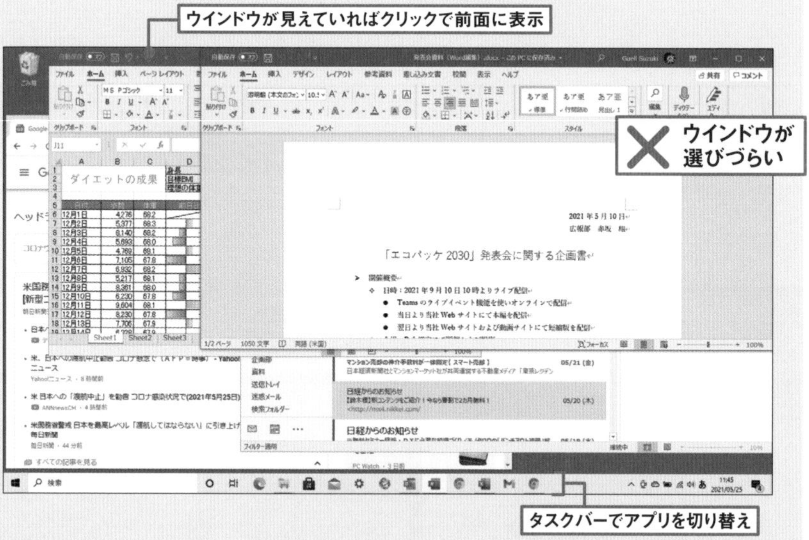

図1 複数のアプリを起動していると、作業したいウインドウを選ぶだけでもひと苦労だ。重なっているとタイトルバーさえ見えないこともある。タスクバーで切り替えるのも手だが、もっと素早く、正確に切り替えられるようにしたい

クして切り替えるより、ショートカットキーで切り替えたほうが速い。

「Alt」キーを押したまま「Tab」キーを押すことで開いているウインドウの一覧が表示され、前面に表示するウインドウを選択できる（**図2**）。「Windows」+「Tab」キーでは「タスクビュー」が表示され、表示したいウインドウをクリックすることで切り替えられる（**図3**）。パソコンの画面が小さい場合、各ウインドウを全画面表示にして、ショートカットキーで切り替えながら作業するのがお勧めだ。

開いているウインドウのサムネイルを一覧表示

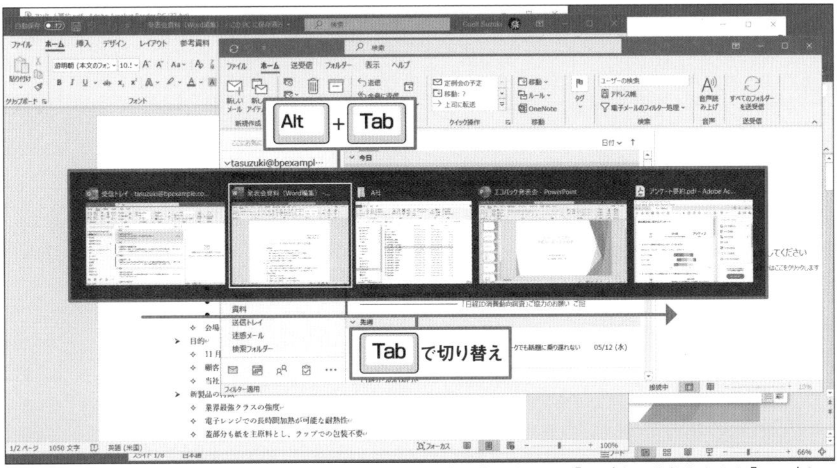

図2 「Alt」＋「Tab」キーで開いているウインドウの一覧が表示される。「Alt」キーを押したまま「Tab」キーを押すごとに、前面に表示するウインドウを切り替えられる

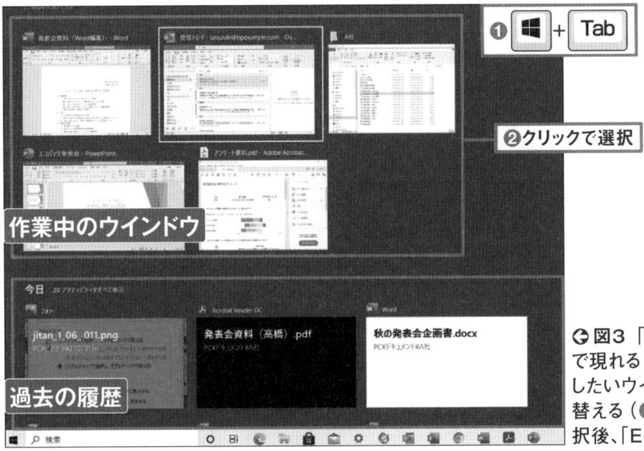

図3 「Windows」＋「Tab」キーで現れる「タスクビュー」では、表示したいウインドウをクリックして切り替える（❶❷）。カーソルキーで選択後、「Enter」キーを押してもよい

Section 10

ファイル保存に役立つ3つの近道

3分時短

昔のパソコンは落ちる（動作不能になる）のが日常茶飯事であり、自動保存の機能もなかったので、少しでも作業が進んだらこまめに保存するのが常識だった。今ではトラブルも減り、アプリによっては自動保存機能も付いたが、不意にエラーが起きて作成中のデータが消えることはある。こまめな保存は今でも大切だ。とはいえ、「ファイル」タブから「上書き保存」を選ぶのは少々面倒だ。「Ctrl」+「S」キーなら手軽に保存できる（**図1**）。多くのアプリが対応する定番のショートカットキーだ。

上書き保存は「Ctrl」+「S」が常識

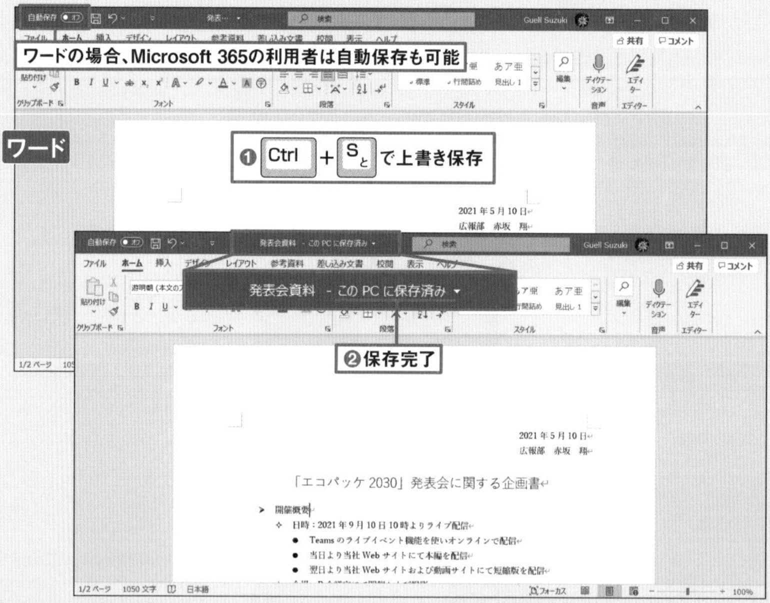

図1 文書作成中、「Ctrl」+「S」キーを押すと上書き保存ができる（❶❷）。画面はワードだが、オフィスソフトはもちろん、それ以外の多くのアプリでも使える

マウスでの操作中はクイックアクセスツールバーで保存

文書の作成中ではあっても、キーボードに手を置いているとは限らない。マウスを持っているなら、画面左上にあるクイックアクセスツールバーの「上書き保存」ボタンを使えば、ワンクリックで保存できる（**図2**）。臨機応変に使い分けよう。

最初に保存するときには、ファイル名や保存場所を指定する必要がある。「Ctrl」+「S」キーでも保存はできるが、既定のフォルダー以外に保存する場合はひと手間多くなる（**図3**）。「F12」キーで直接「名前を付けて保存」ダイアログを呼び出そう（**図4**）。保存済みの文書を別名で保存したいときにも使えるのでぜひ覚えたい。

マウスでの作業中はクイックアクセスツールバーでワンクリック保存

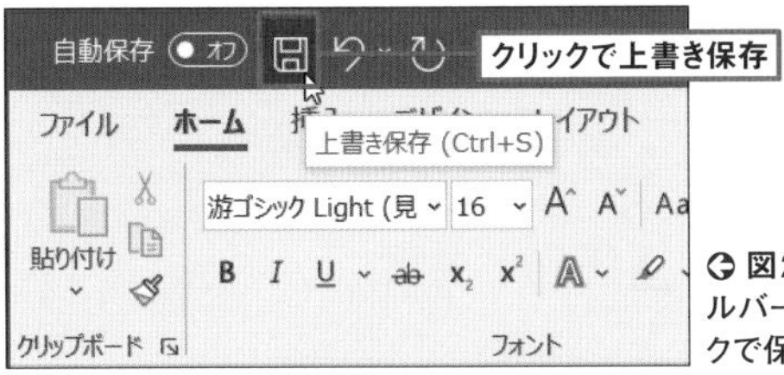

図2 ワードやエクセルなどは、クイックアクセスツールバーに「上書き保存」ボタンが表示される。ワンクリックで保存できるので、マウスでの作業中に利用したい

名前を付けて保存するなら「F12」

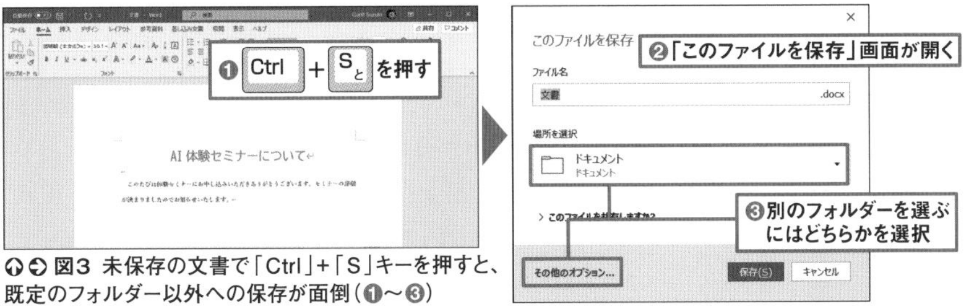

図3 未保存の文書で「Ctrl」+「S」キーを押すと、既定のフォルダー以外への保存が面倒（❶～❸）

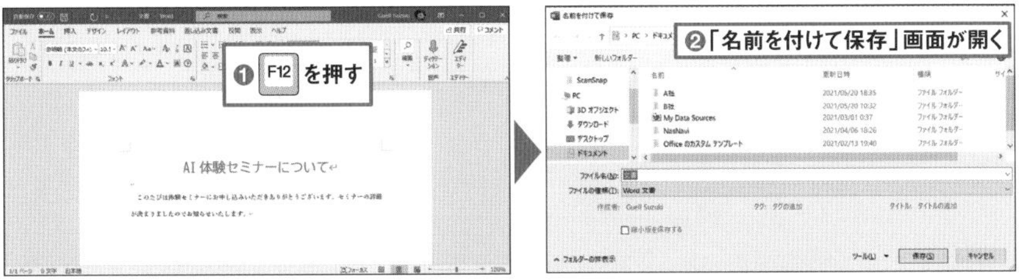

図4 「F12」キーを押すと、「名前を付けて保存」画面でスムーズに保存できる（❶❷）

Section 11

不要なファイルはごみ箱に入れず即削除

1分時短

ファイルやフォルダーは「ごみ箱」に捨てるのが原則だ。しかし、現実のごみ箱と同様、ごみ箱に入れただけでファイルが消えるわけではない。完全に削除するには、ごみ箱を空にする、ひと手間が必要だ（**図1**）。その手間を省いたり、ディスク容量を少しでも節約したりしたいなら、ごみ箱に入れず、その場で削除する方法もある。

ファイルなどをごみ箱に入れるときは、ドラッグするより「Delete」キーを押すほうが簡単だ。ごみ箱を経由せず、その場で削除するなら、「Shift」+「Delete」キーを押す

完全に削除するのは意外と面倒

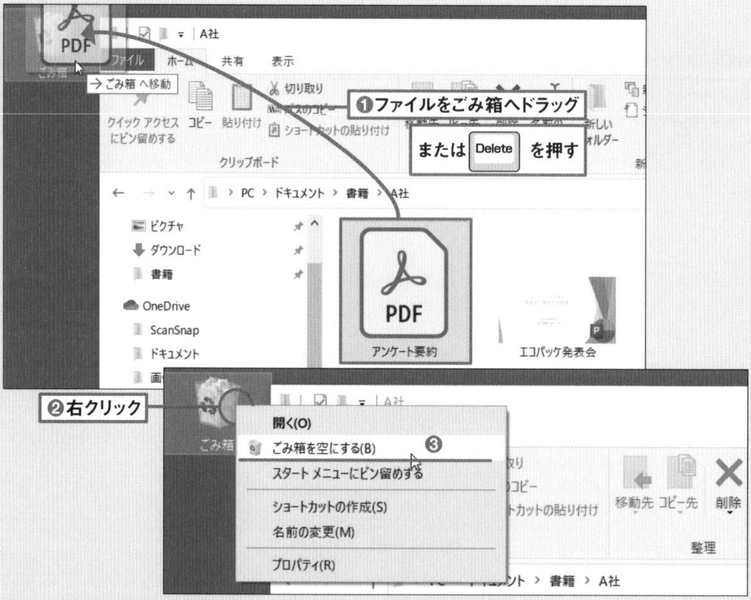

図1 ファイルを消去するには、ごみ箱にドラッグする（❶）。ドラッグではなく「Delete」キーを押してもよい。だが、完全に消去するには、ごみ箱を空にする必要がある（❷❸）

(**図2**)。完全に削除されるため、確認メッセージが表示されるので「はい」を押すとディスクから消去される。複数ファイルを選択して「Shift」+「Delete」キーを押した場合、確認メッセージは少し異なるが、同様に完全削除ができる(**図3**)。この方法で削除すると元に戻せないので注意して操作しよう。

完全に削除するなら「Shift」+「Delete」

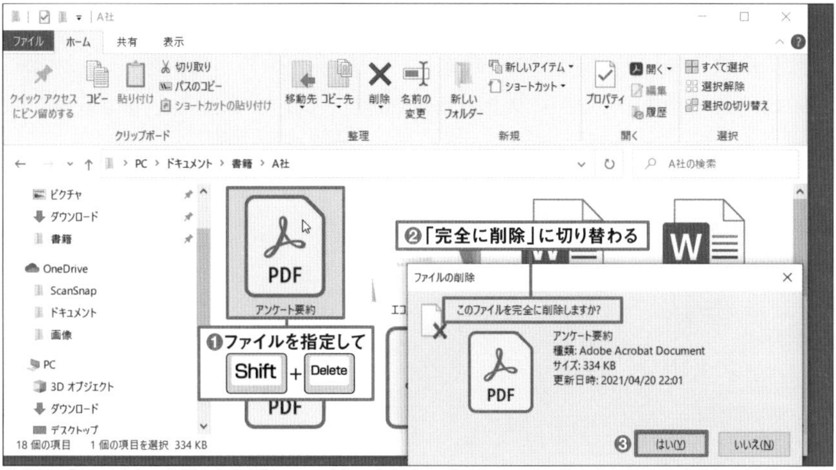

↻図2 「Shift」キーを押しながら「Delete」キーを押すと、「このファイルを完全に削除しますか?」と表示されるので「はい」を選択(❶～❸)。空き容量を増やしたいときなどは、ごみ箱に入れずこの方法で削除しよう

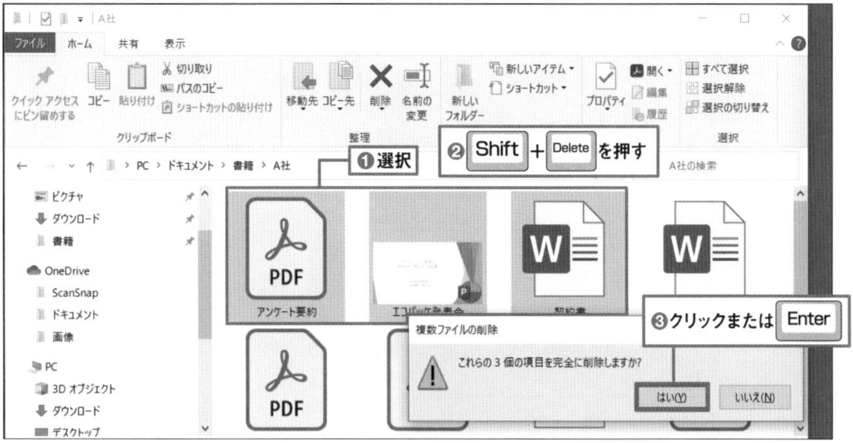

↻図3 複数のファイルをごみ箱に入れずに即座に消去する場合は、ファイルを同時選択して(❶)、「Shift」キーを押しながら「Delete」キーを押す(❷)。確認メッセージが表示されるので、「はい」をクリックするか「Enter」キーを押せば完了だ(❸)

Section 12

アプリからウィンドウズまで1つの操作で終了

3分時短

1日の作業の終わりには、デスクトップ画面上に開いたアプリのウインドウを1つずつ閉じ、最後にスタートメニューの「電源」ボタンで「シャットダウン」を選ぶというのが、パソコンを終了するオーソドックスな方法だ（**図1**）。しかし、これはあくまで基本にすぎない。毎日終了するのなら、もっと簡単な方法を探そう。

終了操作は「Alt」+「F4」キーで実行できる。アプリも終了できれば、ウィンドウズも終了できるのだ。

シャットダウンはスタートメニューからと決めつけない

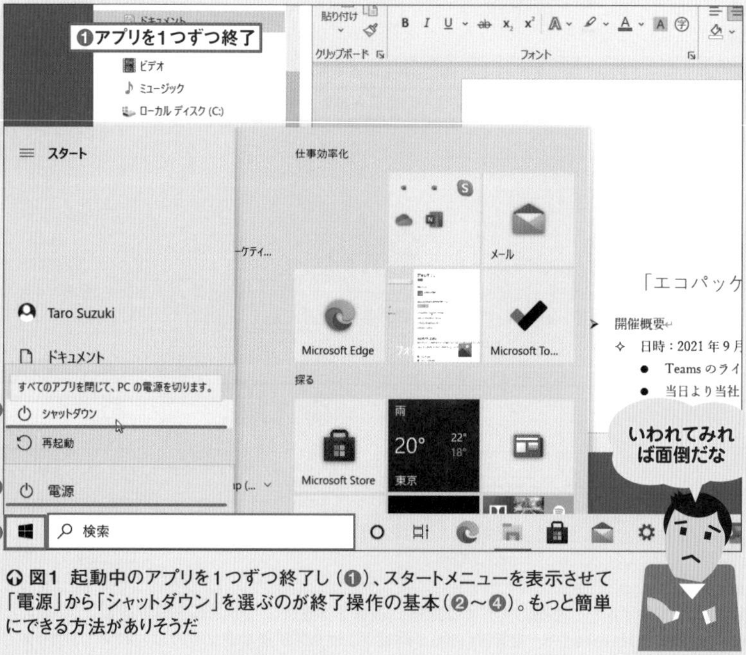

図1 起動中のアプリを1つずつ終了し（❶）、スタートメニューを表示させて「電源」から「シャットダウン」を選ぶのが終了操作の基本（❷〜❹）。もっと簡単にできる方法がありそうだ

アプリがいくつ起動していてもかまわない。すべてのウインドウが閉じるまで「Alt」+「F4」キーを押していく（**図2**）。最後に表示されたダイアログで「シャットダウン」が選ばれていれば、あとは「Enter」キーを押すだけだ。

「Ctrl」+「W」キーでもウインドウは閉じられるが終了操作はできないので、覚えるなら「Alt」+「F4」キーだ。

「Alt」+「F4」ですべてを終了

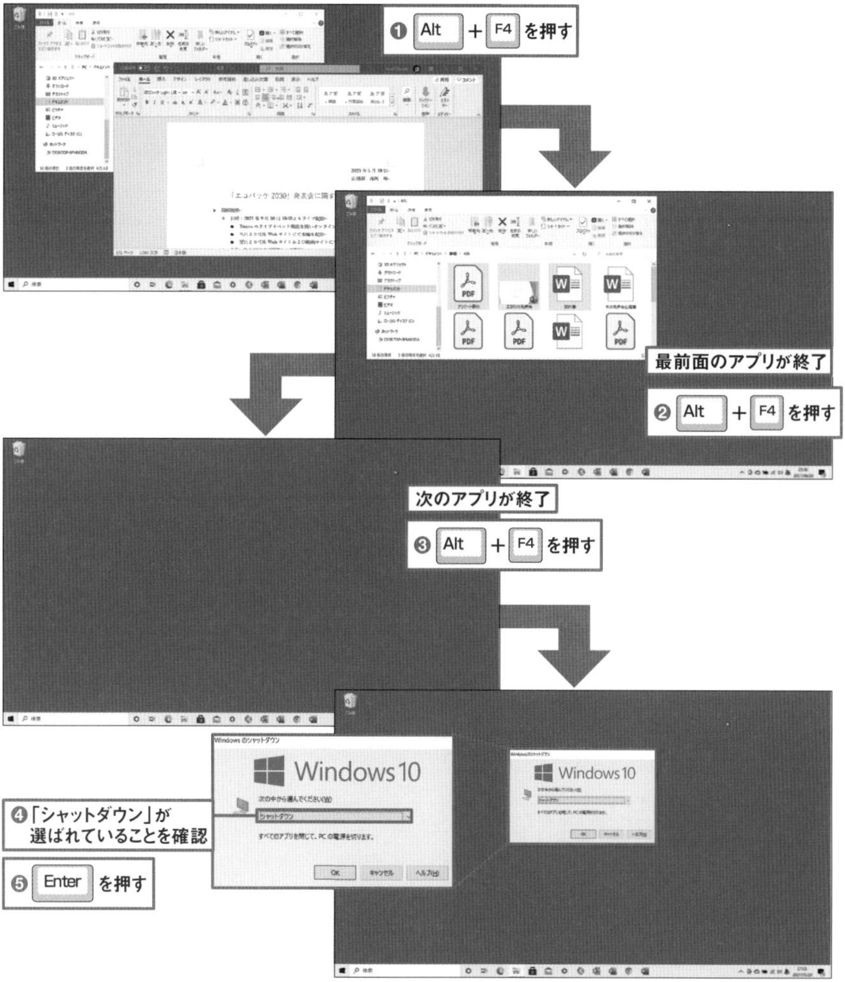

⬆図2 「Alt」+「F4」キーを押すたびに、アプリが終了し、最後に「Windowsのシャットダウン」画面が開く（❶～❸）。「シャットダウン」が選ばれていることを確認して「Enter」キーを押せばシャットダウンできる（❹❺）

電源ボタンで一発シャットダウン

時短だけを考えるなら、直接「電源」ボタンで「シャットダウン」を選ぶという方法もある。すると起動中のアプリは自動的に終了されるため、ファイルが保存されていればそのままパソコンを終了できる。

直接シャットダウンする最も簡単な方法は、パソコンの電源ボタンを押すことだ。ひと昔前のパソコンは、本体の電源ボタンを押すと強制的に電源が切れたため、動作に支障を来すといわれていた。しかし、現在の電源ボタンは長押ししない限り強制終了することはない。

電源ボタンを押したときの動作は、スリープやシャットダウンなど、機種によって異なる設定になっている。確実にシャットダウンしたければ設定を確認し、必要に応じて変更する。

電源に関する設定は、「電源プランの選択」で行う（**図3**）。スタートメニューなどからは開けないので、タスクバーの検索ボックスで検索して設定画面を開く。

電源ボタンでシャットダウンする設定に

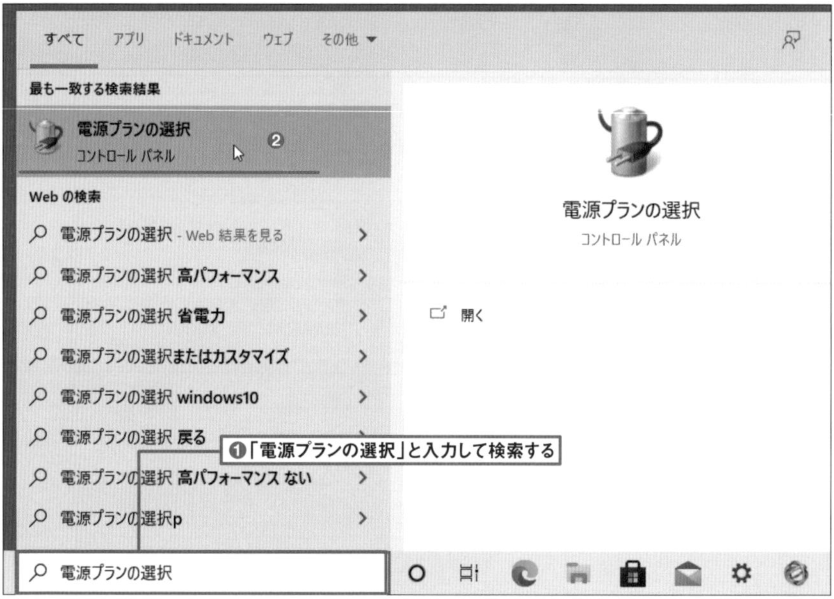

図3 タスクバーの検索ボックスに「電源プランの選択」と入力して検索する（❶）。見つかった「電源プランの選択」を押して設定画面を開く（❷）

電源ボタンを押したときの動作を設定するには「電源ボタンの動作の選択」を選ぶ（**図4**）。ノートパソコンの場合、バッテリー駆動時と電源に接続時で異なる設定にすることも可能だ（**図5**）。カバーを閉じたときの動作も指定できるので、使い方に応じて設定しよう。バッテリーを節約したいなら、カバーを閉じるとシャットダウンする設定にするのもいいだろう。最後に「変更の保存」を選ぶと、設定が有効になる。

なお、図5の画面で「現在利用可能ではない設定を変更します」を選ぶと、「高速スタートアップ」などの設定を変更できる。起動時間を短縮できる高速スタートアップだが、機種によってはトラブルになることもあるので設定には注意しよう。

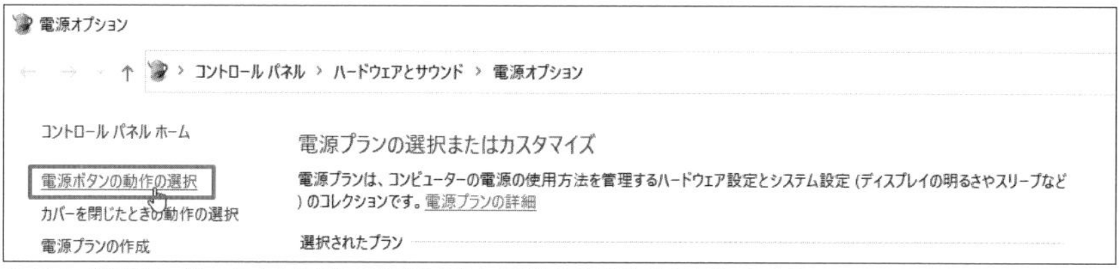

図4「電源オプション」の画面で「電源ボタンの動作の選択」をクリックする

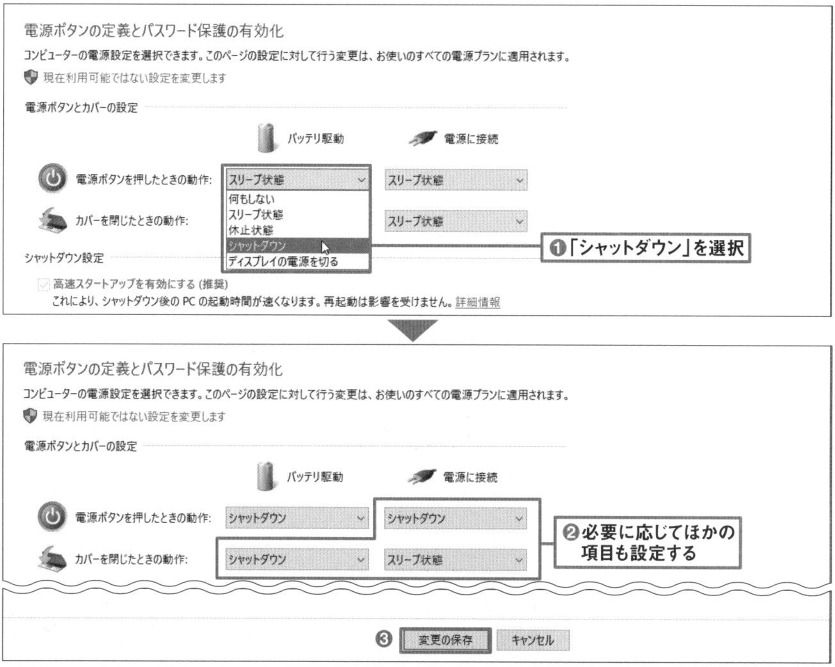

図5 ノートパソコンの場合、バッテリー駆動時と電源に接続時それぞれで、電源ボタンを押したときとカバーを閉じたときの動作を個別に指定できる（❶～❸）。どう設定するかは使い方次第だ

Section 13

即座にロック画面に切り替える

1分時短

ちょっと席を外すときにパソコンをそのままにしておくと、ほかの人に画面を見られたり、最悪の場合操作されてしまう可能性もある。かといってスリープやシャットダウンをすると復帰に時間がかかる。そこで役立つのが、ロック機能だ。

ロック機能は、作業中のウインドウなどはそのままで、サインインが必要なロック画面を表示する機能。サインインすればすぐに元の作業に戻れる。通常はスタートメニューから行うロックだが、「Windows」+「L」キーを押せば瞬時にロックできる（**図1**）。「Lock」の「L」と覚えよう。

「Windows」+「L」で瞬時にロック

図1 スタートボタン→アカウントアイコン→「ロック」とクリックすると、ロック画面が表示される（❶～❹）。離席時にすぐロックしたいなら「Windows」+「L」キーを覚えておこう

第2章

コピペを究めて徹底的に効率化

文章や素材を「コピー」→「貼り付け」（ペースト）して使い回す「コピペ」は、仕事効率化の最大の武器。多彩な場面で共通して使えるワザである一方で、アプリ特有の機能や操作方法も少なくない。キー操作のみならず、マウスやメニューも賢く使い分けるのがポイントだ。

- 基本のショートカットキーは共通
- マウスとキーの併用がさらに効果的
- 貼り付ける形式はメニューで選択
- 素早く簡単に対象を選択するワザ

Section 01

コピペのショートカットキーは万国共通

3分
時短

時短への近道は、「同じ操作を繰り返さない」方法を考えることだ。手書きと違ってデータをコピーできるのはパソコンを使う大きなメリット。同じデータは何度も入力せず、コピーして使いたい。ただし、コピーするのに手間がかかっては本末転倒。簡単にコピーできてこそメリットが生かせる。

リボンからのコピペはちょっと面倒

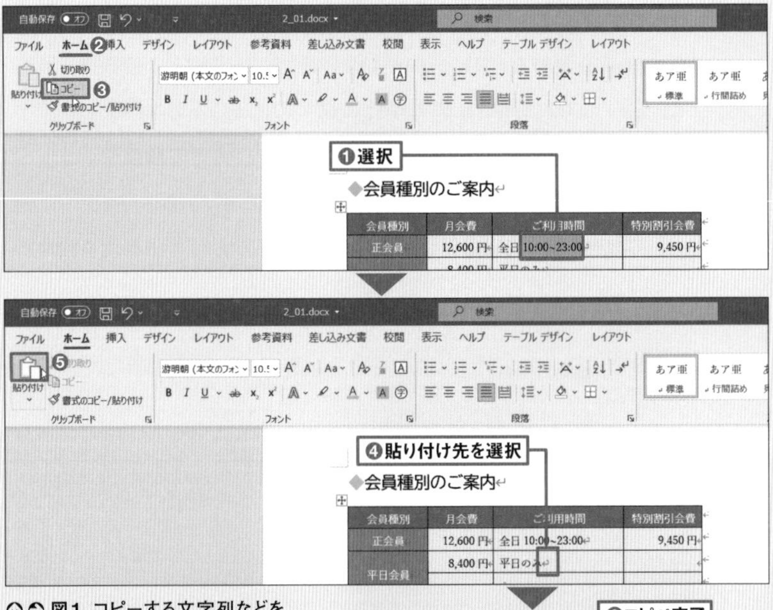

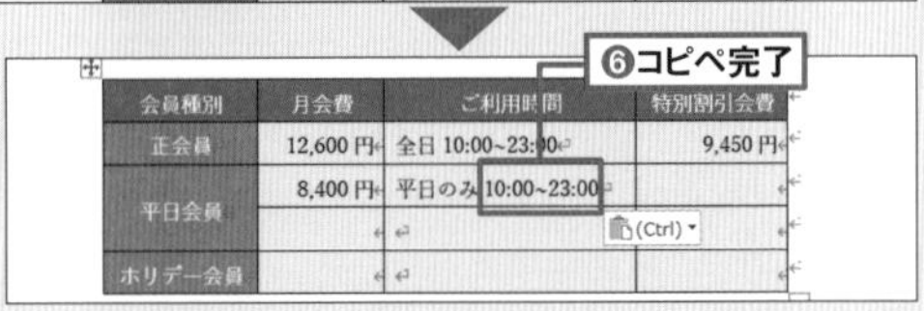

⇧⇨ 図1 コピーする文字列などを選択し、「ホーム」タブにある「コピー」を押す（❶～❸）。移動先を選択して「貼り付け」を押す（❹❺）。コピーしたものが貼り付けられればコピペの完了だ（❻）

パソコンでのコピーは「コピー・アンド・ペースト」。いったんコピーしたものを別の場所にペースト（貼り付け）する。コピーと貼り付けは、「ホーム」タブで指定するのが基本中の基本だ（**図1**）。リボンのボタンはわかりやすいが、効率的とはいえない。コピペの方法でイチオシはキーボードショートカットだ。

「Ctrl」+「C」キーでコピーし、「Ctrl」+「V」キーで貼り付ける（**図2**）。「最初に覚えたショートカットキーがこれ」という人も多い、超定番のショートカットキーだ。

ちなみに「Ctrl」+「X」キーを押すと「切り取り」になり、切り取り後に「Ctrl」+「V」キーで貼り付けることで、結果としてアイテムを移動できる。

「Ctrl」+「C」でコピーは超定番ショートカットキー

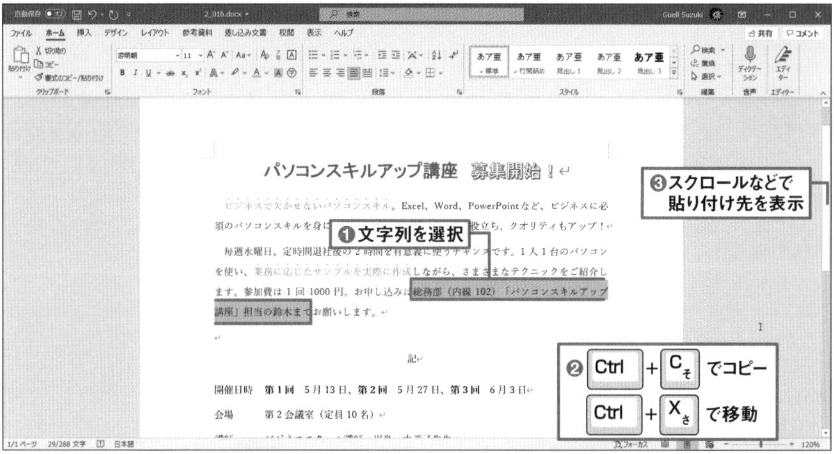

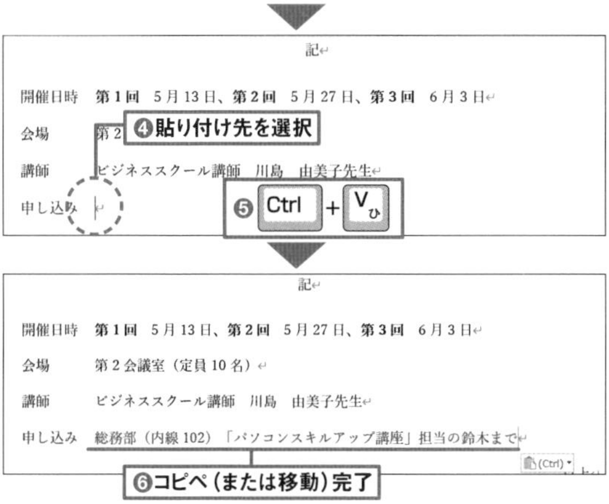

↑←**図2**　対象となる文字列を選択し、コピーなら「Ctrl」+「C」キー、移動なら「Ctrl」+「X」キーを押す（❶❷）。貼り付け先が離れているならスクロールなどで貼りたい場所まで画面を移動（❸）。目的の位置にカーソルを置き、「Ctrl」+「V」キーで貼り付ける（❹～❻）

コピペはショートカットキーが一番簡単

コピペの方法としてショートカットキーを推す理由は3つある。まずは時短の観点から理由を説明していこう。

一般的に、リボンのボタンを探してクリックするよりキーを押すほうが速い。だからといって何でもショートカットキーでやればよいというものでもない。コピペはよく行う操作だけに、リボン以外にも複数の方法が用意されているが、その中でも群を抜いて効率的なのがショートカットキーなのだ。例えば、右クリックメニューでもコピペはできるが、右クリックメニューを2回表示する必要があり、簡単とはいえない（**図3**）。コピー先がすぐ近くであれば「Ctrl」キー＋ドラッグでもよいが、コピー先が離れていてスクロールが必要なら、ショートカットキーのほうが格段に楽だ（**図4**）。

ショートカットキーより手間がかかる右クリックでのコピペ

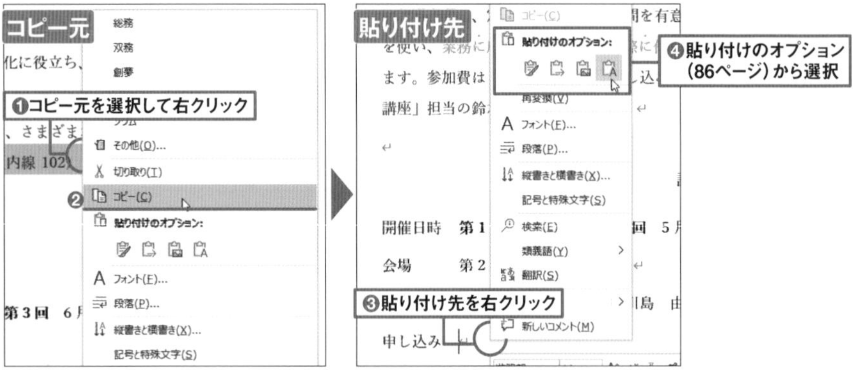

図3 コピー元を右クリックして「コピー」を選択し（❶❷）、貼り付け先を選択し、右クリックして貼り付け方法を選択してもコピペできる（❸❹）。ショートカットキーよりは手間がかかる

貼り付け先が離れていると難しい「Ctrl」+ドラッグ

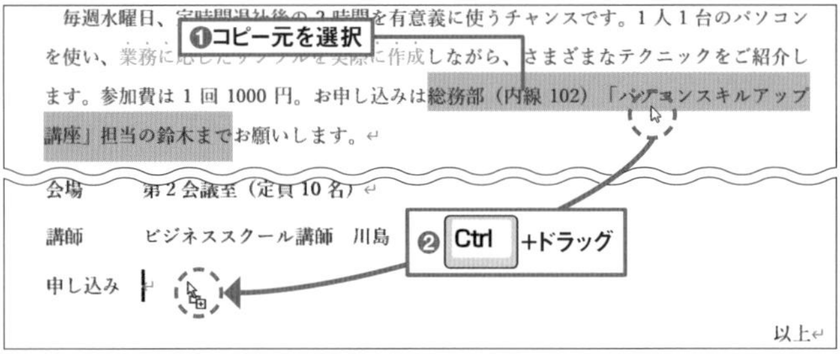

図4 ドラッグでコピーする場合は、コピー元を選択し（❶）、貼り付け先まで「Ctrl」キーを押しながらドラッグする（❷）。ショートカットキーより簡単な場合もあるが、貼り付け先が離れていると途中スクロールなどが必要になり、うまくドラッグできないことがある

コピペはウィンドウズ共通のショートカットキー

第2の理由は、コピペのショートカットキーがウィンドウズ全般で利用できること。文字列はもちろん、エクセルのセルでも、図形や画像でも、同じショートカットキーが使える（**図5**）。さらに、エクスプローラーでファイルをコピーする際にも、このショートカットキーは有効だ（**図6、図7**）。ウェブブラウザーやメールアプリなど、アプリを問わず、コピペのショートカットキーは変わらない。コピーしたデータをほかのアプリで貼り付けることもできる。利用範囲が広いショートカットキーほど、覚えれば時短効果が高い。

文字列、画像、セル、ファイルなど、何でもコピペ

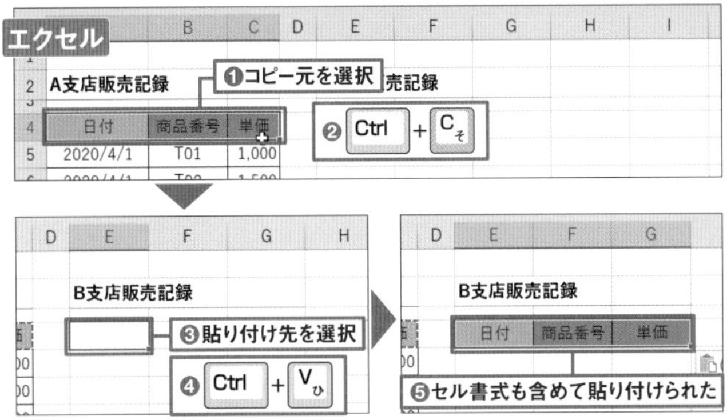

図5 エクセルの場合、文字列だけでなくセル単位でもコピペが可能。セルを選択して「Ctrl」+「C」キーを押す（❶❷）。コピー先のセルを選択し、「Ctrl」+「V」キーで貼り付ける（❸～❺）

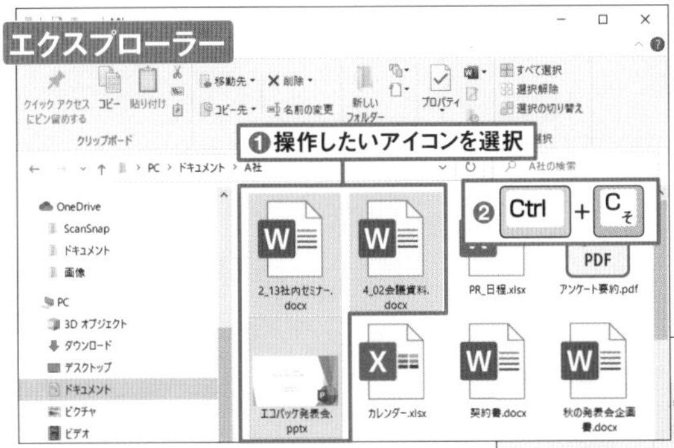

図6 コピーしたいフォルダーやファイルを選択する（❶）。「Ctrl」キーを押しながら「C」キーを押す（❷）

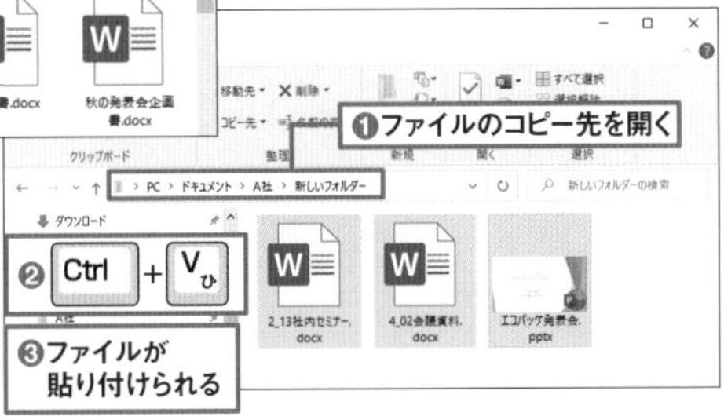

図7 コピー先となるフォルダーを開いたら「Ctrl」キーと「V」キーを押す（❶❷）。これで、図6で選択したフォルダーやファイルを貼り付けられる（❸）

ドラッグと違って何度でも貼り付け可能

第3の理由は、同じデータを何度でも貼り付けられること。「Ctrl」+「C」キーでいったんコピーしたデータは、「Ctrl」+「V」キーを押すたびに何度でも貼り付けることができる（**図8**）。ショートカットキーやリボンでコピーされたデータは、「クリップボード」と呼ばれる特殊な記憶領域に一時保存される。貼り付けるたびにクリップボードのデータが呼び出されるので、次のデータをコピーまたは切り取りしてクリップボードが上書きされるまで、何度も貼り付けられるという仕組みだ。これに対して「Ctrl」キー＋ドラッグでコピーすると、クリップボードは経由しないため、同じデータが必要になるたびに何度も同じ操作を繰り返すことになってしまう。

ショートカットキーなら何度でも貼り付け可能

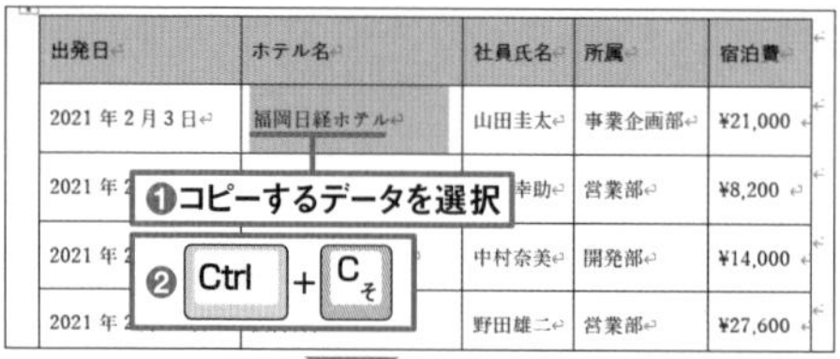

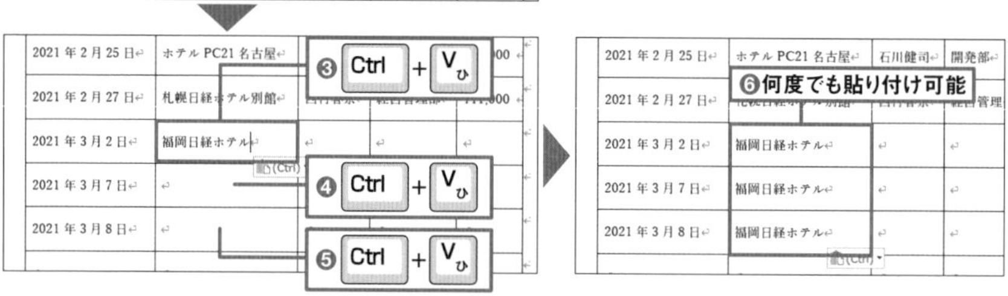

⬅⬇ **図8** ショートカットキーでデータをコピーする（❶❷）。データは「クリップボード」にコピーされるので、「Ctrl」+「V」キーを押すたびに何度でも貼り付けが可能だ（❸〜❻）

クリップボード履歴なら複数アイテムをまとめてコピー

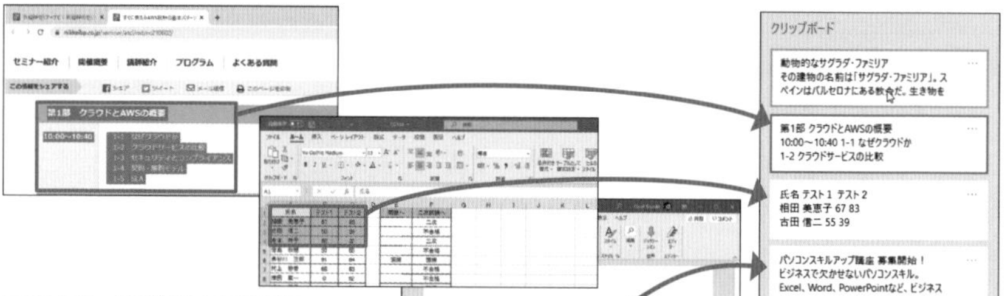

⬆➡ **図9** さまざまなアプリでコピーしたデータが「クリップボード履歴」として保存される

「クリップボード履歴」で複数アイテムも楽々コピー

クリップボードには1つのアイテムしか記憶できない。次のアイテムをコピーまたは切り取りすることで、クリップボードの内容は上書きされてしまう。複数のアイテムをまとめてコピーしたいなら、「クリップボード履歴」を使おう。クリップボード履歴は、エクセルやワード、ウェブブラウザーなど、多くのアプリに対応しており、コピーしたデータをどんどんため込んでくれる（**図9**）。

まず「Windows」+「V」キーを押して、クリップボード履歴を有効にする（**図10**）。一度この操作をしておけば、あとはコピーや切り取りをすると自動的に履歴が残るようになる。貼り付けるときには、貼り付け先を選択して「Windows」+「V」キーでクリップボード履歴を呼び出し、貼り付けるアイテムを選択する（**図11**）。

一度有効にすればいつでも貼り付け可能

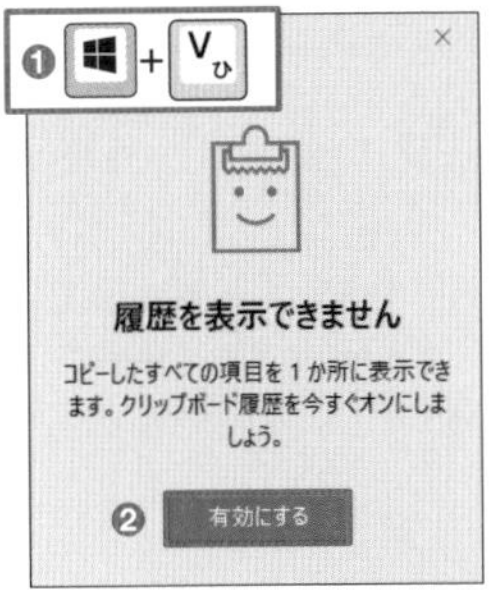

図10 最初に「Windows」+「V」キーを押し、表示されたウインドウで「有効にする」をクリックする（❶❷）

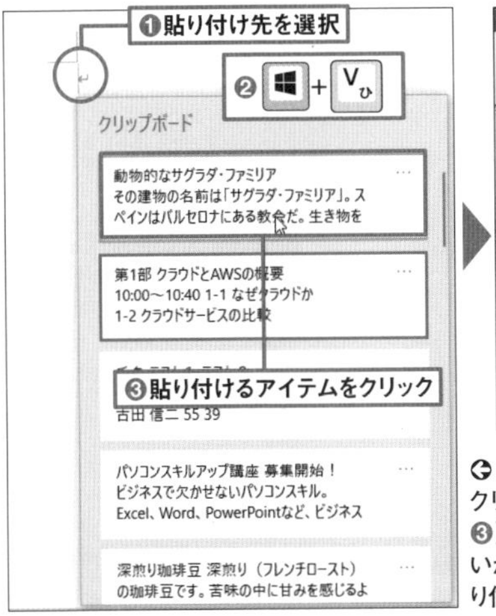

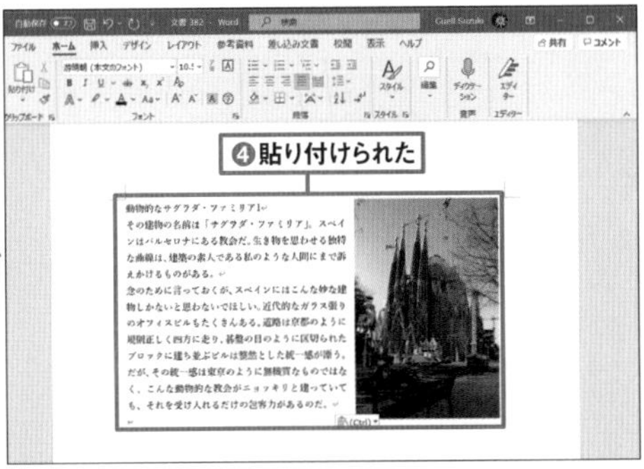

図11 貼り付け先を選択して、「Windows」+「V」キーでクリップボード履歴を開き、貼り付けたいものを選ぶ（❶～❸）。クリップボード履歴の画面には3行程度しか表示されないが、画像なども含め、コピー／切り取りしたものがそのまま貼り付けられる（❹）

Section 02

マウスでのコピーは キーとの合わせ技

3分時短

コピーはマウスだけでもできる。コピーしたいアイテムを右クリックして「コピー」を選び、貼り付け先で同様に「貼り付け」を選べばよいのだが、ショートカットキーでの操作より手間がかかる。ショートカットキーに匹敵するくらい楽なのが、「Ctrl」キーとドラッグ操作を組み合わせたコピペだ。

ワードなど、多くのアプリでは、文字列をドラッグするだけで移動でき、「Ctrl」キーを押しながらドラッグすればコピーできる（**図1、図2**）。貼り付け先が遠い場合はショー

ドラッグで移動、「Ctrl」+ドラッグでコピー

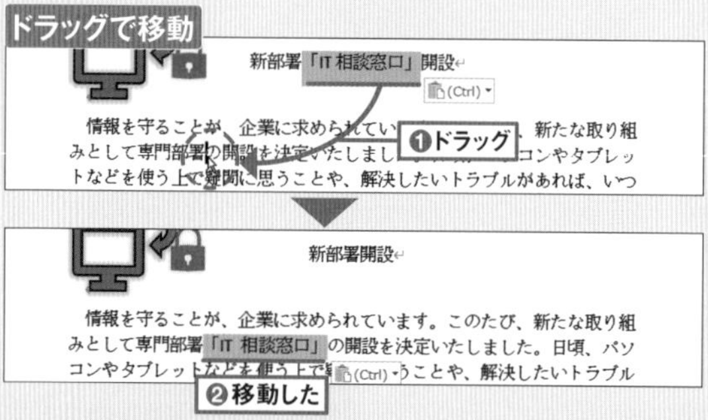
ドラッグで移動
新部署「IT相談窓口」開設
(Ctrl)
情報を守ることが、企業に求められてい
みとして専門部署の開設を決定いたしまし
トなどを使う上で疑問に思うことや、解決したいトラブルがあれば、いつ
❶ドラッグ
新部署開設
情報を守ることが、企業に求められています。このたび、新たな取り組
みとして専門部署「IT 相談窓口」の開設を決定いたしました。日頃、パソ
コンやタブレット
(Ctrl)
うことや、解決したいトラブル
❷移動した

❸ 図1　選択した文字列をドラッグすると、文字列が移動する（❶❷）

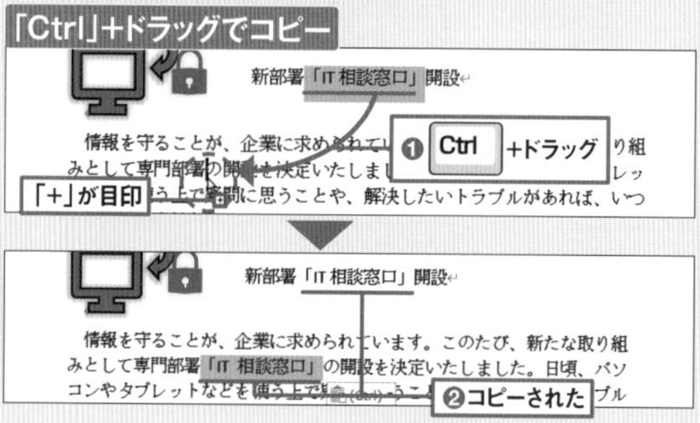
「Ctrl」+ドラッグでコピー
新部署「IT 相談窓口」開設
情報を守ることが、企業に求め
みとして専門部署の開設を決定いたしまし
❶ Ctrl +ドラッグ
「+」が目印
に思うことや、解決したいトラブルがあれば、いつ
新部署「IT 相談窓口」開設
情報を守ることが、企業に求められています。このたび、新たな取り組
みとして専門部署「IT 相談窓口」の開設を決定いたしました。日頃、パソ
コンやタブレットなどを使う上で
❷コピーされた

❸ 図2　選択した文字列を「Ctrl」キーを押しながらドラッグすると、文字列がコピーされる（❶❷）

トカットキーのほうが楽だが、近い場所へのコピーではドラッグも利用したい。

ドラッグでのコピーでは、最初から「Ctrl」キーを押しておく必要はない。ドラッグ中でも「Ctrl」キーを押せばポインターに「＋」マークが表示され、移動ではなくコピーモードになる。

利用範囲の広い「Ctrl」+ドラッグ

ドラッグで移動やコピーができるのは文字列だけではない。エクセルのセルや図形、画像なども同様の操作で移動やコピーができる（**図3、図4**）。図形の場合、さらに「Shift」キーを押すと、移動先やコピー先を45度単位で制限できる（**図5**）。真下や真横にコピーしたいときに便利なので覚えておきたい。

セルも図形も「Ctrl」+ドラッグでコピー

セルは枠線を「Ctrl」+ドラッグ

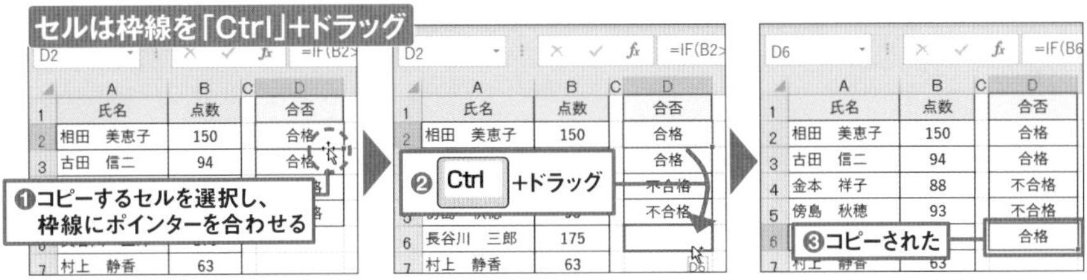

図3 セルを選択し、枠線にマウスポインターを合わせる（❶）。「Ctrl」キーを押しながら、貼り付け先までドラッグすると、セルをコピーできる（❷❸）

図形を「Ctrl」+ドラッグ

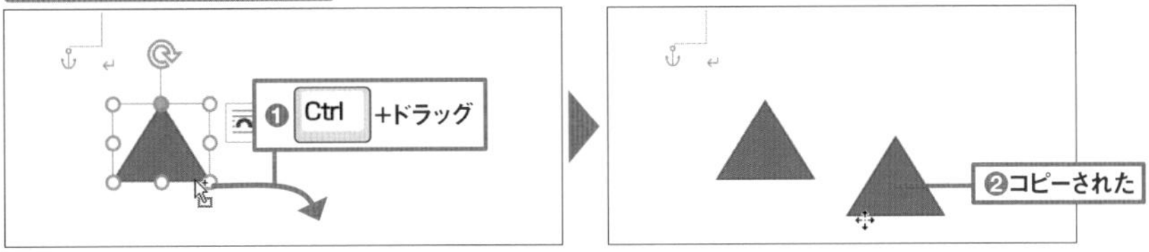

図4 図形を選択し、「Ctrl」キーを押しながらドラッグすると、コピーできる（❶❷）

図形は「Shift」の併用で水平・垂直にコピー

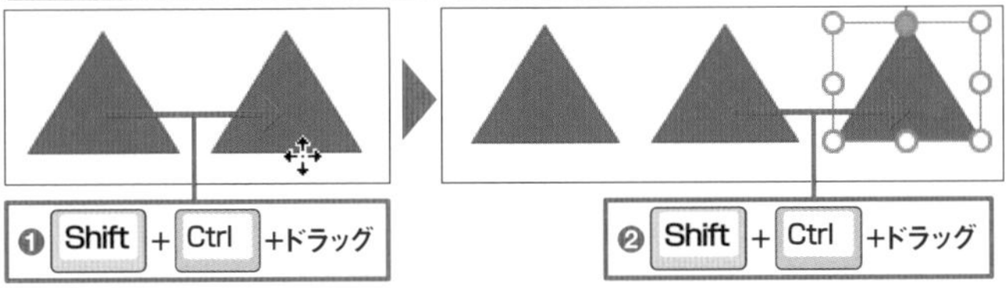

図5 水平・垂直に図形をコピーして並べるには、「Shift」キーと「Ctrl」キーを押しながらドラッグする（❶❷）

エクスプローラーでのドラッグ利用は要注意

エクスプローラーのファイル操作でも、ドラッグでのコピーができる。ただし、ドラッグ先が同じドライブ内だと移動、異なるドライブだとコピーになるため注意が必要だ（**図6**）。「Shift」+ドラッグで移動、「Ctrl」+ドラッグでコピーになるので、紛らわしいのが嫌なら常にこちらの操作を使うとよいだろう。

ドラッグ先や押すキーによって変わる動作

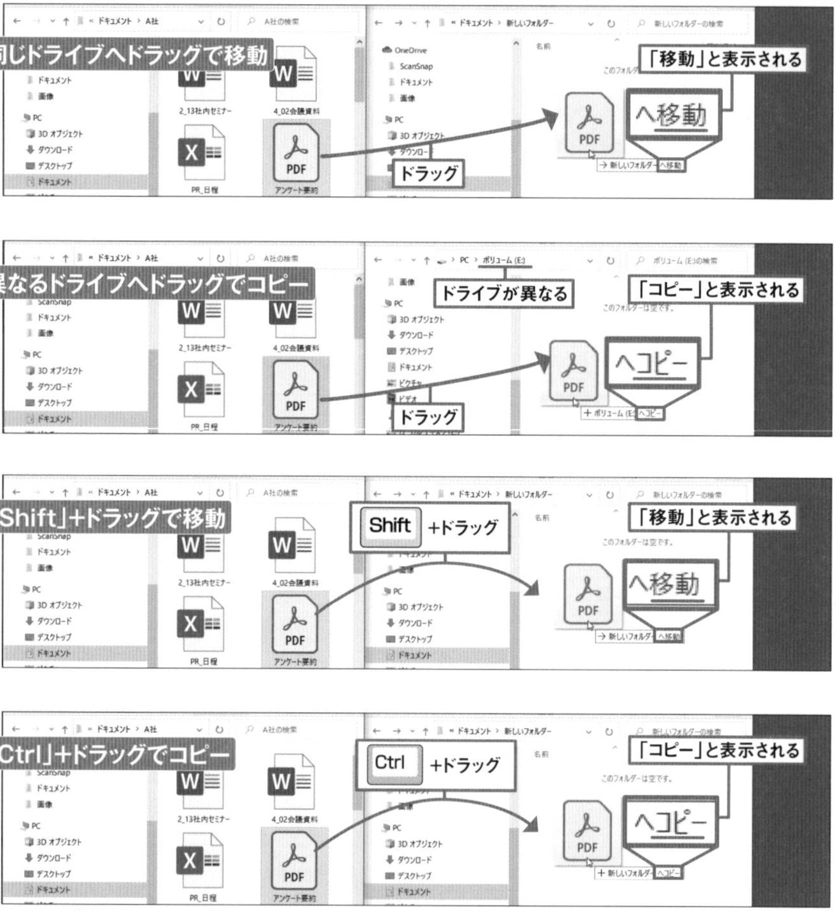

図6 移動先までドラッグ中に、マウスボタンを離したときに実行される操作がマウスポインターのそばに表示される。同じドライブ内にあるフォルダーにドラッグすれば移動になるが、別ドライブの場合は「… へコピー」と出る。「Shift」キーを押すと常に移動、「Ctrl」キーを押すと常にコピーになる

ファイルなどのショートカット（22ページ）をよく使うなら、「Alt」キーを押しながらドラッグするとショートカットを作成できるのも覚えておくと便利だ（**図7**）。また、右ボタンでドラッグすると、マウスのボタンを離したときにメニューが表示され、コピー、移動、ショートカットの作成から動作を選ぶことができる（**図8**）。

エクスプローラーでのドラッグとキーの組み合わせを表にまとめたので、よく使う操作を選んで覚えるようにしよう（**図9**）。

ショートカットもドラッグ操作で作成

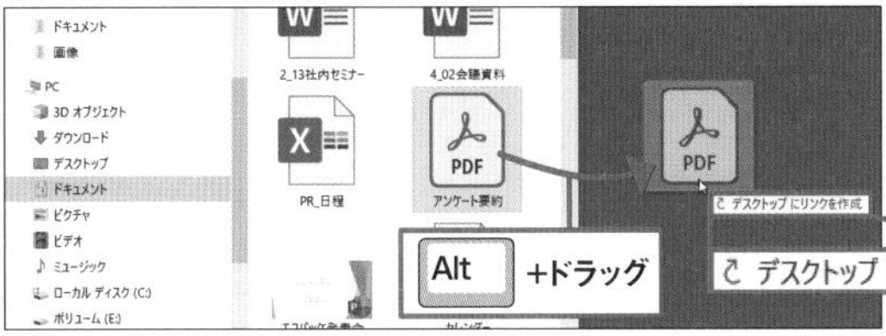

図7 「Alt」キーを押しながらファイルをドラッグすると、「…リンクを作成」と表示され、マウスボタンを離すとショートカットが作成される

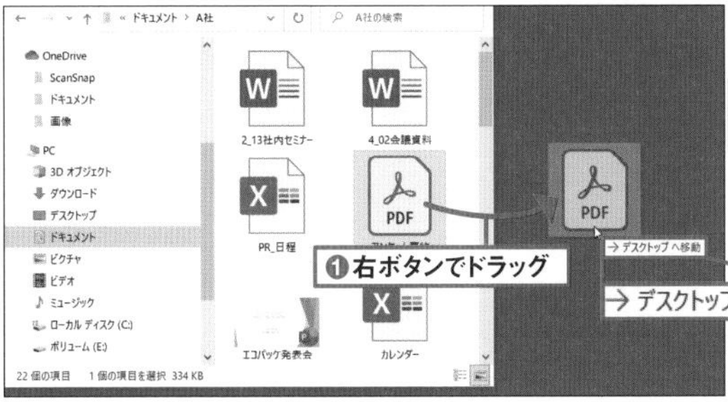

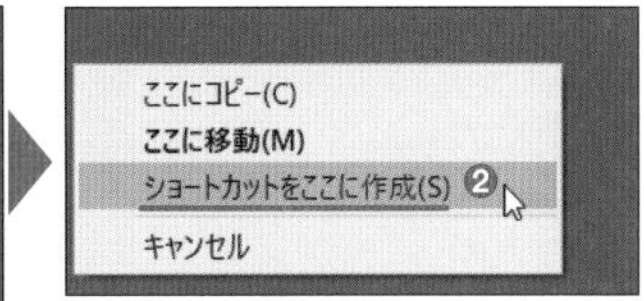

図8 ファイルを右ボタンを押しながらドラッグし、マウスボタンを離したときに開くメニューで「ショートカットを…」を選ぶ（❶❷）

ファイルを移動／コピーするドラッグ操作

Cドライブから	Cドライブに	Dドライブに
ドラッグ	移動	コピー
Shift ＋ドラッグ	移動	
Ctrl ＋ドラッグ	コピー	
Alt ＋ドラッグ	ショートカットの作成	
右ボタンでドラッグ	コピー、移動、ショートカットの作成から選択	

図9 ドラッグのみの場合は、同じドライブ内か、そうでないかで動作が変わる。確実に操作したいなら、移動は「Shift」キー＋ドラッグ、コピーは「Ctrl」キー＋ドラッグを使う癖を付けよう

Section 03

コピペを究めるなら範囲や位置を一発選択

10分時短

コピペを行うときには、コピー元の範囲や貼り付け先を選択する必要がある。素早く的確に選択できないと作業がはかどらない。例えば、飛び飛びのファイルを効率良く選択したり、選択中のアイテムを一部だけ選択解除したりといった方法を身に付けると、コピペの操作がグッと楽になる（**図1**、**図2**）。ここではエクセルやワードなど、多くのアプリが対応している効率的な「選択のセオリー」を紹介していこう。

素早い選択で操作をスピードアップ

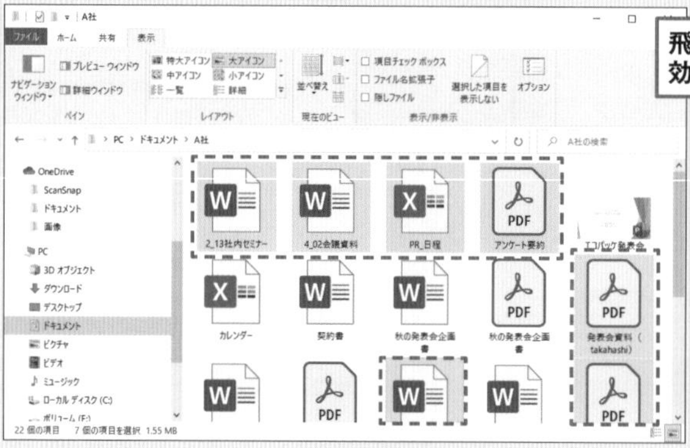

図1 フォルダー内にある大量のファイルの中から選んだファイルだけをコピーしたいが、1つずつコピーしていては日が暮れてしまう。目的のファイルを複数同時に選択することで、コピーは1回で済む。飛び飛びのファイルはどう選択すればよいだろう

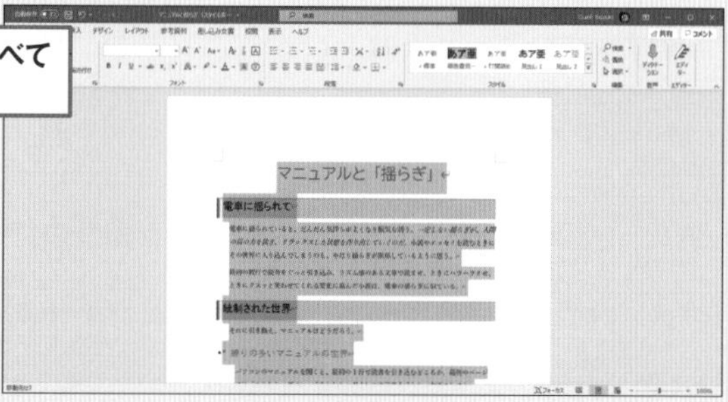

図2 範囲選択はドラッグが基本だが、数十ページの文書の内容をドラッグするのはツライ。文書内のデータをすべて選択するには、ショートカットキーが最速だ

基本はドラッグで範囲選択

ある範囲の文字列や図形などを選択する方法といえば、基本はドラッグだ。文字列であれば、「始点から終点までをドラッグする」と教わることが多いのだが、始点から終点まで、文字をなぞるようにドラッグしていては効率が悪い。始点と終点を直線で結ぶように最短距離をドラッグするのがコツだ（**図3**）。ファイルやセルもドラッグで範囲選択できる（**図4、図5**）。

「この範囲」はドラッグで選択

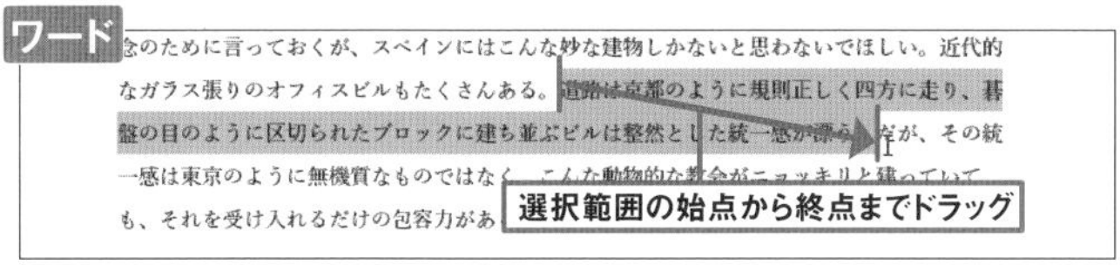

図3 文字列を選択するときには、始点から終点まで直線で結ぶようにドラッグするのがコツだ

図4 エクスプローラーで複数ファイルを選択する場合、そのファイルすべてにかかる四角形を描くようにドラッグする

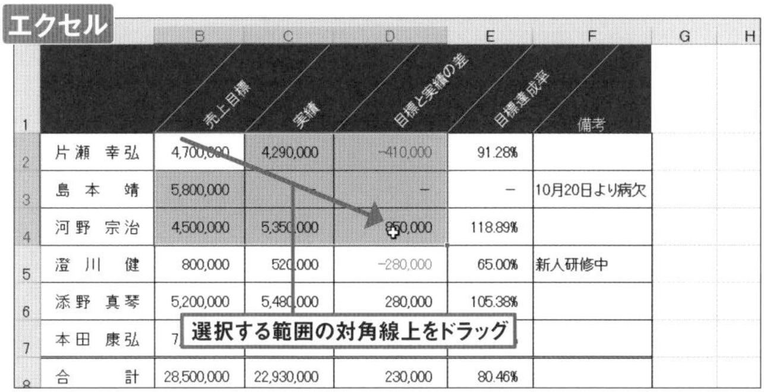

	売上目標	実績	目標と実績の差	目標達成率	備考
片瀬 幸弘	4,700,000	4,290,000	-410,000	91.28%	
島本 靖	5,800,000	–	–	–	10月20日より病欠
河野 宗治	4,500,000	5,350,000	850,000	118.89%	
澄川 健	800,000	520,000	-280,000	65.00%	新人研修中
添野 真琴	5,200,000	5,480,000	280,000	105.38%	
本田 康弘	7				
合計	28,500,000	22,930,000	230,000	80.46%	

図5 エクセルでセル範囲を選択する際は、セル範囲の対角線上をドラッグすると効率が良い

始点でクリック、終点で「Shift」+クリック

選択対象が何かにかかわらず、始点と終点が離れていてスクロールが必要な場合、ドラッグでの選択は難しい。マウスでなくタッチパッドなどを使っているならなおさらだ。始点と終点が離れている場合に使いたいのが、クリックでの範囲選択。

範囲の開始点でクリックし、終了点で「Shift」キーを押しながらクリックする（**図6、図7**）。この方法であれば、途中でスクロールしても問題ないし、終点の位置を間違えた場合は、再度「Shift」キーを押しながら正しい位置をクリックすれば修正できる。

「ここからここまで」は「Shift」+クリックで選択

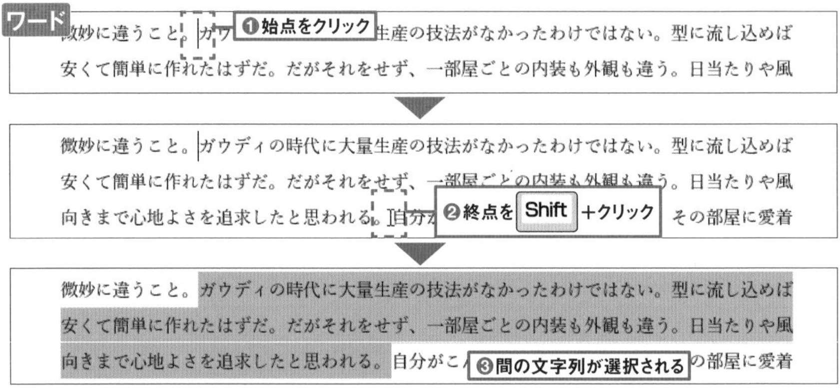

図6 まず、選択したい範囲の始点をクリック（❶）。続いて終点を「Shift」キーを押しながらクリックすれば、始点から終点までの文字列を選択できる（❷❸）。終点がズレた場合は、再度「Shift」キーを押しながらクリックすれば、終点だけを修正できる。また、スクロールが必要な場合は❶の後でスクロールすれば問題ない

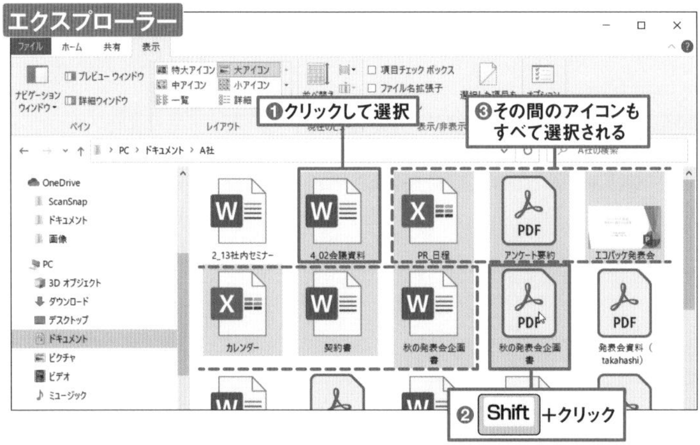

図7 複数のファイルを一気に選択するには、最初に始点となるファイルをクリックして選択（❶）。次に終点となるファイルを「Shift」キーを押しながらクリックすると（❷）、その間にあるアイコンがすべて選択される（❸）

飛び飛びの範囲は「Ctrl」+クリック／ドラッグ

選択する範囲が1カ所ではなく、飛び飛びにある場合もまとめて選択することができる。具体的には、最初の範囲を選択後、2番目以降の範囲は「Ctrl」キーを押しながらクリックまたはドラッグしていく（**図8、図9**）。

複数選択したときに「これはいらない」というものまで選択してしまった場合にも「Ctrl」キーが役立つ。不要なものを「Ctrl」キーを押しながらクリックまたはドラッグすれば、選択を解除できる（**図10**）。

「これとこれ」や「これ以外」は「Ctrl」キーで選択

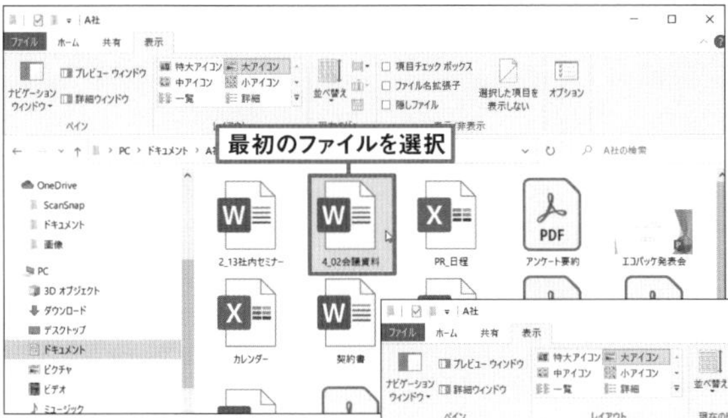

図8 ファイルを飛び飛びに選択したいなら、まず選択するファイルのどれかをクリックやドラッグで選択する

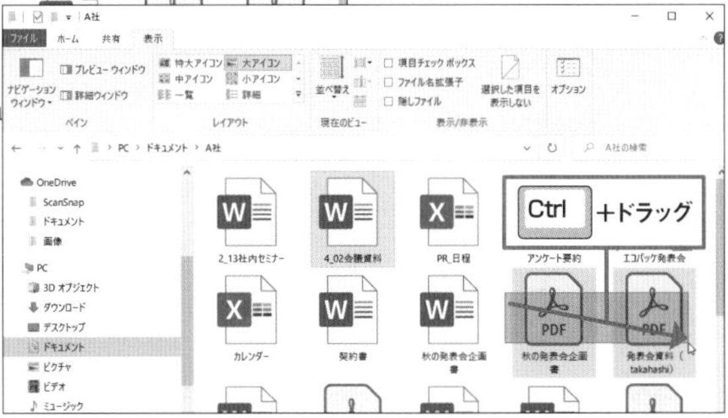

図9 追加したいファイルを「Ctrl」キーを押しながらクリックまたはドラッグする

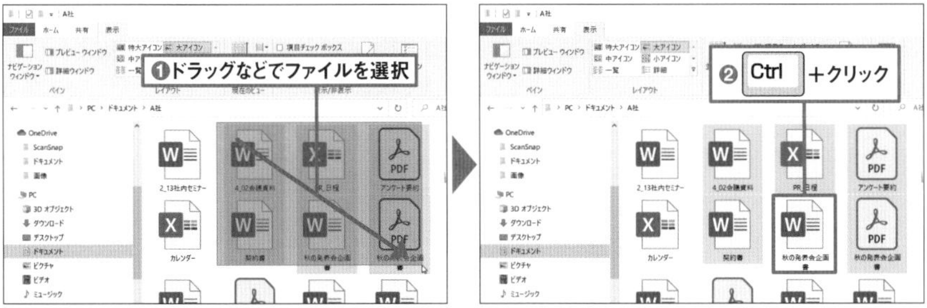

図10 選択した複数ファイルの中で不要なファイルがあれば、「Ctrl」キーを押しながらクリックすると除外できる（❶❷）

「Ctrl」+「A」ですべてを選択

範囲などの選択はマウスで行うほうが直感的に操作できるが、実はショートカットキーを使うと簡単なことも多い。例えば、「Ctrl」+「A」キーを押すとすべてを選択できる。エクスプローラーであれば開いているフォルダー内のすべてのファイルやフォルダー、ワード文書であれば文書内のすべての文字列や画像などを一発で選択できる（**図11、図12**）。エクセルの場合は表全体が選択され、さらに「Ctrl」+「A」キーを押

全選択は「Ctrl」+「A」

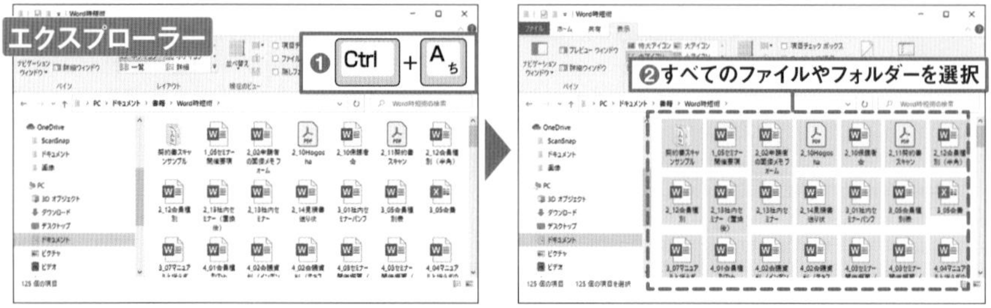

図11 エクスプローラーでフォルダーを開き、「Ctrl」キーを押しながら「A」キーを押すと、フォルダー内に含まれるフォルダーやファイルをすべて選択した状態になる（❶❷）

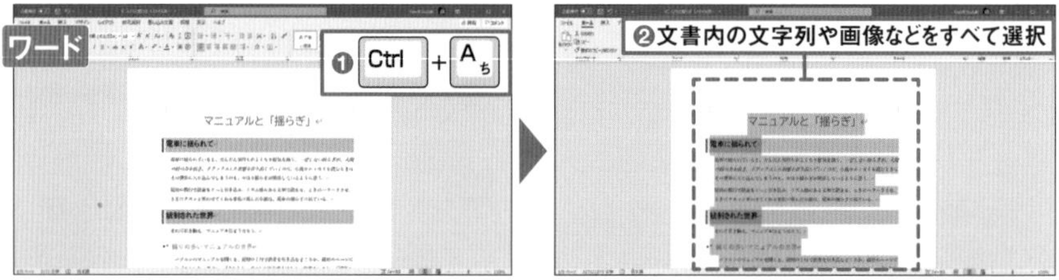

図12 ワードで文書を開き、「Ctrl」キーを押しながら「A」キーを押すと、文書内の文字列や画像などがすべて選択される（❶❷）

図13 エクセルの場合は「Ctrl」+「A」キーを押すと表全体が選択され（❶❷）、さらに「Ctrl」+「A」キーを押すとワークシート全体が選択される（❸❹）

すとワークシート全体を選択できる（**図13**）。

部分的に選択するなら、「Shift」キーを使う。始点を選択後、「Shift」+カーソルキーを押すと、矢印の方向に選択範囲を広げられる。小さい文字を1文字だけ選択するといった細かい調整はドラッグだと難しいが、「Shift」+「→」キーなら簡単だ（**図14**）。選択した範囲が広すぎた場合は、「Shift」+「←」キーで縮小できる（**図15**）。

エクスプローラーでファイルを選択するときにも、「Shift」+「→」キーで隣のアイコン、「Shift」+「↓」キーで真下のアイコンまで選択範囲を広げられる（**図16**）。

微調整は「Shift」+カーソルキー

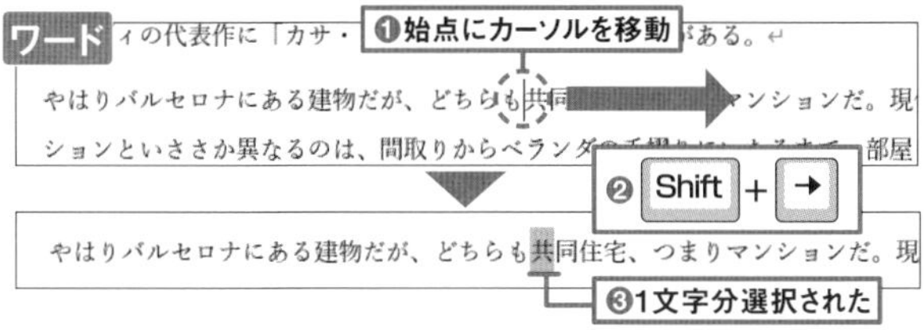

↑図14 キーで文字列を選択するなら、まず始点にカーソルを移動する（❶）。「Shift」キーを押しながら「→」キーを1回押すと1文字選択できる（❷❸）。続けてキーを押すごとに選択範囲が広がる

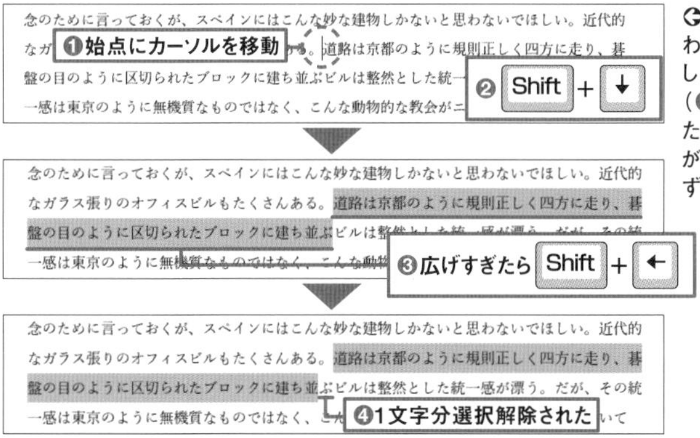

↑図15 選択範囲が複数行にわたる場合は「Shift」キーを押しながら「↓」キーを押す（❶❷）。選択範囲を広げすぎた場合は、「Shift」キーを押しながら「←」キーを押すと1文字分ずつ狭められる（❸❹）

↑図16 エクスプローラーでのファイル選択でも、「Shift」+「→」キーで隣のファイルまで選択できる（❶〜❸）。「Shift」+「↓」キーを押せば、1段下のファイルまで選択される（❹❺）

ショートカットキーの組み合わせでさらに便利に

ウィンドウズには、離れた場所に移動するためのショートカットキーがある。例えば、ページなどの先頭に移動する「Home」キー、最後に移動する「End」キーなどが代表格だ。こうしたジャンプするためのショートカットキーに「Shift」キーを組み合わせると、範囲を選択できる。現在カーソルのある位置から「最後まで」を選択するなら「Shift」+「End」キーというわけだ（**図17**）。逆に「最初まで」を選択するには「Shift」+「Home」キーを押せばよい。エクスプローラーの場合は「最後のファイルまで」、ワードの場合は「行の最後まで」を選択できるなど、アプリによって動作は異なるが、知っていると便利なショートカットキーだ（**図18**）。

「最後まで」は「Shift」+「End」、「最初まで」は「Shift」+「Home」

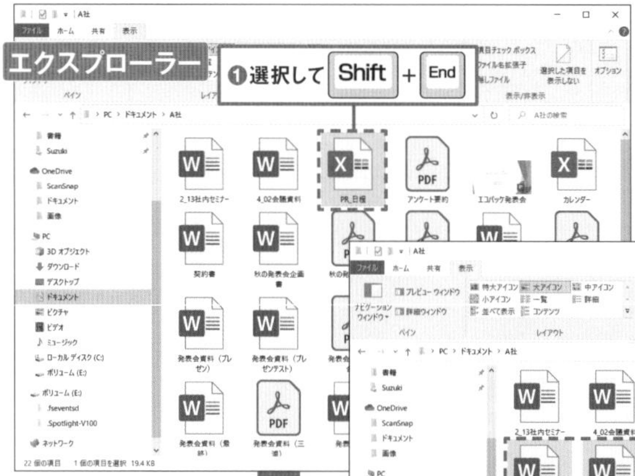

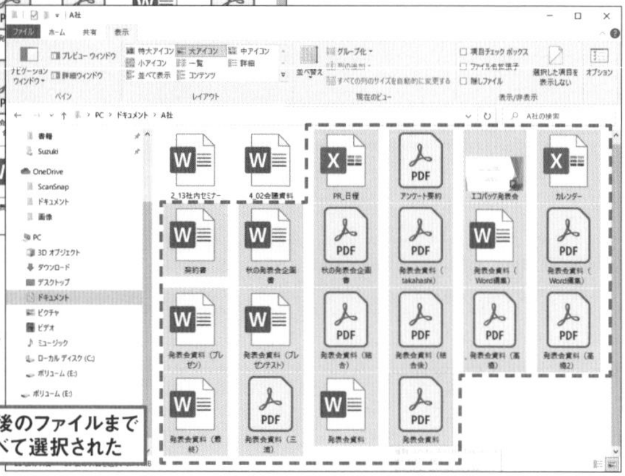

➊➋図17 エクスプローラーでファイルを選択して、「Shift」+「End」キーを押す（❶）。これで最後のファイルまでをまとめて選択できる（❷）

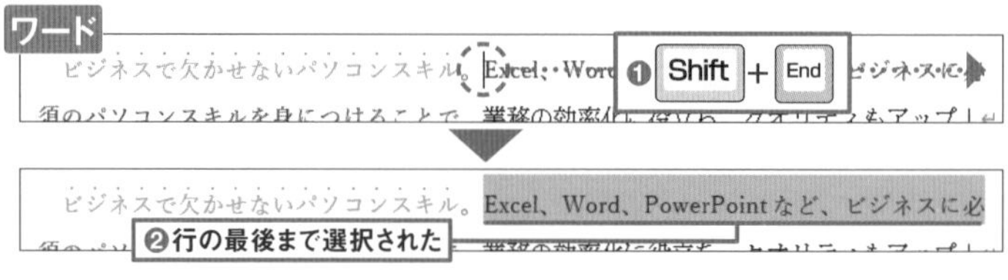

➊図18　ワードでは、「Shift」+「End」キーを押せば、カーソルから行末までを選択できる（❶❷）

エクスプローラーならではの機能で確実に選択

エクスプローラーには、ファイルを簡単に選択するためのちょっと特殊な機能がある。その1つは、「項目チェックボックス」。オンにするとファイルやフォルダーにチェックボックスが表示され、飛び飛びのファイルも簡単に選択できる（**図19**）。「このファイル以外全部」という場合は、除外するファイルを選択しておき、「ホーム」タブで「選択の切り替え」を選ぶと簡単に選択できる（**図20**）。

チェックボックスで確実に選択

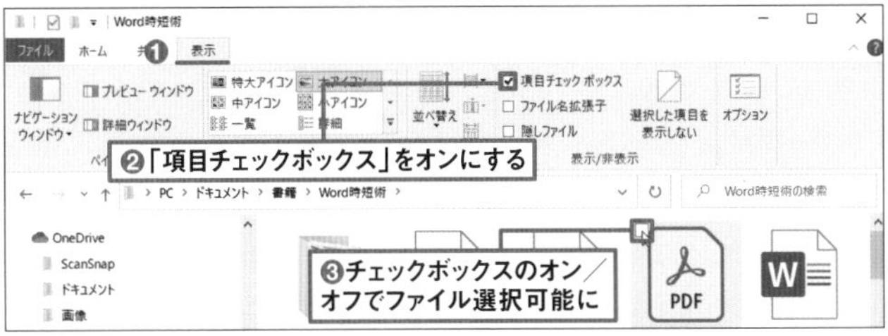

➡**図19** エクスプローラーの「表示」タブで「項目チェックボックス」にチェックを付けると、マウスポインターを合わせたり、選択したりしたアイコンにチェックボックスが表示される（❶～❸）

「これ以外全部」は範囲を反転

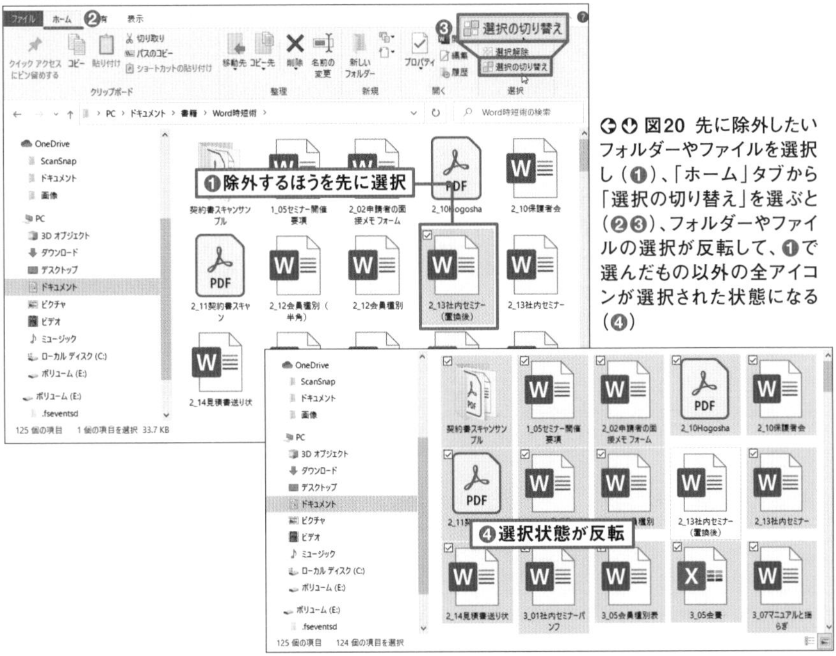

➡⬇**図20** 先に除外したいフォルダーやファイルを選択し（❶）、「ホーム」タブから「選択の切り替え」を選ぶと（❷❸）、フォルダーやファイルの選択が反転して、❶で選んだもの以外の全アイコンが選択された状態になる（❹）

Section 04

エクセルのセル選択&コピペをマスター

30分 時短

エクセルでは、文字だけでなくセル単位での選択やコピペができる。セルはドラッグで範囲選択できるなど、ほかのアプリと共通する操作もあるが、エクセルならではの選択方法やコピペ術も豊富だ。解説していこう。

キー操作でA1セルから終端セルまで素早くジャンプ

選択中のセルを「アクティブセル」と呼ぶ。入力だけでなくコピペなどの編集作業もアクティブセルに対して行われるので、セルを素早く選択できれば間違いなく時短になる。セルの選択といえば基本はクリックだが、入力中はマウスに持ち直してクリックするより、キーボードに手を置いたまま操作できるショートカットキーが便利だ（**図1**）。カーソルキーを使えば、矢印の方向にアクティブセルを移動できるが、入力中は「Tab」キーで右、「Enter」キーで下に移動するのがエクセルの定番。「Tab」キー

上下左右のセルにキーで移動

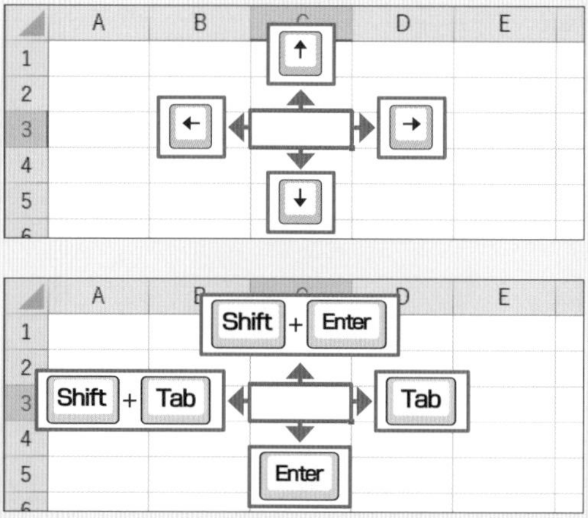

図1 アクティブセルの移動はカーソルキーでも可能だが、入力中であれば右へは「Tab」キー、下へは「Enter」キーで移動することで次の行へスムーズに移動できる。移動しすぎたら「Shift」キーを同時に押すと逆方向へ移動できる

で移動することで、「Enter」キーを押したときに1行下の左端まで戻り、次の行をスムーズに入力できる。

端のセルまで簡単移動

大きな表で端まで移動するためにスクロールするのは時間の無駄。端のセル（終端セル）まで移動するショートカットキーを覚えると、表内の移動は格段に楽になる（**図2**）。ここでいう「終端セル」とは、特定の方向に連続してデータが入力されている最後のセル、またはワークシートの端のセルのこと。空白セルが続いている場合は、最初に見つかった入力済みのセルになる。例えば、図2のような表でC5セルをアクティブにして、「Ctrl」キーと「↓」キーを同時に押すと、C列の入力済みの最下行のセル、すなわちC29セルに移動できる。

「Ctrl」+「End」キーなどでジャンプできる「最後のセル」とは、ワークシート上で何らかの編集が行われたすべてのセル領域の、右下端のセルのこと。図2の例でいえば左側の表の右下端のF29セルではなく、右側の表の範囲まで含めた領域の右下端に当たるJ29セルになる。

端のセルに移動するショートカットキー

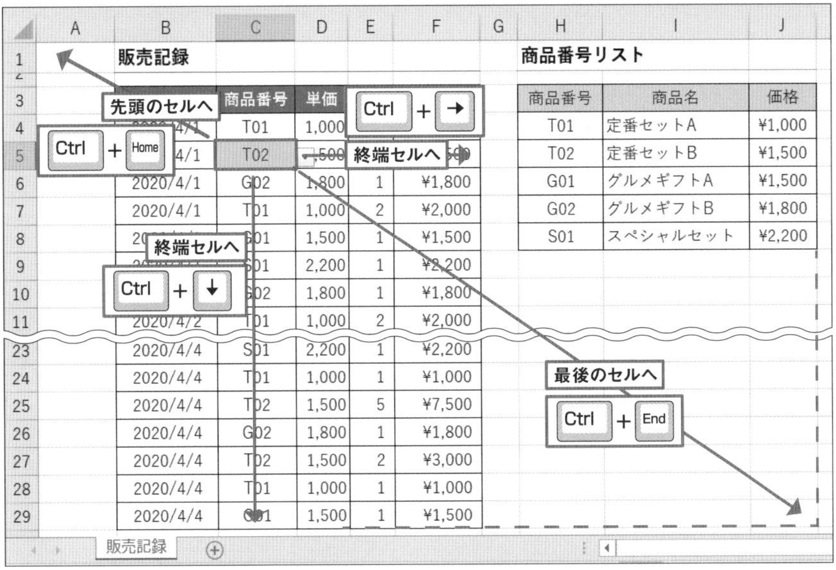

図2 上下左右の各方向にある終端セルや、ワークシートの先頭または最後のセルなどは、ショートカットキーで簡単に選択できる。「終端セル」とは、連続してデータが入力された表で、空白セルの手前にあるセル

終端セルへの移動は、マウスでも可能だ。表の下端に移動するなら、セルの下側の枠線上をダブルクリックする（**図3**）。同様にセルの右側の枠線上をダブルクリックすれば、表の右端までジャンプできる。

ショートカットキーでのジャンプを範囲選択に応用

ここまで説明してきたアクティブセルの移動術は、コピペで範囲を選択するときにも利用できる。

まずはエクセルでの範囲選択の基本をおさらいしておこう。セルはドラッグで範囲選択するのが基本だが、列全体なら列番号、行全体なら行番号、ワークシート全体なら「全セル選択」ボタンをクリックすることでも選択できる（**図4**）。68ページで説明したように、「Ctrl」+「A」キーを押せば表全体を選択できる。

マウスで端まで移動するなら枠線上をダブルクリック

図3 セルを選択し、マウスポインターを枠線上に移動すると、ポインターの形が変わる。表の一番下のセルに移動したいなら、セルの下側の枠線上をダブルクリックすると、下方向の終端セルまで一気に移動することができる（❶❷）

行・列・ワークシート全体をワンクリックで選択

図4 最上段に表示される列番号をクリックすると、その列全体を選択できる。同様に、行番号をクリックすれば行全体、「全セル選択」ボタンをクリックすれば、ワークシート全体が選択される

ドラッグの最中にスクロールが必要な広い範囲を選択する場合は、始点となるセルをクリックし、終点のセルを「Shift」キーを押しながらクリックする方法がお勧めだ（**図5**）。

そして、「Shift」キーにアクティブセルを移動するショートカットキーを組み合わせれば、効果的な範囲選択ができる。「Shift」キーを押しながら「→」キーを押せば、アクティブセルと右隣のセルを選択できる（**図6**）。「アクティブセルから表の終端セルまで」を選択するなら、「Shift」キーを押しながら「Ctrl」+カーソルキーを押すか、アクティブセルの枠線上をダブルクリックすればよい（**図7**）。

「端まで」を簡単に選択

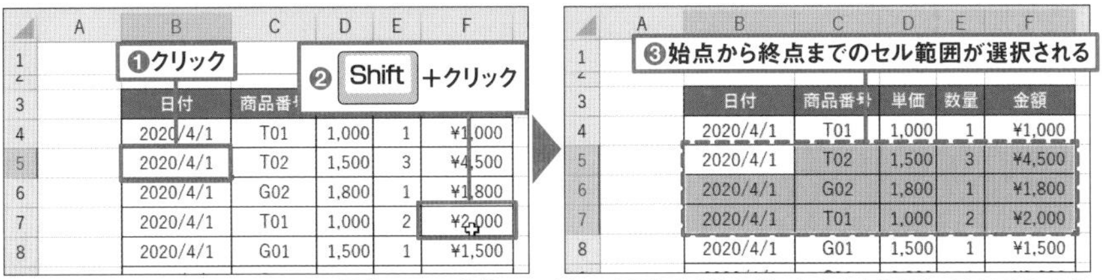

図5 最初のセルをクリックし、最後のセルを「Shift」キーを押しながらクリックする（❶❷）。最初のセルから最後のセルまでの範囲が選択される（❸）

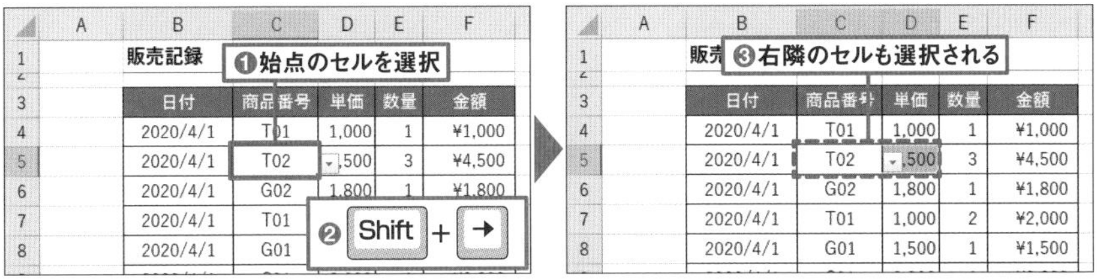

図6 「→」キーなど、アクティブセルを移動するキーは、「Shift」キーを一緒に押すことで範囲選択に使える。「Shift」+「→」キーを押すと、右隣のセルが選択範囲に追加される（❶〜❸）

図7 「Shift」キーを押しながら「Ctrl」+「↓」キーを押すか、「Shift」キーを押しながらアクティブセルの下側の枠線上をダブルクリックすると、その列の終端セルまで選択できる（❶〜❸）

同じ列にあるデータはコピーより再入力

製品名や担当者名など、表では1つの列の中で同じ文字列が繰り返し出てくることが多い。同じ列に入力済みの文字列は、簡単に再入力できる。コピーしたいセルを探す時間がかからない分、コピペより楽だ。方法は2つ。1つは「オートコンプリート」(**図8**)。もう1つは「リスト」だ(**図9**)。

オートコンプリートでは、文字を入力すると同時に、列内に同じ文字から始まる文字列が自動検索され、入力候補として表示する機能(**図10**)。「Enter」キーで確定すればそのまま入力できる。図10の場合は「な」で始まる文字列が1つしかないのですぐに入力候補が表示されるが、**図11**の場合は「た」で始まる文字列が複数あるため2文字入力しないと候補は表示されない。

候補に表示された文字列が目的のものと違う場合は、そのまま入力を続けるか、「Delete」キーで候補を消せばよい(**図12**)。何文字入力すれば候補が表示されるかは、同じ列にある文字列しだいだ。

一方リストは、同じ列内に入力したい文字列がある場合、「Alt」+「↓」キーを押すと入力済みの文字列をリストとして表示する機能(**図13**)。目的の文字列を「↓」「↑」キーで選択し、「Enter」キーで確定する。

同じ列の文字列を再入力する2つの方法

図8 文字列を入力し始めると、その列に入力済みで、同じ文字で始まる候補を自動表示する。確定すれば入力完了

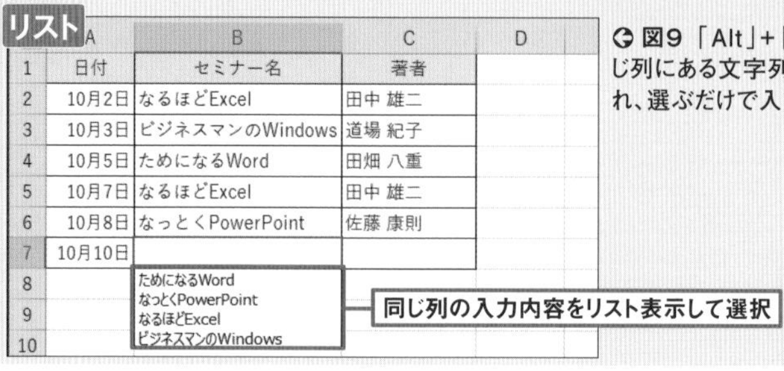

図9 「Alt」+「↓」キーを押すと、同じ列にある文字列がリストとして表示され、選ぶだけで入力できる

「オートコンプリート」で入力

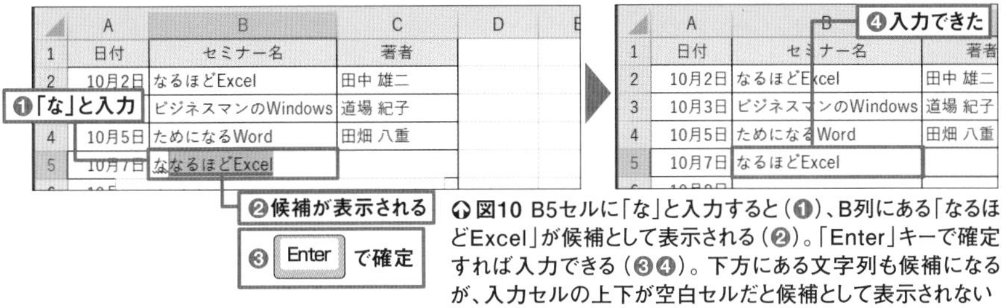
❶「な」と入力
❷候補が表示される
❸ Enter で確定
❹入力できた

図10 B5セルに「な」と入力すると（❶）、B列にある「なるほどExcel」が候補として表示される（❷）。「Enter」キーで確定すれば入力できる（❸❹）。下方にある文字列も候補になるが、入力セルの上下が空白セルだと候補として表示されない

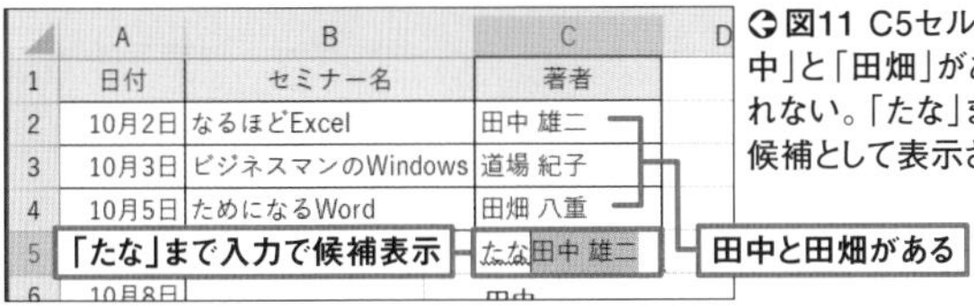
「たな」まで入力で候補表示
田中と田畑がある

図11 C5セルに「た」と入力した場合、同じ列に「田中」と「田畑」があるため、「た」だけでは候補が表示されない。「たな」まで入力した時点で「田中　雄二」が候補として表示される

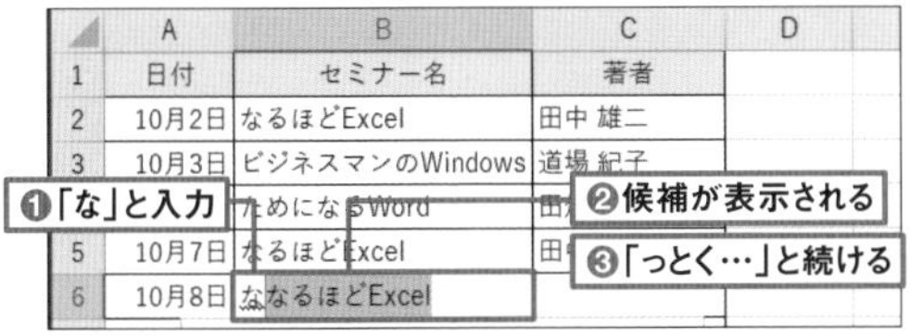
❶「な」と入力
❷候補が表示される
❸「っとく…」と続ける

図12 B6セルに「な」と入力すると「なるほどExcel」が候補として表示される（❶❷）。ほかの文字を入力したいなら、無視して入力を続けるか（❸）、「Delete」キーで候補を消して入力する

同じ列の文字列を「リスト」から選んで入力

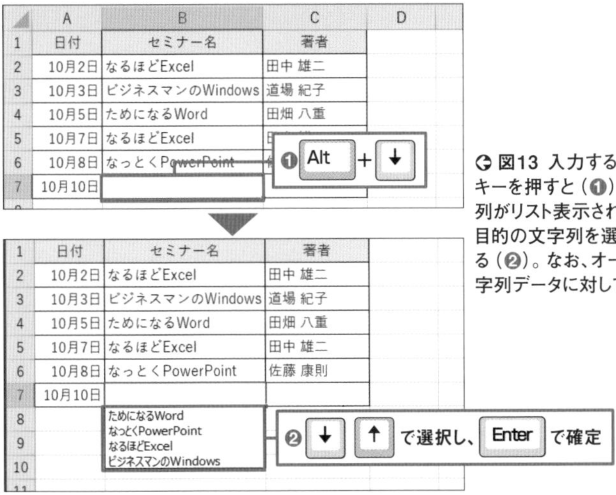
❶ Alt + ↓
ためになるWord
なっとくPowerPoint
なるほどExcel
ビジネスマンのWindows
❷ ↓ ↑ で選択し、Enter で確定

図13 入力するセルを選んで「Alt」+「↓」キーを押すと（❶）、その列に入力済みの文字列がリスト表示される。「↓」「↑」キーを押して目的の文字列を選択し、「Enter」キーで確定する（❷）。なお、オートコンプリートやリストは、文字列データに対してのみ利用できる

特定の範囲に同じ文字列や数式を一発コピー

表によっては、同じ内容のセルが何度も出てくることがある。簡単にコピーする方法を考えよう（**図14**）。あらかじめ同じデータを入力するとわかっているなら、後からコピーするよりも、セル範囲を指定して一括入力するほうが手間はかからない。セル範囲を選択後、データを入力して「Ctrl」+「Enter」キーを押すだけだ（**図15**）。ただし、この方法は一括入力なので、書式や数式はコピーされない。

隣接するセルに、書式設定も含めてセルの内容をコピーするなら、ショートカットキーを使うと効率が良い。まず貼り付け先のセルを選択する。左のセルから右隣のセルにコピーするなら「Ctrl」+「R」キー、上のセルからすぐ下のセルにコピーするなら「Ctrl」+「D」キーを押す（**図16、図17**）。右方向は「Right」なので「R」、下方向は「Down」なので「D」と覚えよう。

セル範囲にまとめてコピーするときもこのショートカットキーが使える。コピー元のセルを含めてセル範囲を選択し、「Ctrl」+「D」キー（右方向なら「Ctrl」+「R」キー）を押す（**図18**）。

この方法は、文字列だけでなく、セルの書式や数式までコピーできるのも利点だ。数式をコピーした場合は、セルの位置に応じた計算結果がそれぞれのセルに表示される。76ページで説明したオートコンプリートやリストは、同じ文字列を入力できるだけで、書式や数式はコピーされないが、離れたセルにあるデータでも簡単に再入力できるのが利点。用途に応じて使い分けよう。

同じ内容は効率良くコピー

図14 表の中で同じ文字列や数式が出てきたら、何度も入力する必要はない。コピーや一括入力の方法を覚えれば、手間を省ける

セル範囲をまとめて選択、一括入力

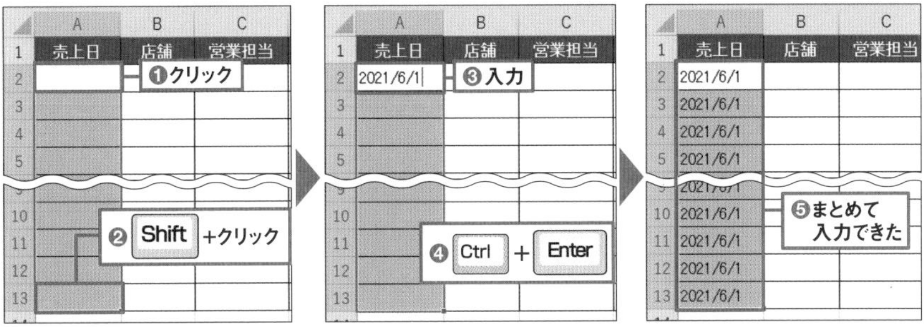
❶クリック
❷ Shift +クリック
❸入力
❹ Ctrl + Enter
❺まとめて
入力できた

図15 同じ内容を入力したいセルをすべて選択（❶❷）。この状態のまま先頭のセルにデータを入力して「Ctrl」キーを押しながら「Enter」キーを押すと（❸❹）、選択中のすべてのセルに一括入力できる（❺）

「Ctrl」+「R」で右へ、「Ctrl」+「D」で下へコピー

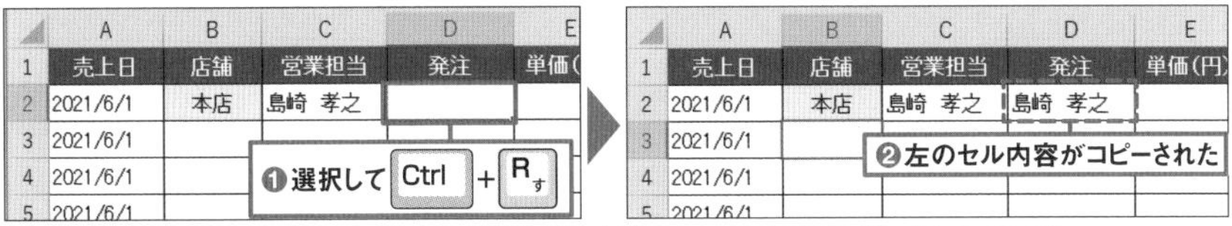
❶選択して Ctrl + R
❷左のセル内容がコピーされた

図16 セルを選択して「Ctrl」+「R」キーを押すと、左隣のセルの内容がコピーされる（❶❷）

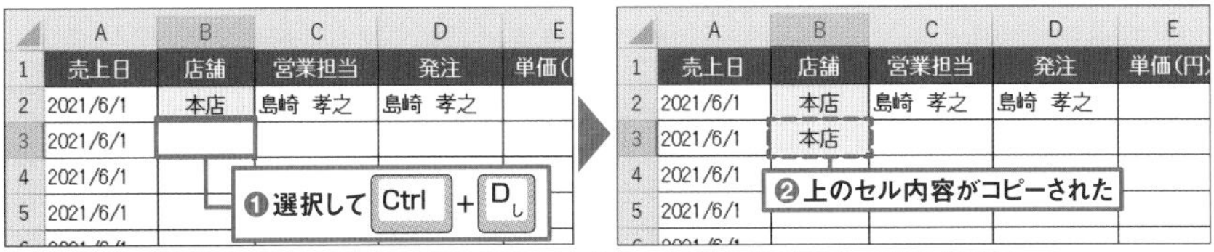
❶選択して Ctrl + D
❷上のセル内容がコピーされた

図17 セルを選択して「Ctrl」+「D」キーを押すと、上のセルの内容がコピーされる（❶❷）

数式も書式もセル範囲にまとめてコピー

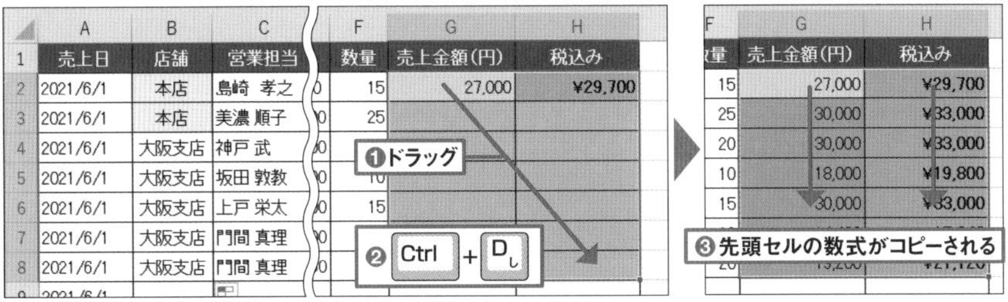
❶ドラッグ
❷ Ctrl + D
❸先頭セルの数式がコピーされる

図18 「Ctrl」+「R」キーや「Ctrl」+「D」キーは、範囲選択したセルにも有効だ。コピー元のセルを含めて、同じ内容にしたいセルを範囲選択し、下方向へのコピーなら「Ctrl」+「D」キーを押す（❶❷）。数式をコピーした場合は、セルの位置関係に応じて数式のセル番地が自動修正され、計算結果が表示される（❸）

同じデータはハンドルのドラッグでオートフィル

ある範囲のセルに同じデータをコピーする方法がもう1つある。ドラッグなどの簡単な操作で、同じデータや規則的に変化するデータを自動入力できる「オートフィル」機能だ。

オートフィルの最も基本的な使い方は、元になるセルを選択し、右下隅に表示される「フィルハンドル」(緑色の小さな■)をドラッグする(**図19**)。通常はこの操作で、書式や数式も含めたセルのコピーになる。ただし、「C-01」や「東京2020」のように数字を含む文字列や、「月、火、水…」のように、最初のセルから次のデータが予測される場合、オートフィルを行うと連続データが入力される(**図20**)。ここがオートフィルの便利なところであり、わかりづらいところでもある。

フィルハンドルのドラッグでオートフィル

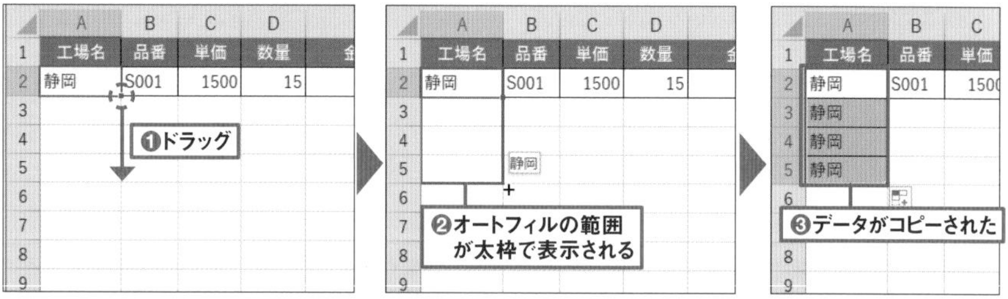

図19 文字列が入力されたセルをオートフィルすると、セルのデータをコピーできる。工場名が入力されたA2セルを選択し、そのフィルハンドル(右下隅に表示される■)をA5セルまでドラッグ(❶❷)。すると、A2セルの文字列や書式がA3～A5セルにコピーされる(❸)。「S001」や「第1期」のように文字列の中に数字が含まれているケースでは、数字部分だけが1ずつ増えていく連続データになることがある

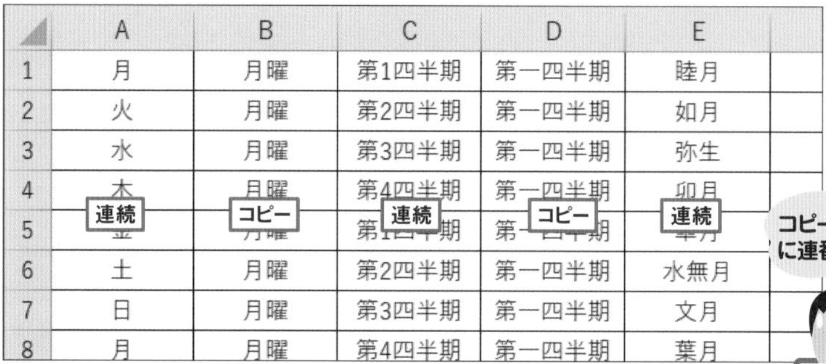

	A	B	C	D	E
1	月	月曜	第1四半期	第一四半期	睦月
2	火	月曜	第2四半期	第一四半期	如月
3	水	月曜	第3四半期	第一四半期	弥生
4	木	月曜	第4四半期	第一四半期	卯月
5	[illegible]	[illegible]	[illegible]	[illegible]	[illegible]
6	土	月曜	第2四半期	第一四半期	水無月
7	日	月曜	第3四半期	第一四半期	文月
8	月	月曜	第4四半期	第一四半期	葉月

図20 「月、火…」や「第1四半期、第2四半期…」は連番になるのに、「月曜、火曜…」や「第一四半期、第二四半期…」はコピーになる。その違いはエクセルに連続データとして登録されているかどうかによる

コピーしようとオートフィルを実行したら連番になったという場合は、オートフィル直後に表示される「スマートタグ」で切り替えが可能だ（**図21**）。また、「Ctrl」キーを押しながらオートフィルを行うと、通常連番になるデータはコピーになり、コピーされるデータは連続データを入力できるのも覚えておくと便利だ。

ダブルクリックで表の端までオートフィル

便利なオートフィルだが、入力したいセル範囲が広いとドラッグでの範囲選択が難しい。そんなときはダブルクリックでのオートフィルを試してみよう。フィルハンドルをダブルクリックすることで、表の端まで入力できる。ただし、表が途切れていると、オートフィルがストップしてしまう（**図22**）。そのときは次のセルで再度ダブルクリックするか、ドラッグ操作で普通にオートフィルしよう。また、罫線などの書式が崩れたときは、スマートタグで「書式なしコピー（フィル）」を選ぶとよい。

勝手に連番はスマートタグで修正

図21 「S001」と入力したセルをオートフィルすると（❶）、「001」の部分が連番になってしまう。連番にしたくないときは、スマートタグから「セルのコピー」を選ぼう（❷〜❺）

ダブルクリックでのオートフィルは空白セルに注意

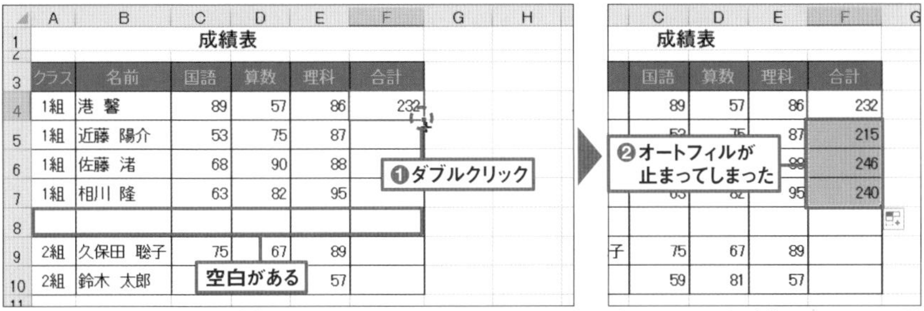

図22 フィルハンドルはダブルクリックでもオートフィルになるが、表が途切れているとダブルクリックでは最後までオートフィルできない（❶❷）。文字や数値がないと表の下端だと見なされるからだ

行や列の順序を入れ替えるならコピペより「Shift」+ドラッグ

表を作成した後でデータの並べ替えが発生するのはよくあること。例えば、**図23上**で3～4行目と5～6行目を入れ替える例で考えてみよう。

通常は3～4行目のブロックを「切り取り」して、どこか別の場所に「貼り付け」して退避。その後、5～6行目のブロックを「切り取り」→「貼り付け」で上に移動し、退避しておいた3～4行目のブロックをその下の空いた行に移動する。順序は入れ替わるが、時短という観点からすれば無駄が多い。

「Shift」+ドラッグで表内の順序を入れ替え

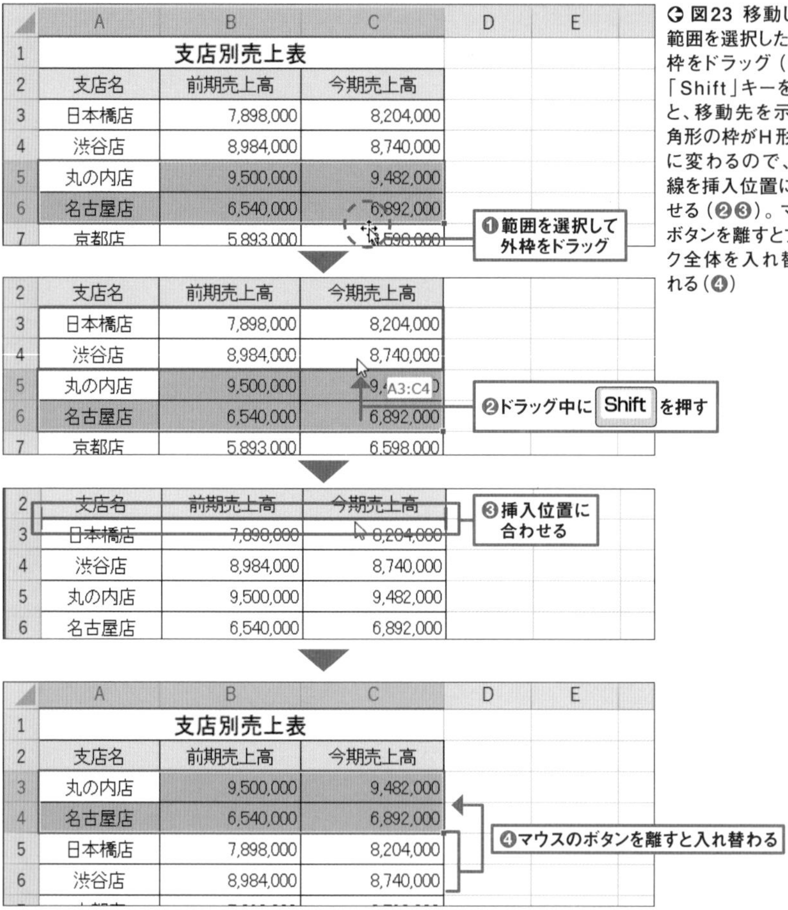

図23 移動したい範囲を選択したら、外枠をドラッグ（❶）。「Shift」キーを押すと、移動先を示す四角形の枠がH形の線に変わるので、その線を挿入位置に合わせる（❷❸）。マウスボタンを離すとブロック全体を入れ替えられる（❹）

手早く済ませたいなら、ドラッグ操作によるセル範囲の入れ替えをマスターしよう。セルは枠線をドラッグすると移動できる。しかし、移動しただけでは移動先のセル内容が上書きされてしまい、挿入にはならない。上書きではなく、ドラッグ先に挿入したいなら、「Shift」キーを組み合わせて操作するのがポイントだ。

移動するセルを選択して外枠にマウスポインターを合わせて、上下左右矢印の絵柄が現れたらドラッグを始める。マウスポインターの移動に従って四角い枠が移動するが、重要なのはここからだ。挿入したい位置までドラッグしたら、「Shift」キーを押す。すると、それまで四角形だった枠が平べったい“H”形に変わる。これが「この場所に移動・挿入されますよ」という目印。マウスのボタンを離して、思惑通りにセルが挿入されたのを確認してから「Shift」キーを離そう。横方向のセルの入れ替えも同様の手順で可能だ。入れ替えは「Shift」キー+ドラッグと覚えておこう。

「Shift」キーの操作が苦手なら、マウスの右ボタンによるドラッグという手もある（**図24**）。セルやセル範囲を選択し、その外枠を右ボタンでドラッグ。目的の場所でマウスボタンを離すとメニューが開くので、処理方法を選べばよい。図24のように移動・挿入するときは「下へシフトして移動」を選択する。

右ドラッグなら処理方法を選べる

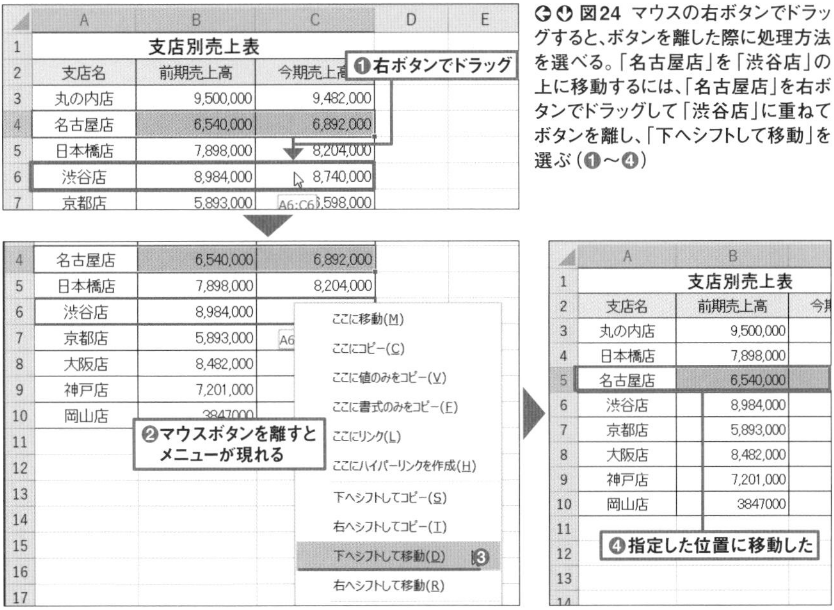

図24 マウスの右ボタンでドラッグすると、ボタンを離した際に処理方法を選べる。「名古屋店」を「渋谷店」の上に移動するには、「名古屋店」を右ボタンでドラッグして「渋谷店」に重ねてボタンを離し、「下へシフトして移動」を選ぶ（❶〜❹）

Section 05

ワードならではの文字選択をマスター

3分時短

ワードには、文字を選択するための機能が豊富だ。コピペでも大いに役立つ機能なので、時短に効果的な文字選択機能を紹介しておこう。

文字列の範囲選択といえばドラッグが定番だが、小さな文字などをドラッグで選択するのは意外と難しい。ワードにはクリック操作で単語、文、段落を選択する機能があり、この操作を覚えると操作が格段に楽になる（**図1**）。

ドラッグよりクリックが楽

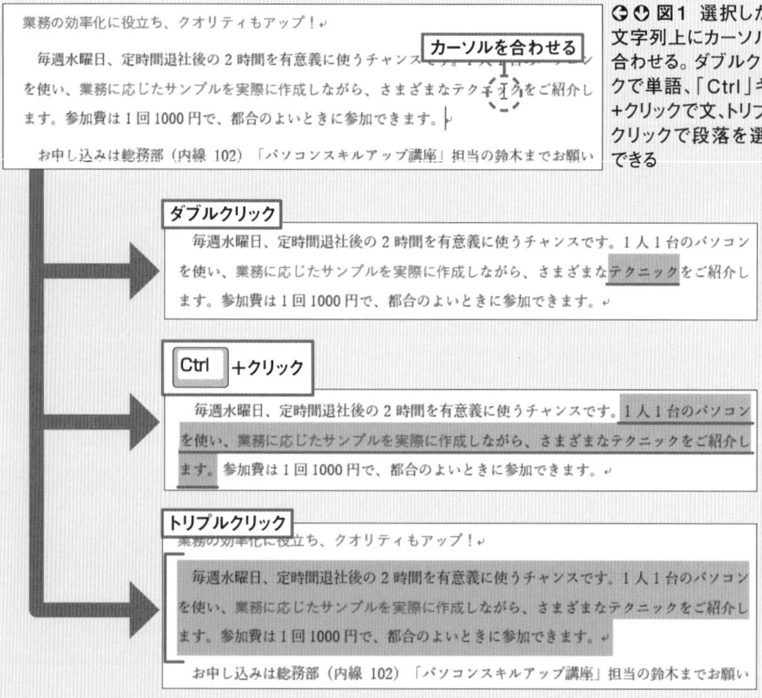

業務の効率化に役立ち、クオリティもアップ！
カーソルを合わせる
ダブルクリック
毎週水曜日、定時間退社後の 2 時間を有意義に使うチャンスです。1 人 1 台のパソコンを使い、業務に応じたサンプルを実際に作成しながら、さまざまなテクニックをご紹介します。参加費は 1 回 1000 円で、都合のよいときに参加できます。
Ctrl +クリック
トリプルクリック
お申し込みは総務部（内線 102）「パソコンスキルアップ講座」担当の鈴木までお願い

図1 選択したい文字列上にカーソルを合わせる。ダブルクリックで単語、「Ctrl」キー+クリックで文、トリプルクリックで段落を選択できる

行、段落の選択は左余白をクリック

行単位で選択する場合、文字列ではなく、文字の左側にある余白をクリックする。マウスポインターを左余白に移動し、ポインターが右上向きの矢印に変わったところでクリックするのがコツ（**図2**）。

段落単位で選択する場合は、左余白をダブルクリック。文書の全文を選択するなら、左余白をトリプルクリックするか、「Ctrl」キーを押しながらクリックする。

複数行を選択する場合は、選択する範囲の一番上の行の左余白にポインターを合わせる。縦方向にドラッグすると、ドラッグの長さに応じて複数行を選択できる。

左余白のクリックで行単位に選択

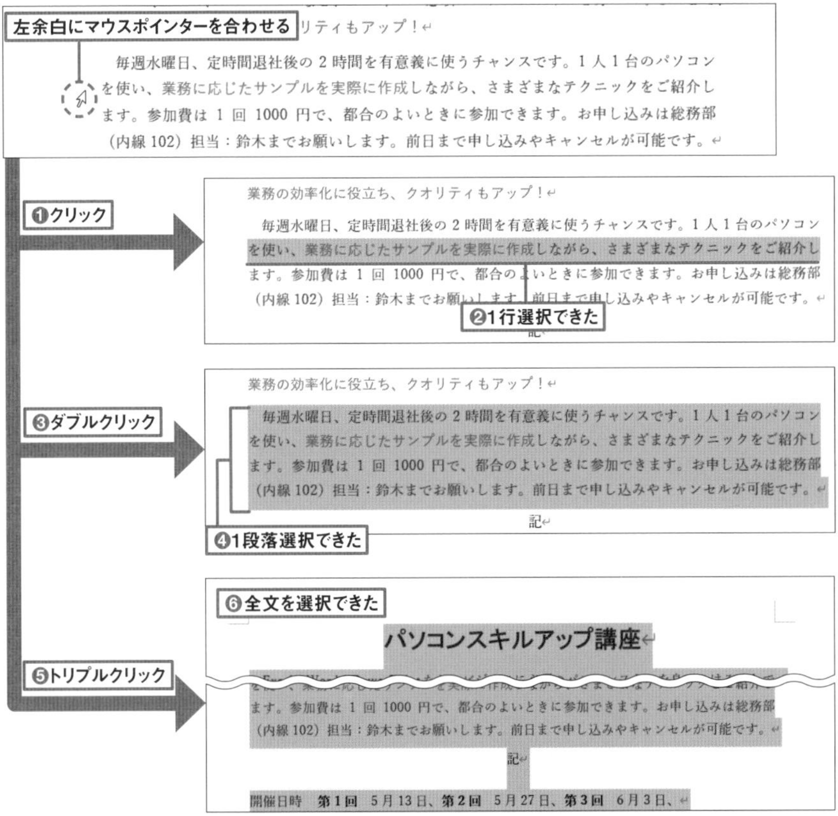
左余白にマウスポインターを合わせる
❶クリック
❷1行選択できた
❸ダブルクリック
❹1段落選択できた
❺トリプルクリック
❻全文を選択できた
業務の効率化に役立ち、クオリティもアップ！
毎週水曜日、定時間退社後の 2 時間を有意義に使うチャンスです。1 人 1 台のパソコンを使い、業務に応じたサンプルを実際に作成しながら、さまざまなテクニックをご紹介します。参加費は 1 回 1000 円で、都合のよいときに参加できます。お申し込みは総務部（内線 102）担当：鈴木までお願いします。前日まで申し込みやキャンセルが可能です。
記
パソコンスキルアップ講座
開催日時　第 1 回　5 月 13 日、第 2 回　5 月 27 日、第 3 回　6 月 3 日、

図2　左側の余白をクリックすると、1行分の文字列を選択できる（❶❷）。左余白でダブルクリックすると1段落（❸❹）、トリプルクリックか「Ctrl」キー＋クリックで全文を選択できる（❺❻）

Section 06

書式あり／書式なしのコピペを使いこなす

10分 時短

コピペの対象はデータだけではない。文字であればフォントや段落設定、セルであれば枠線や塗りつぶしの色といった書式が設定されている。コピーしたデータには元の書式情報が残っているので、そのまま貼り付けると貼り付け先の書式に合わないことも多い（**図1**）。ワードやエクセルでは、貼り付け直後に表示される「貼り付けのオプション」ボタンをクリックすることで、書式を残すかどうかなど、貼り付け形式を変更することができる（**図2**）。

「書式が合わない!」を解決するオプションボタン

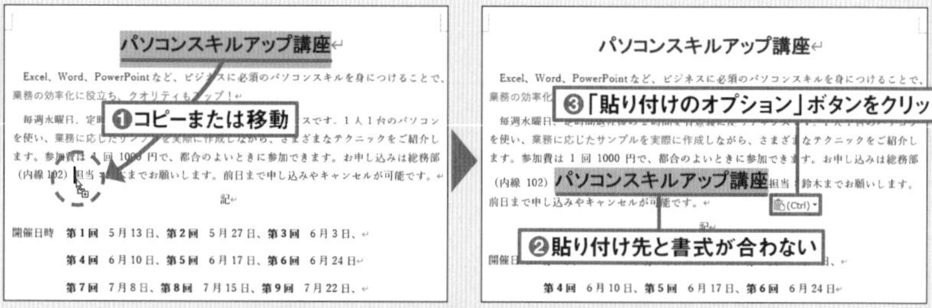
パソコンスキルアップ講座
❶コピーまたは移動
❸「貼り付けのオプション」ボタンをクリック
❷貼り付け先と書式が合わない

図1 文字列をコピーまたは移動すると（❶）、移動先と書式が異なることがある（❷）。そんなときは「貼り付けのオプション」ボタンをクリック（❸）

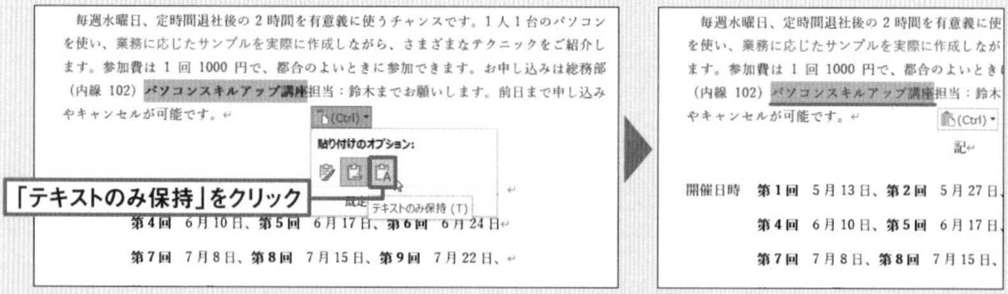
貼り付けのオプション:
「テキストのみ保持」をクリック
テキストのみ保持 (T)

図2 「貼り付けのオプション」から「テキストのみ保持」を選択すると、貼り付け先の書式を適用して貼り付けられる

貼り付け前でも貼り付け後でも選べるオプション

リボンの「貼り付け」ボタンを使う場合は、貼り付け時にオプションを指定することもできる。「貼り付け」ボタンの下側をクリックしてオプションを選ぼう（**図3**）。ワードで文字列を貼り付ける際に表示される代表的な貼り付け形式は4種類ある。

「元の書式を保持」は、コピー元の書式がそのまま残る（**図4**）。初期設定で選択されるのはこの形式だが、貼り付け先の書式と合わないことが多い。

「書式を結合」は、太字や斜体など一部の書式を除き、貼り付け先の書式に合わせる形式（**図5**）。ほとんどの書式は貼り付け先の直前にある文字の書式が適用される。貼り付け先になじませつつも、コピー元で強調されていた文字を目立たせたい場合などに使う。

文字列で選べる貼り付け形式

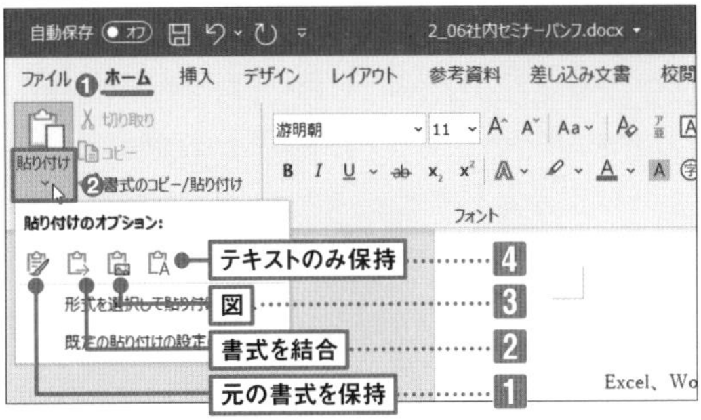

図3 「ホーム」タブで「貼り付け」ボタンの「▼」をクリックする（❶❷）。4つのボタンで貼り付け形式を選択できる

1 元の書式を保持

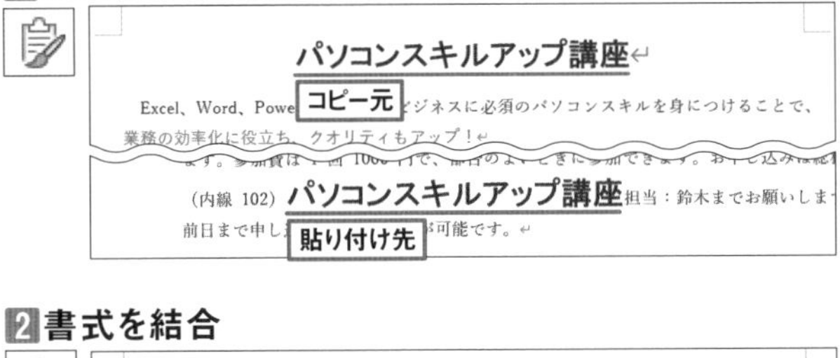

図4 「元の書式を保持」では、コピー元の書式がそのまま貼り付け先でも保持される。貼り付け先とは別の書式になるので違和感が生じることも少なくない

2 書式を結合

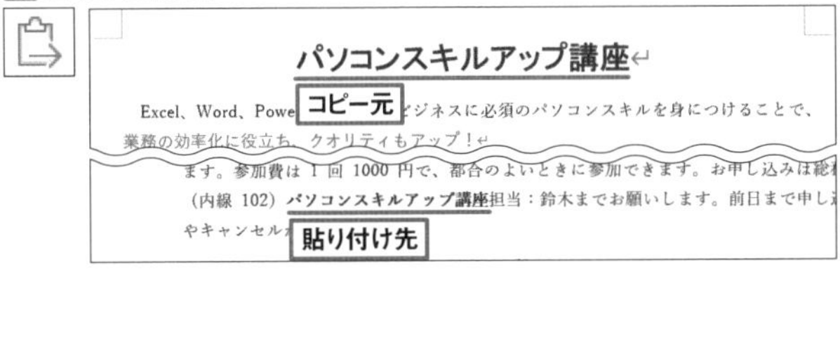

図5 「書式を結合」では、貼り付け先の書式に合わせられるが、太字など一部の書式は残る

3 図

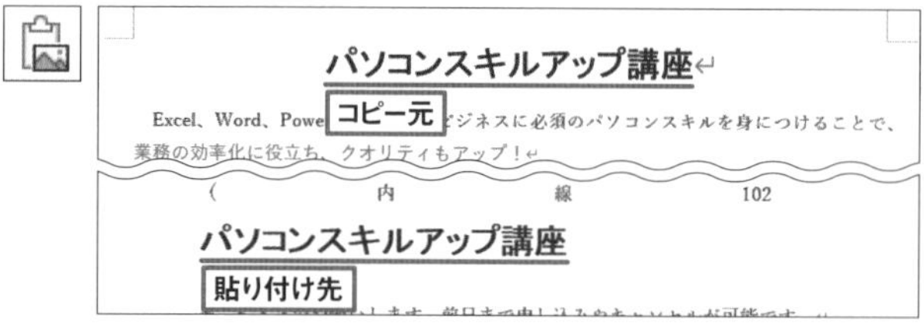

パソコンスキルアップ講座
コピー元
Excel、Word、Powe
ビジネスに必須のパソコンスキルを身につけることで、
業務の効率化に役立ち、クオリティもアップ！
（　内　線　102
パソコンスキルアップ講座
貼り付け先

図6 「図」では、文字列が画像として貼り付けられる。画像サイズを調整したり、枠を付けたりといった加工ができる

4 テキストのみ保持

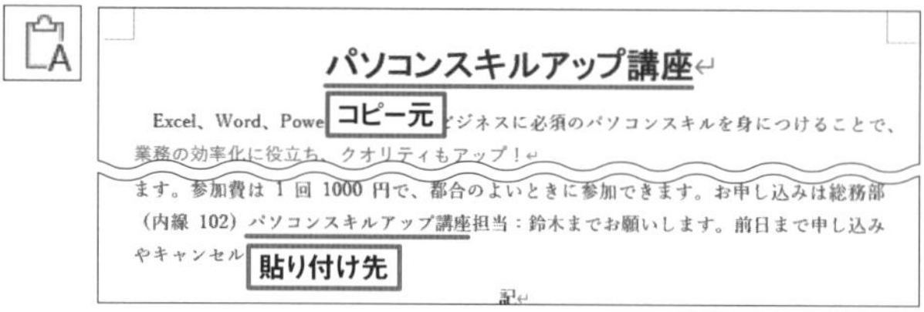

パソコンスキルアップ講座
コピー元
Excel、Word、Powe
ビジネスに必須のパソコンスキルを身につけることで、
業務の効率化に役立ち、クオリティもアップ！
ます。参加費は1回1000円で、都合のよいときに参加できます。お申し込みは総務部
（内線102）パソコンスキルアップ講座担当：鈴木までお願いします。前日まで申し込み
やキャンセル
貼り付け先
記

図7 「テキストのみ保持」では、コピー元の書式がすべて削除されたテキストとして貼り付けられるため、貼り付け先の書式が適用される

「図」は、テキストを画像に変換して貼り付ける形式で、「Microsoft 365」のワードのみ利用可能。貼り付け後に文字の修正などはできないので、原文のまま引用したいときや、罫線や回転など画像特有の設定をしたいときに使うとよい（**図6**）。

「テキストのみ保持」は、すべての書式設定を破棄し、テキストデータのみ貼り付ける形式（**図7**）。貼り付け先の直前にある文字の書式がそのまま適用される。

段落書式のコピーは段落記号の有無がポイント

ワードで文字列を貼り付けたら貼り付け先の段落書式が変わってしまった、あるいは見出しをコピペしたのに段落書式がコピーされなかった、といった経験はないだろ

段落書式を流用するなら段落記号までコピー

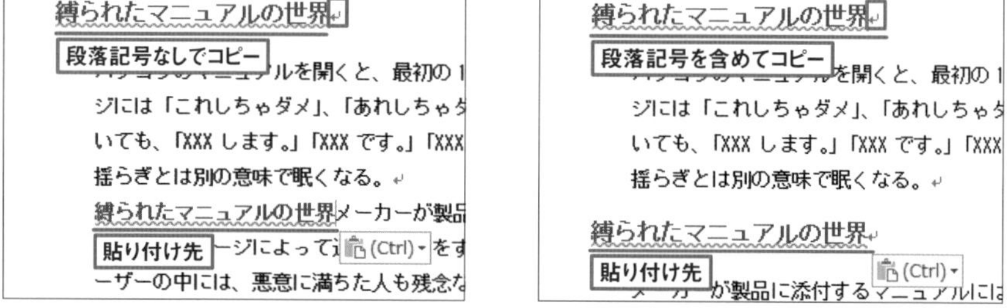

縛られたマニュアルの世界
段落記号なしでコピー
ルを開くと、最初の1
ジには「これしちゃダメ」、「あれしちゃダ
いても、「XXX します。」「XXX です。」「XXX
揺らぎとは別の意味で眠くなる。
縛られたマニュアルの世界メーカーが製品
貼り付け先
ージによって
(Ctrl)
をす
ーザーの中には、悪意に満ちた人も残念な
縛られたマニュアルの世界
段落記号を含めてコピー
を開くと、最初の1
ジには「これしちゃダメ」、「あれしちゃダ
いても、「XXX します。」「XXX です。」「XXX
揺らぎとは別の意味で眠くなる。
縛られたマニュアルの世界
貼り付け先
(Ctrl)
が製品に添付するマニュアルには

図8 同じように「元の書式を保持」を選択しても、コピー時に段落記号を含めていたかどうかによって、貼り付け後の結果が変わる。段落記号を含めてコピペした場合は、段落設定も引き継がれる

うか。段落書式を引き継ぐか否かは、段落記号（改行を示す矢印マーク）を含めてコピーするかどうかがポイントになる（**図8**）。

段落記号を含めてコピーした文字列を貼り付けると、貼り付け形式が「元の書式を保持」の場合、コピー元の段落書式が貼り付け先の段落全体に適用される。段落書式をコピーしたくない場合は、段落記号を含めずにコピーするか、貼り付け後に「テキストのみ保持」などの段落書式を削除する貼り付け形式を選択する。

エクセルの表をワード文書にコピペ

データ管理をエクセルで行っていると、エクセルで作成した表やグラフをワード文書に貼り付ける機会が多い。表の場合、選択できる貼り付け形式が文字列のときとは異なる。形式によってはせっかくエクセルできれいに作った表が崩れてしまったり、表の内容をワードで修正できなかったりするので注意が必要だ。

エクセルの表は、「Ctrl」+「C」キーでコピーして、ワード文書に「Ctrl」+「V」キーで貼り付けることができる。初期設定では貼り付け形式として「元の書式を保持」が選択され、エクセルで指定した書式が引き継がれるのだが、微妙にズレが生じることが多い（**図9**）。貼り付け後に列幅などを調整すれば済む話だが、その手間を省くのが時短術だ。

エクセルの表をワードにコピペすると見た目が変わることがある

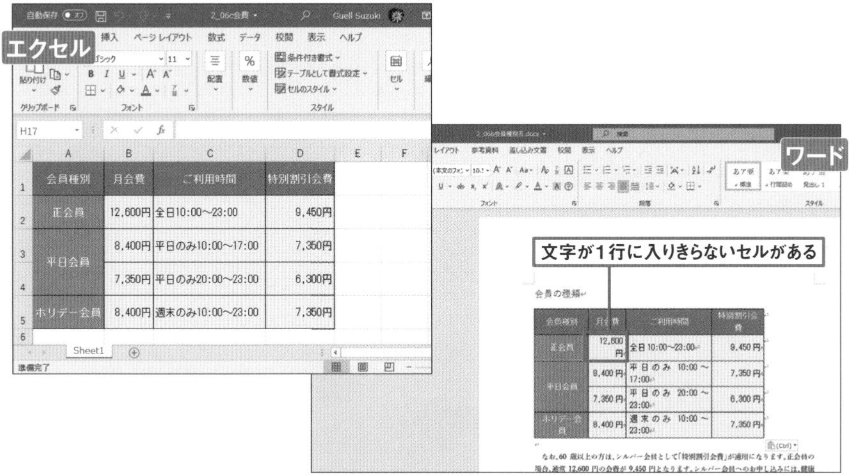

図9 エクセルの表をコピーしてワード文書に貼り付けると、フォントなどの書式はほぼそのまま維持される。ただし、列幅などが微妙に変わるため、デザインが崩れることがある

エクセルの表をワード文書に貼り付けた際も、文字列と同様に「貼り付けのオプション」ボタンが表示され、6つの形式を選択できる（**図10**）。具体的には「元の書式を保持」「貼り付け先のスタイルを使用」「リンク（元の書式を保持）」「リンク（貼り付け先のスタイルを使用）」「図」「テキストのみ保持」だ。簡単に説明しよう。

エクセルの表をワードに貼り付けたときに選べるオプション

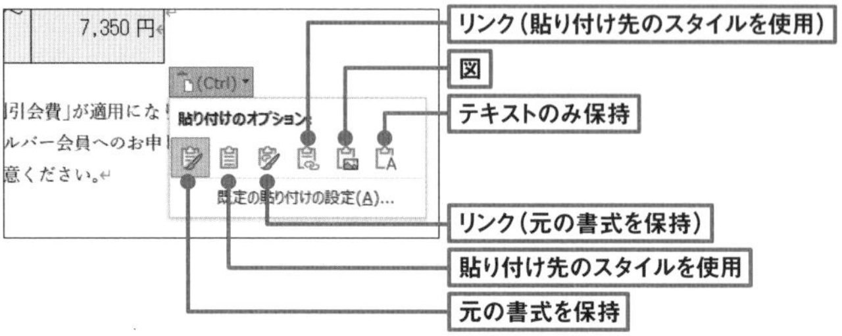

図10 エクセルの表をワードに貼り付けた直後に表示される「貼り付けのオプション」ボタンでは6つの形式を選択できる

用途に応じてオプションを選択

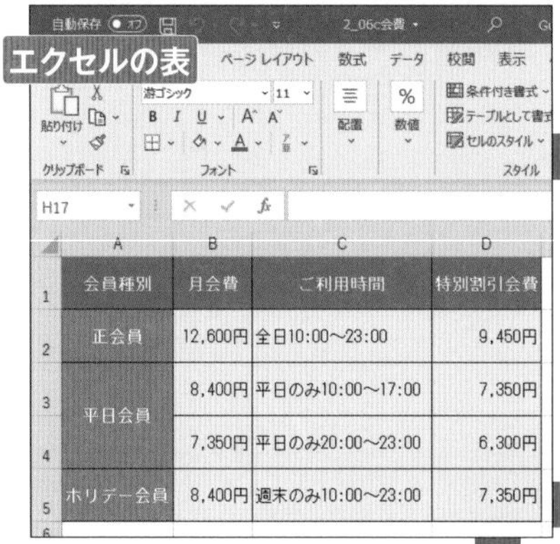

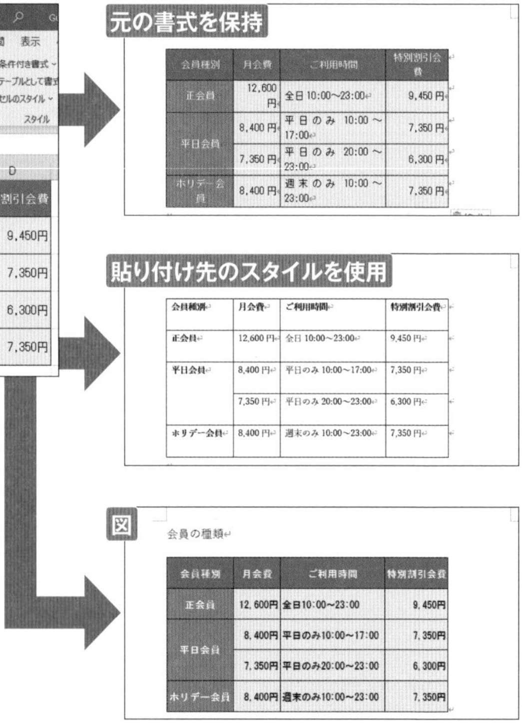

図11 エクセルの表（上図）をワードに貼り付けた場合、オプションで「元の書式を保持」を選んだ場合（右上図）と「貼り付け先のスタイルを使用」を選んだ場合（右中図）では、これだけの差が出る。「図」にすると、エクセルの表の見た目そのまま、ワードの文書に画像として貼り付けることができる（右下図）。図で貼り付けた表は拡大／縮小はできるものの、内容や書式の修正はできない

「元の書式を保持」はエクセルの書式設定をできる限り維持しつつ、ワードの表として貼り付ける形式（**図11**）。ワード上でさらに編集したいときに向く。「貼り付け先のスタイルを使用」は、貼り付け先の文字書式や段落書式が適用される。通常の文字列の間に表を貼り付けた場合、枠内の塗りつぶしの色などはすべて解除される。ワードで作成中の表にエクセルの表を継ぎ足すといった場合に使うと効果的だ。

「リンク（元の書式を保持）」と「リンク（貼り付け先のスタイルを使用）」は、元のエクセルファイルとのリンクを保持した形式で貼り付けられる。エクセルの元ファイルが更新するとワードに貼り付けた表も更新される。

「図」は表を画像データとして貼り付ける形式。エクセルの表を写真で撮って貼り付けるようなものなので、元表のレイアウトが崩れることはないが、ワードで表内のデータ修正はできない。6つの形式の中で最もエクセルの表を崩さずに貼り付けられる形式だ。「テキストのみ保持」は、文字データのみが貼り付けられる。

レイアウトを崩さず、編集もできる貼り付け方法は?

表のレイアウトを崩さず、後から表の編集もできる形式で貼り付けたければ、リボンの「ホーム」タブにあるボタンを使う。貼り付ける際、「貼り付け」ボタンの下にある「▼」をクリックし、「形式を選択して貼り付け」を選択する（**図12**）。表示されたダイアログボックスで、「Microsoft Excelワークシートオブジェクト」を選択するのがポイント。レイアウトが崩れないうえ、表をダブルクリックするとワードの中でエクセルが起動し、エクセルの高度な表計算機能をそのまま使って編集ができる。後から編集したい表であれば、この形式がベストだ。

編集したいなら「Microsoft Excelワークシートオブジェクト」

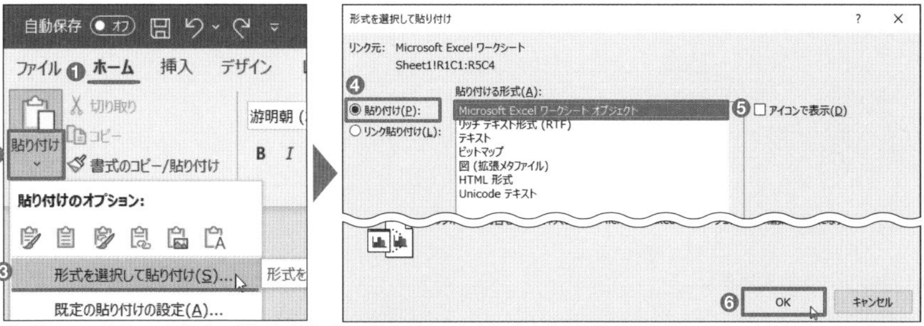

図12 エクセルの表をコピーしたら、ワードの「ホーム」タブで「貼り付け」ボタンの「▼」をクリック（❶❷）。「形式を選択して貼り付け」を選ぶ（❸）。「貼り付け」を選択し、「Microsoft Excelワークシートオブジェクト」を選んで「OK」ボタンをクリックする（❹～❻）

ウェブページからのコピーはショートカットが便利

ウェブページの情報は、コピーしたいアイテムをワードのウインドウにドラッグ・アンド・ドロップするだけでもコピペできる（**図13**）。しかし、ワードのウインドウが見えるように調整するなど手間がかかり、「貼り付けのオプション」ボタンが表示されないのも難点だ（**図14**）。ウェブページからのコピーを簡単に済ませるなら、「貼り付けのオプション」ボタンも表示されるショートカットキーがお勧め（**図15**）。「元の書式を保持（貼り付け）」「書式を結合」「テキストのみ保持」の3つの形式から選択できる（**図16**）。

ウェブページのデータを利用する場合は、著作権に十分配慮するのはいうまでもない。ウェブページのデータにはハイパーリンクが設定されていることも多いので、不要な場合は解除するのを忘れずに（**図17**）。

既定の貼り付け形式をワードのオプションで指定

ワードのオプション設定では、既定の貼り付け形式を設定できる。コピー元によって既定の形式を選べるので、よく使う形式に変更しよう。「ファイル」タブで「オプション」を選び、「詳細設定」画面で指定する（**図18**）。

ドラッグコピーもできるが操作性はイマイチ

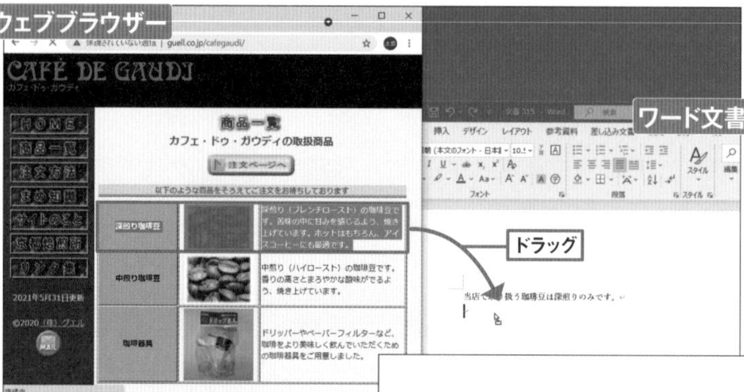

図13 ウェブブラウザーでコピーしたいアイテムを選択し、ワード文書へドラッグ・アンド・ドロップ。ワード文書が隠れていると、貼り付け先の選択が難しい

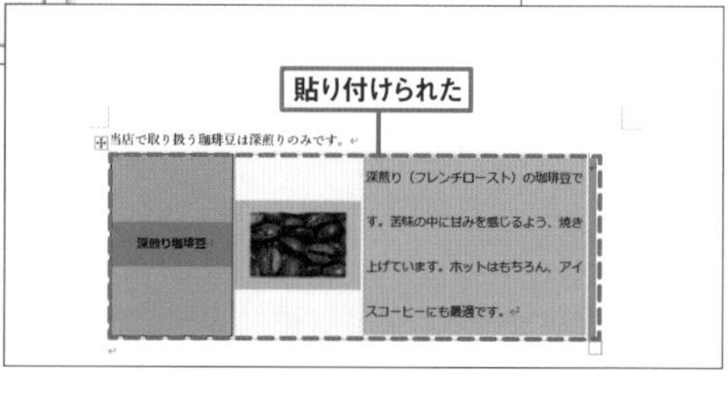

図14 コピペできたが、「貼り付けのオプション」ボタンは表示されないので、形式変更は右クリックから行う

ショートカットキーでコピペすれば形式選択も楽

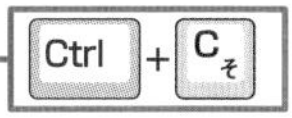

図15 ウェブブラウザーでコピーしたいアイテムを選択し、「Ctrl」+「C」キーでコピーする

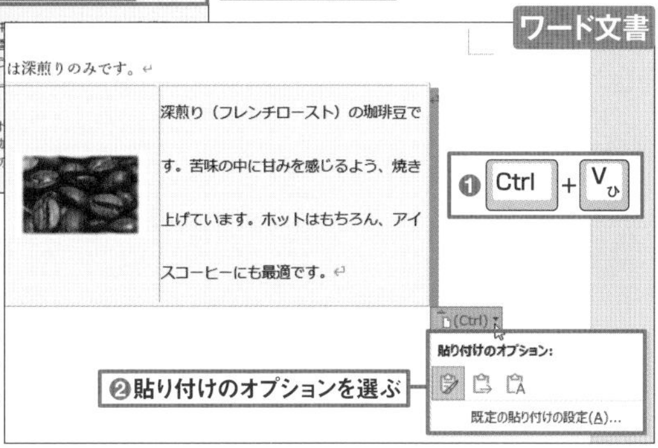

図16 ワード文書で貼り付ける位置にカーソルを移動し、「Ctrl」+「V」キーで貼り付ける（❶）。「元の書式を保持」形式で貼り付けられるので、変更する場合は「貼り付けのオプション」ボタンをクリックして「テキストのみ保持」などを選択する（❷）

不要なハイパーリンクは解除

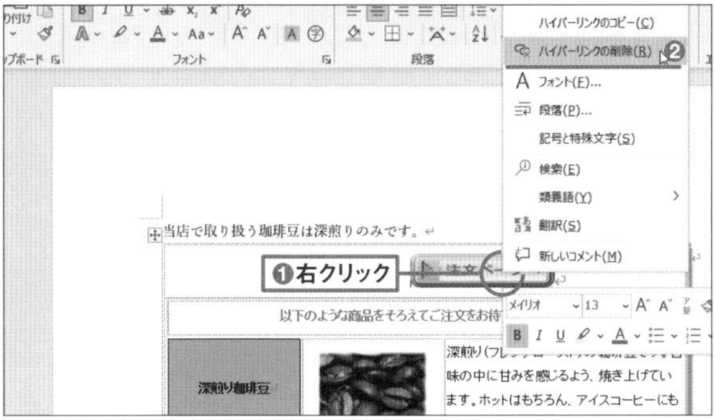

図17 元のウェブページに設定されていたハイパーリンクも、ワード上で再現される。これを削除するには、ハイパーリンクが設定されているアイテムを右クリックし、「ハイパーリンクの削除」を選択する（❶❷）

ワードのオプションで既定の貼り付け形式を変更

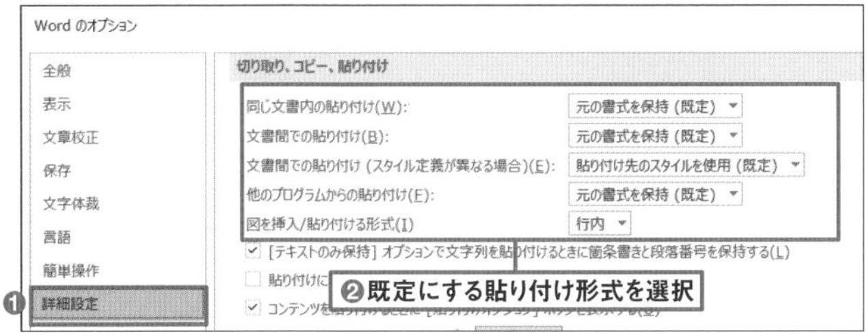

図18 「ファイル」タブで「オプション」を選択し、開いたダイアログボックスで「詳細設定」を選択する（❶）。既定にする貼り付けの形式を選択する（❷）

エクセルのコピペで貼り付け形式を選択

エクセルの場合、セル単位でコピペすることも多い。セルに保持されたデータを「値」と呼ぶが、セルのコピーや移動を行うと、貼り付け先に設定されている書式は無視され、コピー元の書式で貼り付けられる（**図19**）。元の表と貼り付け先の表で書式が異なると、貼り付け後に書式を調整する手間がかかるので、ワードと同様、「貼り付けのオプション」で形式を選ぼう。

基本は書式も含めたコピペ

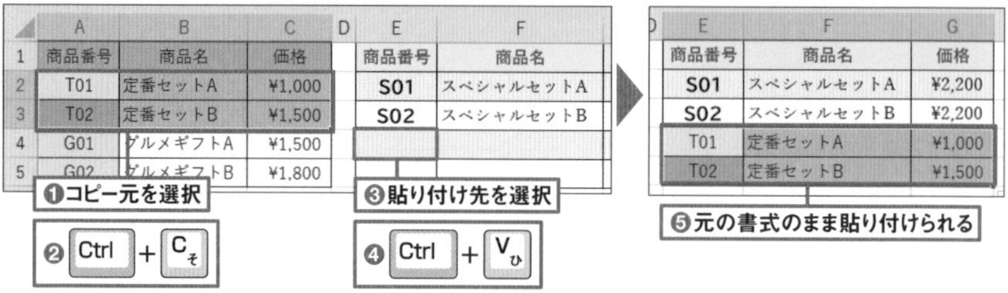

図19 エクセルのセルのコピーでは、書式を含めてすべての要素が貼り付けられるため（❶～❺）、書式が異なる表に貼り付けると、貼り付けた後に書式を変更する手間がかかってしまう

貼り付けオプションを選ぶ2つの方法

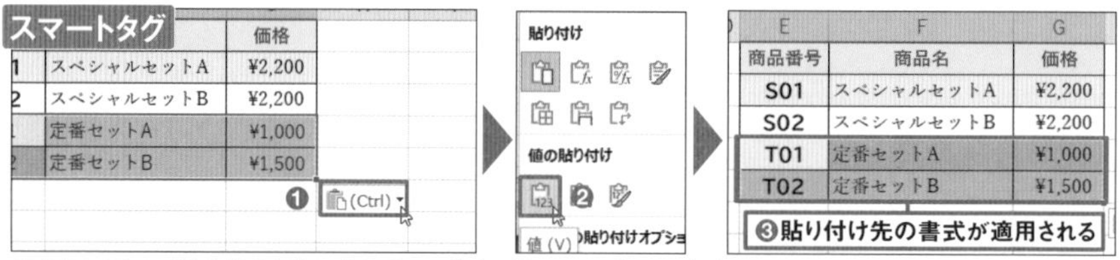

図20 図19で貼り付けた後に表示される「貼り付けのオプション」ボタンをクリックし（❶）、「値」を選択すると、元の書式が解除され、値だけを貼り付けられる（❷❸）。貼り付け先の書式に従った貼り付けが可能だ

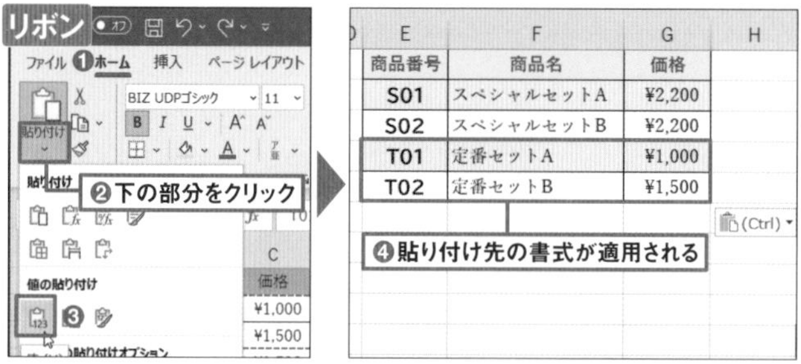

図21 コピーの操作をした後、貼り付け先を選んだら、「ホーム」タブの「貼り付け」ボタン下の「▼」をクリックしてオプションから「値」を選択（❶～❸）。すると、コピーした値のみが貼り付けられ、貼り付け先の書式が適用される（❹）

貼り付け先の書式に合わせたいなら、値だけを貼り付ける。貼り付け形式を選ぶ方法は2つ。ショートカットキーなどで貼り付けた場合は、「貼り付けのオプション」ボタンをクリックして「値」を選ぶ（**図20**）。リボンの「貼り付け」ボタンを使う場合は、ボタンの下の「▼」をクリックして「値」を選んでもよい（**図21**）。

エクセルの場合、貼り付けのオプションには選択肢が多い（**図22**）。数式で計算した結果だけを別の表に流用する場合、通常のコピペでは数式がコピーされてしまうため、貼り付け先で結果が異なったり、エラーになることがある（**図23**）。「数式の入ったセルの値をそのままコピーしたい」という場合は、貼り付ける時に「値」や「値と元の書式」などを選び、計算結果の値だけを貼り付ける（**図24**）。

エクセルの貼り付けのオプションで選べる貼り付け方法

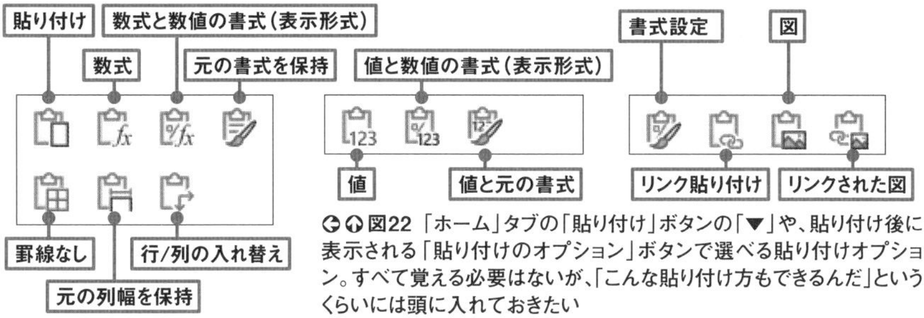

図22 「ホーム」タブの「貼り付け」ボタンの「▼」や、貼り付け後に表示される「貼り付けのオプション」ボタンで選べる貼り付けオプション。すべて覚える必要はないが、「こんな貼り付け方もできるんだ」というくらいには頭に入れておきたい

数式で計算した結果を貼り付けるなら「値と元の書式」で貼り付け

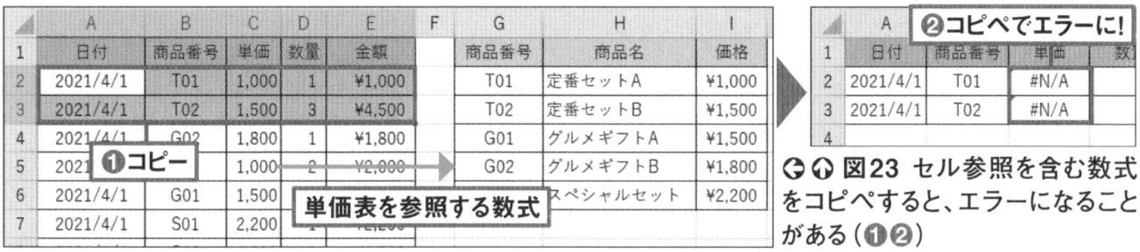

図23 セル参照を含む数式をコピペすると、エラーになることがある（❶❷）

図24 貼り付け時にオプションで「値と元の書式」を選ぶと、数式ではなく値を貼り付けることができ、書式も崩れない（❶〜❹）

Section 07

「書式のコピー」を使いこなす

5分 時短

ワード文書で同じレベルの小見出しが繰り返し出てくる場合、書式設定を何度も繰り返すより、入力後に書式だけをコピペしたほうが時短になる（**図1**）。選択した文字列やセルの書式だけをコピーする「書式のコピー」機能の出番だ。

文字列の場合は、コピー元の段落にカーソルを置いた状態で、「ホーム」タブの「書式のコピー／貼り付け」ボタンをクリックする（**図2**）。続けて貼り付け先をクリックすれば、コピー元の文字書式と段落書式が貼り付けられる（**図3**）。ショートカットキーなら、書式コピーが「Ctrl」+「Shift」+「C」キー、貼り付けが「Ctrl」+「Shift」+「V」キーだ。貼り付け先の選択時に、クリックではなくドラッグで文字列を選択した場合は、文字書式のみを貼り付けられる（**図4**）。

同じ書式の繰り返しはコピーで時短

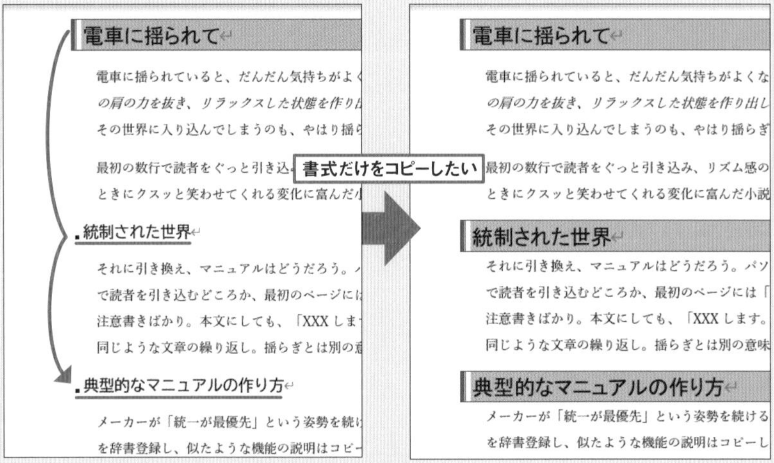

電車に揺られて
電車に揺られていると、だんだん気持ちがよく
の肩の力を抜き、リラックスした状態を作り出
その世界に入り込んでしまうのも、やはり揺ら
最初の数行で読者をぐっと引き込
ときにクスッと笑わせてくれる変化に富んだ小
統制された世界
それに引き換え、マニュアルはどうだろう。パ
で読者を引き込むどころか、最初のページには
注意書きばかり。本文にしても、「XXX しま
同じような文章の繰り返し。揺らぎとは別の意
典型的なマニュアルの作り方
メーカーが「統一が最優先」という姿勢を続け
を辞書登録し、似たような機能の説明はコピー
書式だけをコピーしたい
電車に揺られて
電車に揺られていると、だんだん気持ちがよくな
の肩の力を抜き、リラックスした状態を作り出し
その世界に入り込んでしまうのも、やはり揺らぎ
最初の数行で読者をぐっと引き込み、リズム感の
ときにクスッと笑わせてくれる変化に富んだ小説
統制された世界
それに引き換え、マニュアルはどうだろう。パソ
で読者を引き込むどころか、最初のページには「
注意書きばかり。本文にしても、「XXX します。
同じような文章の繰り返し。揺らぎとは別の意味
典型的なマニュアルの作り方
メーカーが「統一が最優先」という姿勢を続ける
を辞書登録し、似たような機能の説明はコピーし

図1 1つめの見出しのフォントや段落書式を設定したら、同じレベルの見出しには書式だけをコピーすればよい。何度も同じ書式設定をせずに済む

エクセルではセルを選択して書式をコピーすることで、セルの枠線や塗りつぶしの色、セル内の文字書式などをまるごと別のセルに適用できる（**図5**）。

「書式のコピー／貼り付け」ボタンをダブルクリックすると、再度「書式のコピー／貼り付け」ボタンをクリックするまで繰り返し貼り付けできることも覚えておこう。

書式だけをコピーして貼り付ける

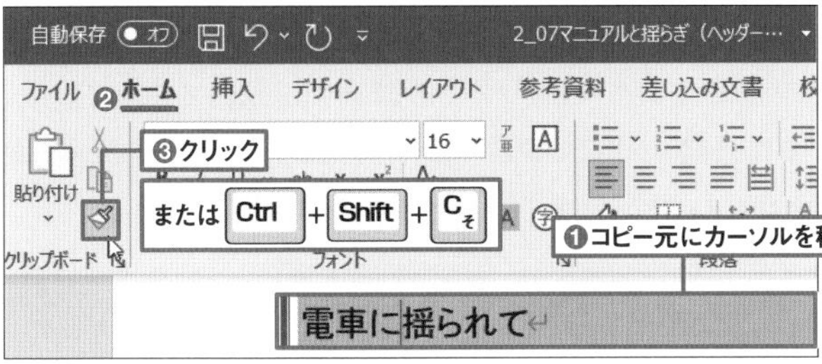

図2 書式のコピー元のどこかにカーソルを移動する（❶）。「ホーム」タブの「書式のコピー/貼り付け」ボタンをクリックする（❷❸）

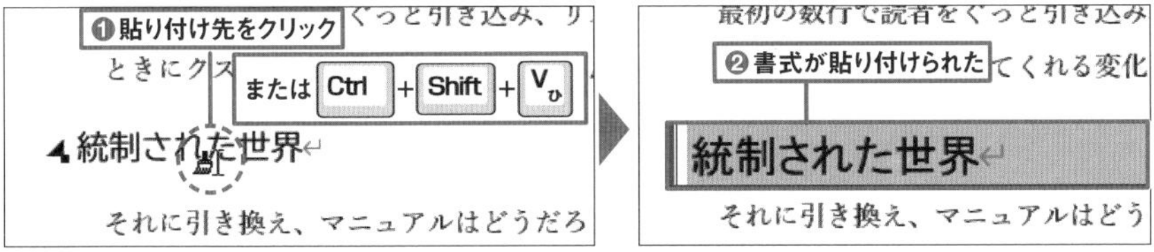

図3 ポインターが刷毛の形に変わったら、貼り付け先の段落のどこかをクリックする（❶）。段落全体に書式が貼り付けられる（❷）

文字書式だけをコピーするならドラッグで貼り付け

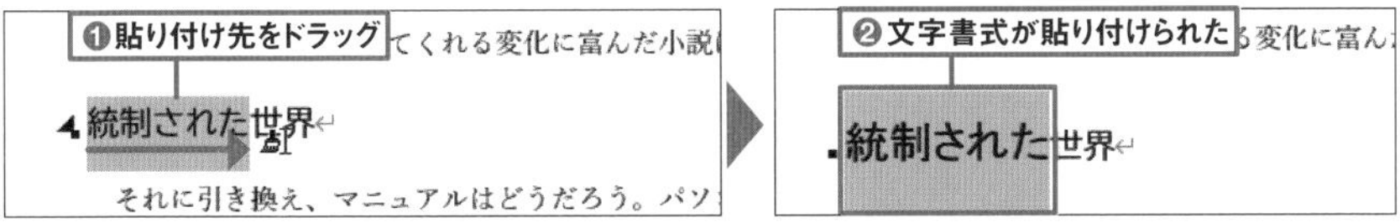

図4 図2で書式をコピーした後、貼り付け先の文字列をドラッグすると、ドラッグした文字列だけに文字書式が貼り付けられる（❶❷）

エクセルではセルの書式を丸ごとコピペ

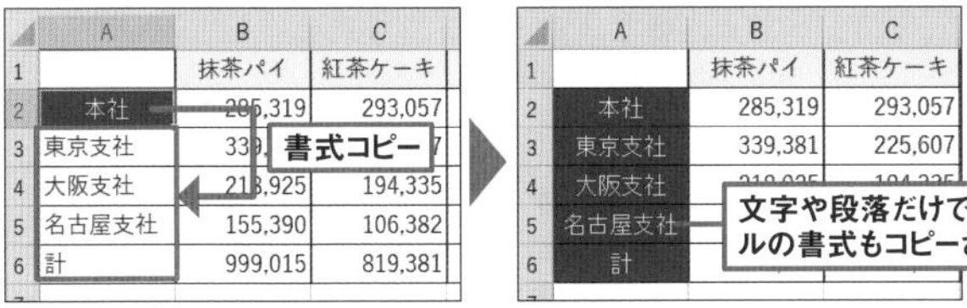

図5 エクセルにも「書式のコピー」ボタンはあるが、エクセルの場合は文字書式だけでなくセル全体の書式がコピーされる

Section 08

間違ったら「Esc」「元に戻す」「やり直す」

1分時短

間違えてコピペした場合は元に戻せばよい。文字列などのコピペだけでなく、ファイル操作でもキャンセルは可能だ。コピペのドラッグ中に間違いに気付いたら、「Esc」キーでキャンセル（**図1**）。操作直後に気付いたら「Ctrl」+「Z」キーで元に戻すことができる（**図2**）。元に戻した後で「Ctrl」+「Y」キーを押せばやり直しもできる。

操作中なら「Esc」、操作後でも「Ctrl」+「Z」で戻せる

↑**図1** フォルダーやファイルのドラッグ中に操作を間違えたことに気付いたときは、「Esc」キーを押すと、ドラッグ操作をキャンセルできる

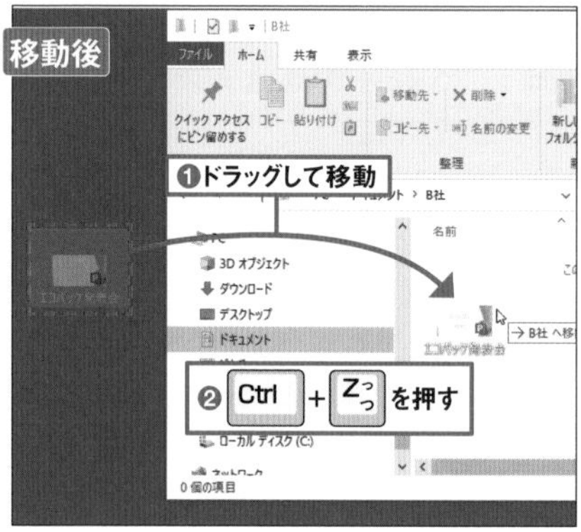

←↑**図2** コピーや移動した後に間違いに気付いたら、すぐに「Ctrl」キーと「Z」キーを押す（❶❷）。これで直前の操作を取り消して元に戻せる（❸）。その取り消しをさらに取り消す（最初の操作を実行した状態にする）には、「Ctrl」キーと「Y」キーを押す

第3章

データの入力を高速化&省力化

パソコン仕事で大きなウエートを占めるのが文字入力。メールを書いたり書類を作成したり……。コピペでは済まないイチからの手入力は、最も面倒で時間がかかる作業だ。だが、そんな場面でも、効率化の秘策はある。手入力を最少に抑え、自動化するワザを身に付けよう。

- かな漢字変換を的確&スムーズに
- 予測入力で無駄な手入力を減らす
- 定型文や定型文書を登録して自動化
- エクセルの自動入力機能をフル活用

Section 01

かな漢字変換をもっとスムーズに

5分時短

パソコンの操作の中で大きなウエートを占める文字入力。特に日本語のかな漢字変換をスピードアップできれば、時短効果は抜群だ。

日本語のかな漢字変換を行うソフトウエアを「IME」と呼ぶ。ウィンドウズに付属するIMEは「Microsoft IME（MS-IME）」だ。IMEの状態を示す入力モードアイコンが「A」（半角）ならIMEはオフ、それ以外ならIMEはオンなので日本語を入力できる（**図1**）。IMEのオン／オフは、入力モードアイコンのクリックでも切り替えられるが、入

IMEのオン／オフは押しやすいキーで

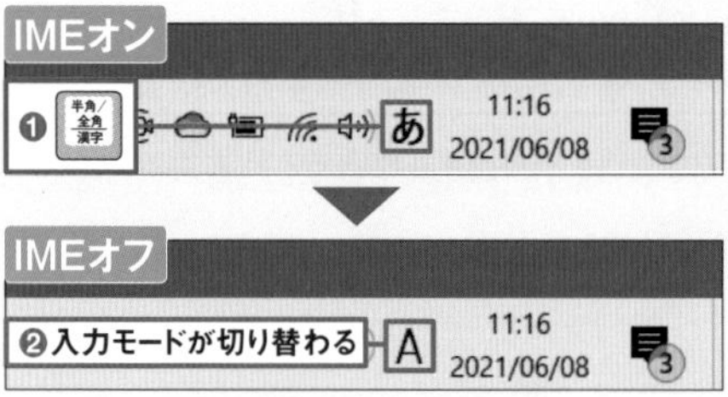

↶図1 「通知領域」に表示されるIMEのアイコンが「あ」なら「ひらがな」、「A」（半角）なら「半角英数字」を直接入力するモードだ（❶❷）。半角英数字以外の入力モードであれば、入力した文字列を漢字などに変換できる

↶図2 日本語と半角英数字の切り替えに使う「半角/全角」キーはキーボードの左上端にある。「Caps Lock」キーや「変換」キー、「無変換」キーでも同様の操作ができるので、操作しやすいキーを使おう

力中はキーボード上に手を置いているので、当然のことながらキー操作で切り替えるほうが速い。

IMEのオン／オフ切り替えに使うキーといえば定番は「半角／全角」キーだが、このキーはホームポジションから遠く、押しづらい（**図2**）。実は「Caps Lock」キーでも切り替えられるのだが、位置的にあまり変わらないせいか、最初に覚えた「半角／全角」キーを使い続ける人が大多数だ。しかし、2020年春に行われたウィンドウズ10の大型アップデートでは、「半角／全角」キーの存在を脅かす新機能が追加された。IMEのオン／オフを「変換」キーと「無変換」キーに割り当てられるようになったのだ。IMEのオン／オフをこのキーに割り当てれば、入力モードの変更が手元のキーでできる。また、オンとオフのキーを分けることで、「オンかと思ったらオフだった」といったミスをなくす効果もある。

設定するには、IMEのアイコンを右クリックして設定画面を開き、「キーとタッチのカスタマイズ」を選ぶ（**図3**）。「無変換」キーであれば、「IME-オン」「IME-オフ」「IME-オン/オフ」「ひらがな/カタカナ」の4つから選択できる。「変換」キーと「無変換」キーに、それぞれ「IME-オン」と「IME-オフ」の機能を割り当てれば設定完了だ（**図4**）。

「変換」／「無変換」キーでIMEを切り替え

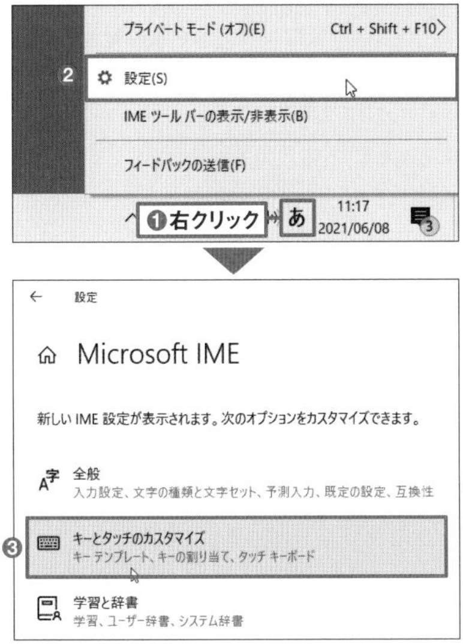

図3 IMEのアイコンを右クリックする（❶）。「設定」を選択し、表示された画面で「キーとタッチのカスタマイズ」を選択する（❷❸）

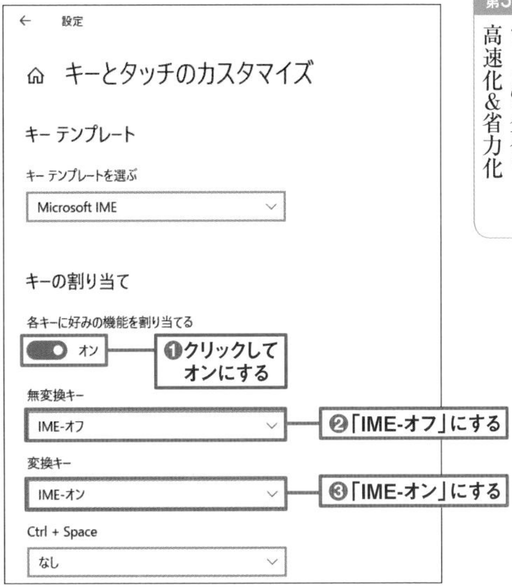

図4「各キーに好みの機能を割り当てる」をオンにする（❶）。「無変換キー」を「IME-オフ」、「変換キー」を「IME-オン」に設定する（❷❸）

文字種変換をスムーズに

日本語には、ひらがな、カタカナ、漢字はもとより、英数字や記号などさまざまな文字種が含まれる。英数字の場合、1文字なら全角、2文字以上続けば半角のほうが見やすいこともあり、文字種の変換操作は煩雑だ。

IMEがオンの場合、入力した文字には変換中を示す点線の下線が表示され、「スペース」キーなどの変換キーを押すことで漢字などに変換できる。IMEがオフ（直接入力）の場合は、入力した半角英数字がそのまま確定する。入力モードには、ひらがな、カタカナ、半角英数字などがあるので、切り替えてから入力することもできるが、頻繁に使われる英単語やカタカナの場合、変換候補に表示されるものも多い（**図5**）。「パソコンを買う」のようにカタカナとひらがな、漢字が交じる場合、文字種を切り替えながら入力するよりも普通に変換したほうが速い。

変換候補からカタカナやアルファベットを入力

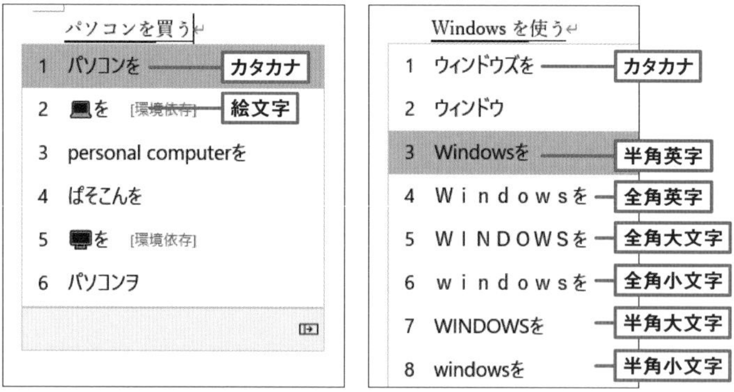

図5 よく使う単語であれば、通常の変換候補にカタカナや英字の候補も表示されるので、IMEのオン／オフを切り替える必要はない

大文字で始まる英単語はIMEオンのまま入力

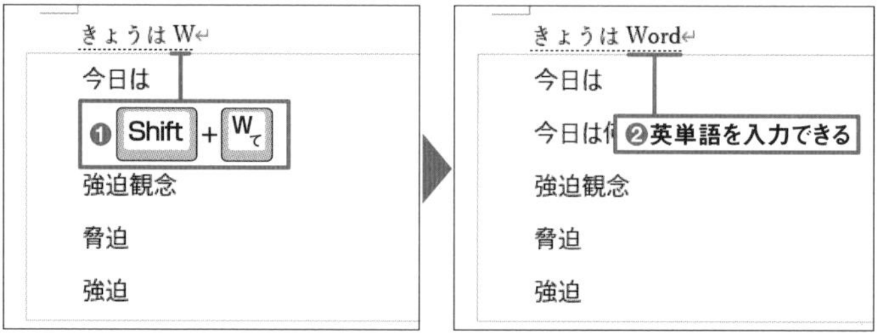

図6 日本語の入力中でも、「Shift」キーを押しながら入力すると一時的に半角英数字の入力モードに変わる（❶❷）。英単語を入力し終えたら確定すれば、また日本語の入力モードに戻れる

日本語の文章の中にアルファベットが混在する場合、最初が大文字で始まる単語であれば、IMEがオンのまま入力しても自動的に半角英数字になる（**図6**）。

文字を入力した後にカタカナや英字に変換する場合は、文字種が変わる区切りまで入力し、「F6」～「F10」のファンクションキーで変換できる（**図7、図8**）。ファンクションキーだけでなく「Ctrl」キーを使ったショートカットキーも用意されているので、使いやすいキーで覚えよう（**図9**）。「無変換」キーは、初期設定では一度押すとカタカナ、もう一度押すと半角カタカナに変換できるキーだが、101ページの方法でキー割り当てを変更することもできる（**図10**）。

文字種を変換するキー操作

図7 ひらがなからカタカナや英字に変換するには、「F6」～「F10」のファンクションキーや「無変換」キーなど、複数のキー操作が用意されている

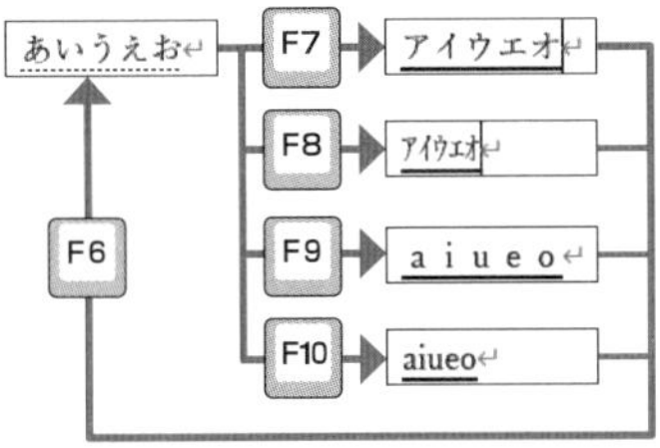

図8 ひらがなから、カタカナ、英字、半角への文字種変換は、ファンクションキーを使うと一発でできる［注］

ひらがな変換	「F6」、「Ctrl」+「U」
カタカナ変換	「F7」、「Ctrl」+「I」、「無変換」
半角変換	「F8」、「Ctrl」+「O」
全角英数変換	「F9」、「Ctrl」+「P」
半角英数変換	「F10」、「Ctrl」+「T」

図9 ファンクションキーでなく、「Ctrl」キーを使ったショートカットキーなどでも同様の変換操作が可能

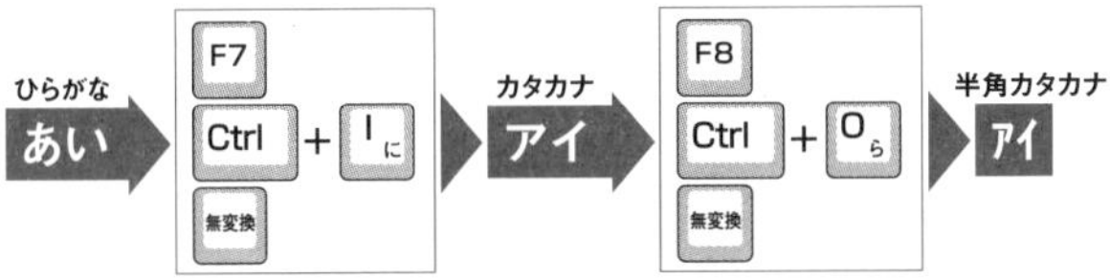

図10 ひらがな→カタカナ→半角カタカナと変換する操作は、それぞれ3種類のキーが使える。「無変換」キーは、初期設定ではカタカナへの変換キーとして使える

［注］機種によっては、「Fn」キーを押しながらでないとファンクションキーの機能が使えない場合がある

Section
02

予測入力を使いこなして入力を快適に

10分
時短

ひらがなを入力して漢字やカタカナなどに変換するのが日本語入力の基本。しかし、最近は基本の変換候補が表示される前に、1文字でも入力すれば「予測入力候補」が表示される（**図1**）。

予測入力とは、その名の通り、入力した文字から予測される変換候補を表示する機能だ。例えば、「あ」と入力すれば、「ありがとう」や「明日」、さらには「明けましておめでとうございます。」といった文まで表示されるかもしれない。予測入力の候補数は少なく、最近よく入力している文字列しか表示されない。予測入力候補に目的の文字列があれば使い、なければ通常の変換操作を行うことになる。

予測入力は、1文字でも入力すると候補が表示されるが、1文字では目的の文字列が出てくる可能性が低く、「使えない」と感じてオフにする人も多いようだ。だが、少ないキー操作で入力できる予測入力は、うまく使えばかなりの時短になる。

最初に表示されるのは予測入力候補

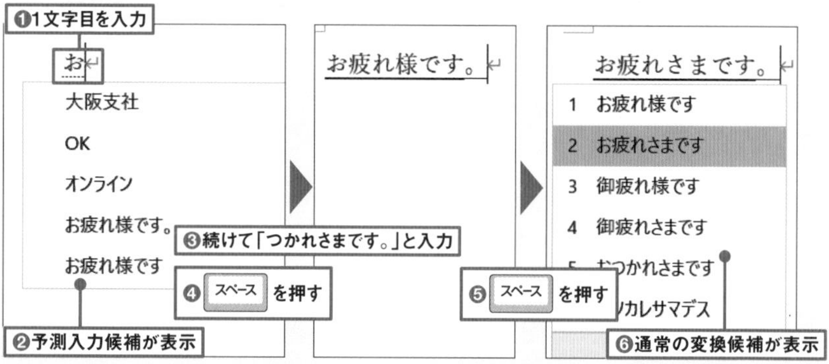

図1 IMEがオンの状態で入力すると、1文字入力するだけで変換候補が表示される（❶❷）。入力した文字で始まる文字列を候補として表示する「予測入力」という機能だ。読みがなをすべて入力後に変換キーを2回押すと、通常のかな漢字変換の候補が表示される（❸～❻）

予測入力には、入力する文字が少なくて済むだけでなく、ほかにも利点がある。その1つが、入力した文字列から予測される語句も候補として表示できること。「あした」と入力すると、通常の変換では「あした」という読みがなの文字列しか変換候補に表示されないが、予測入力では明日の日付にも変換できる（**図2**）。「おととい」や「らいねん」なども変換でき、「いま」と入力すれば現在時刻が入力できる（**図3、図4**）。

予測入力をオフにする前に、設定や入力方法を工夫して、使いこなす方法を考えていこう。

予測入力特有の便利な変換

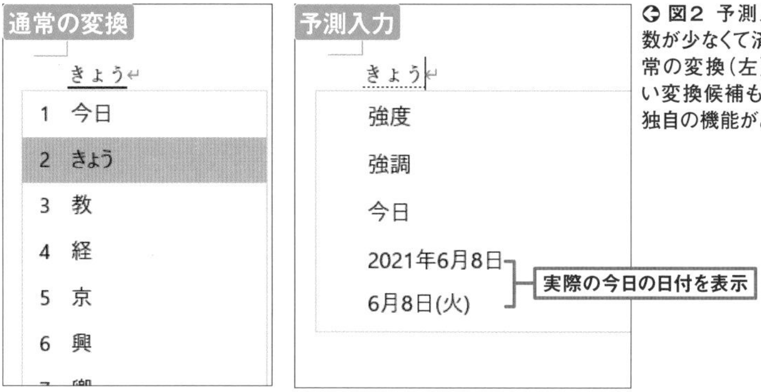

図2 予測入力は入力文字数が少なくて済むだけでなく、通常の変換（左）では表示されない変換候補も表示されるなど、独自の機能がある（右）

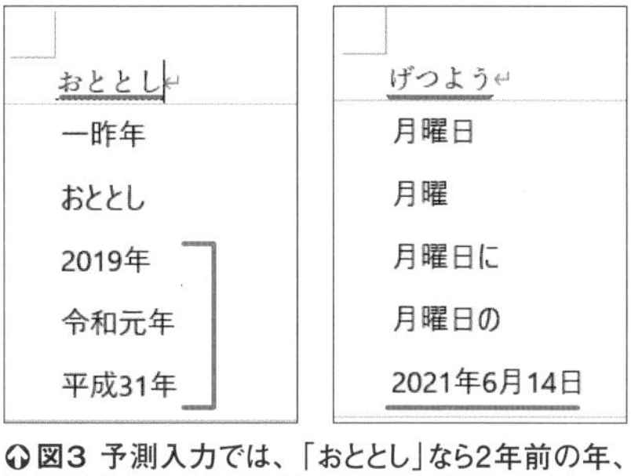

図3 予測入力では、「おととし」なら2年前の年、「げつよう」なら次の月曜日の日付などが表示される

入力する文字列	表示される候補
きょう	今日の日付
きのう	1日前の日付
おととい	2日前の日付
あす／あした	1日後の日付
あさって	2日後の日付
しあさって	3日後の日付
げつよう（などの曜日）	次の月曜日の日付
こんげつ	現在の月
せんげつ	1カ月前の月
せんせんげつ	2カ月前の月
らいげつ	1カ月後の月
さらいげつ	2カ月後の月
ことし	現在の年やえと
きょねん	1年前の年やえと
らいねん	1年後の年やえと
いま	現在時刻

図4 予測入力で入力できる日付などの例

予測入力では、1文字入力するごとに候補が変わる（**図5**）。2〜3文字入力すると目的の文字列が表示されることが多いので、2文字以上入力したときに予測入力候補が表示されるようにすると使いやすくなる（**図6**）。

図6右の設定画面では、過去の入力履歴を候補の表示に反映させるかどうかを指定したり、これまでの入力履歴を消去したりすることも可能だ。また、通常のかな漢字変換で使用する「システム辞書」の学習内容を反映するかどうかも指定できる。

最新の日本語を入力したいなら、図6右の画面で「クラウド候補」をオンにする。クラウド候補は、マイクロソフトのサーバー側で随時更新される辞書を使って表示される。最新の人名や流行語なども変換できるため、辞書登録の手間が省けそうだ（**図**

1文字ごとに変わる変換候補

図5 予測入力では、1文字入力するごとに変換候補が変わっていく。1文字では目的の文字列が表示される可能性は低いが、何文字か入力することで確率が高くなる（❶〜❸）

2文字以上で予測入力候補を表示

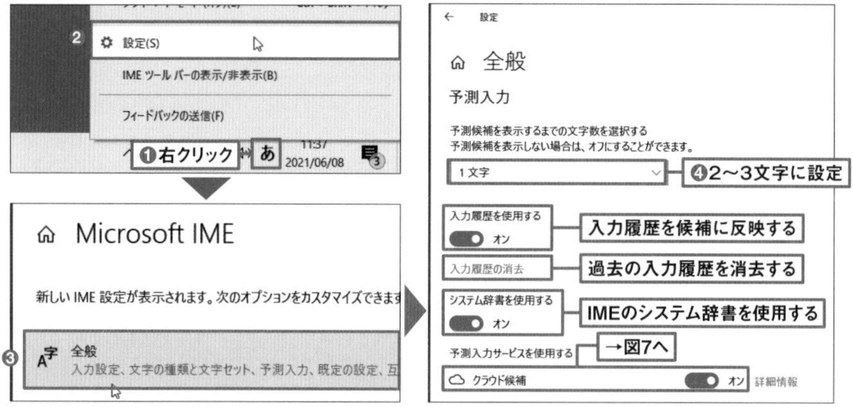

図6 IMEのアイコンを右クリックし、「設定」を選択する（❶❷）。「全般」を選択して、「予測入力」の文字数を設定する（❸❹）。この画面では、ユーザーの入力履歴を使用するかどうかなど、細かな設定が可能だ

7)［注］。ただし、インターネットを使う機能なので、利用時は通信環境が必要。

入力ミスなど、不要な変換候補が表示される場合は、その場で削除するのが手っ取り早い（**図8**）。このような設定をしても使いづらい場合は、思い切って予測入力を使わないという手もある。図6右の画面で予測入力の文字数を「オフ」にする。

予測入力では、句読点の入った長い文字列も変換候補として表示できる（**図9**）。より長い文を表示させれば、それだけ入力する文字数を減らすことができる。よく変換する文字列ほど候補の上位に表示されるため、いつも単語や文節単位で区切って変換していると、変換候補に長文は出てこない。日ごろから長めに入力して変換しておくと、入力がより簡単になる（**図10**）。

クラウド候補で最新の用語にも対応

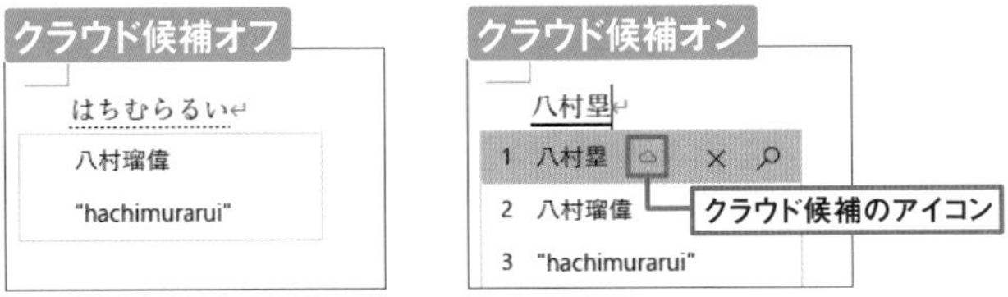

図7 図6右で「クラウド候補」をオンにすると、マイクロソフトのサーバーにある最新の変換候補が表示される

不要な変換候補はその場で削除

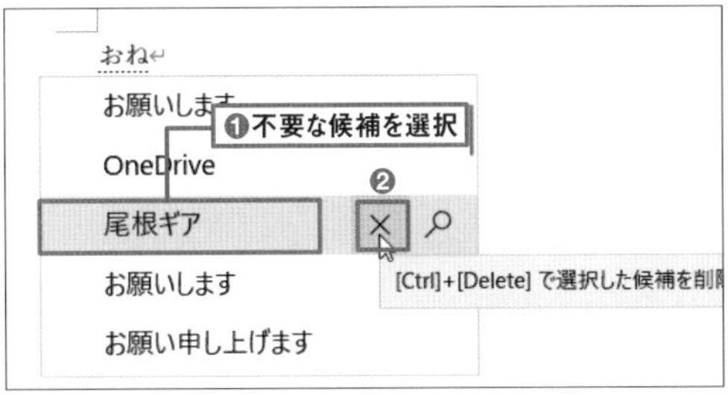

図8 予測入力の変換候補で表示させたくないものがあれば選択し（❶）、「×」をクリックするか、「Ctrl」+「Delete」キーを押す（❷）

長めに入力して変換で予測候補が変わる

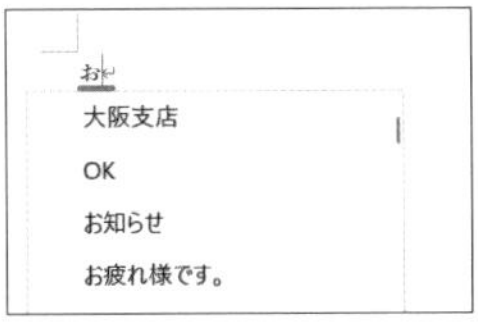

図9 「お」と入力しただけで「お疲れ様です。」などの文を入力できる

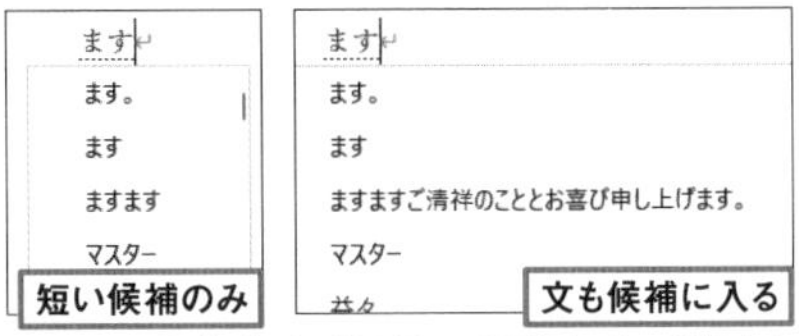

図10 入力時、短く区切って変換している場合と（左）、長めに入力して変換している場合では（右）、予測入力の変換候補が変わる

［注］ウィンドウズのバージョンや環境により、「クラウド候補」が利用できないことがある

Section 03

定型文は登録して簡単に入力

5分 時短

予測入力をいくら鍛えても、目的の文字列が候補に表示されるとは限らない。少ない入力文字数で確実に変換するために使いたいのが「単語の登録」機能だ。

通常の変換操作で表示される候補は、IMEの辞書に登録された文字列の中から使用頻度などに応じて表示される。この辞書に、よく使う文字列や変換しづらい文字列を登録することで、入力時に変換候補として表示できるようになる（**図1**）。機能としては「単語の登録」だが、句読点や記号、英字も含め、60文字以内であれば登録可能なので、定型文の登録にも適している。

IMEのメニューから「単語の追加」を選択し、「単語の登録」画面で必要な登録を行う（**図2、図3**）。ポイントは「よみ」の登録だ。「よみ」として登録した文字列を入力して変換することになるので、長すぎると入力に手間がかかる。かといって1文字の「よみ」では使いづらい。2〜3文字程度にすると使い勝手が良い。また、「;」や「@」な

定型文を変換候補に表示

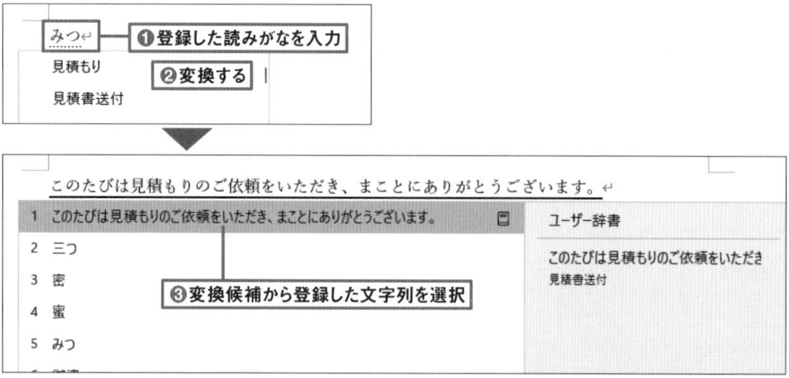

図1 よく使う文字列をIMEの辞書に登録すると、変換候補として表示されるようになる（❶〜❸）。短い読みがなで長い文字列に変換できるように登録すれば、入力が格段に楽になる

どの記号を「よみ」に入れると、ほかの候補と紛れず、常に目的の文字列が表示されて選択しやすくなる。「品詞」の選択を間違えると、文面によっては候補に表示されないことがある（次ページ**図4**）。また、品詞によって候補の優先順位が異なるといった違いもあるので、正しく登録したい。

「単語の登録」手順

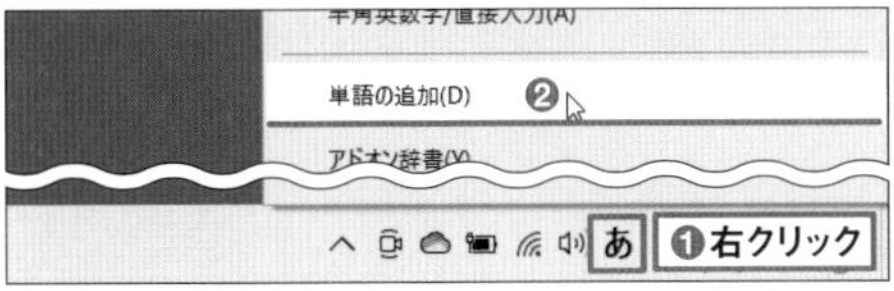

◐図2 IMEアイコンを右クリックし、「単語の追加」を選択する（❶❷）

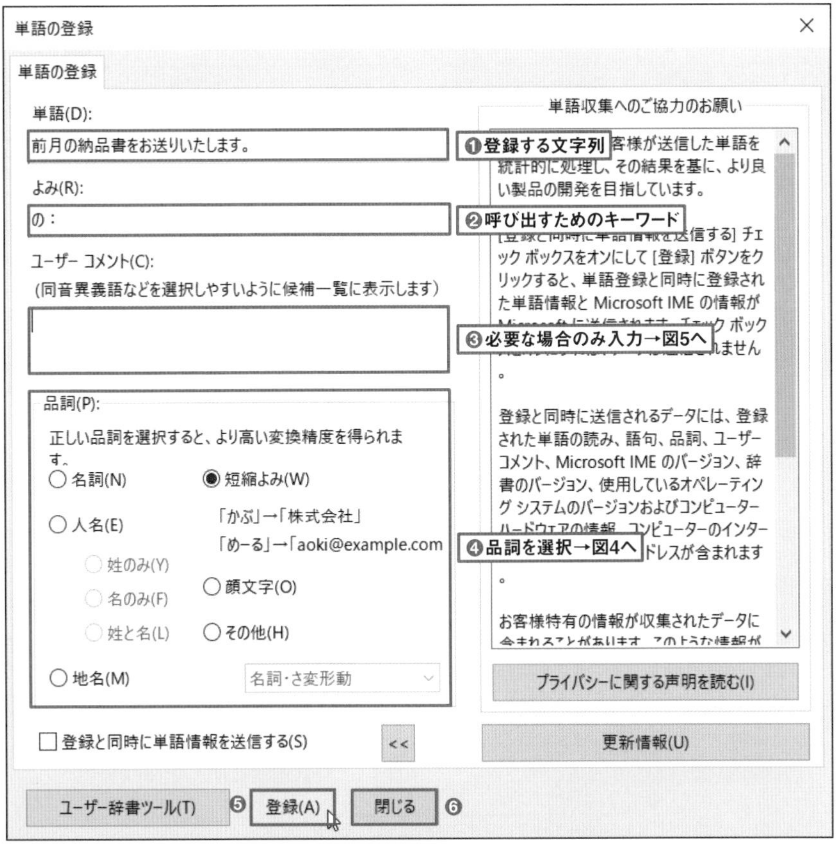

◐図3 「単語」欄に登録したい文字列を入力する（❶）。覚えやすい「よみ」を入力し、必要ならコメントを入力する（❷❸）。「品詞」を選択して、「登録」→「閉じる」とクリックする（❹～❻）

「ユーザーコメント」は、候補を選択する際、補助的に表示される文字列だ。通常は省略してよいが、似たような語句がある場合など、判別しづらいときに付けておくと、変換時に役立つ(**図5**)。

複数の文字列をまとめて単語登録

最初に単語を登録するときには、登録したい文字列が多いはずだ。1つずつ登録していくのは手間がかかる。テキストファイルに登録する文字列を入力し、まとめて登録する方法がある。

テキストファイルはワードでも作れるが、辞書登録用のテキストは文字コードが特殊なため、「メモ帳」などのエディターアプリを使うとよい。

「単語の登録」機能で登録した語句は、IMEの「ユーザー辞書」に保存される。

品詞で変わる変換候補

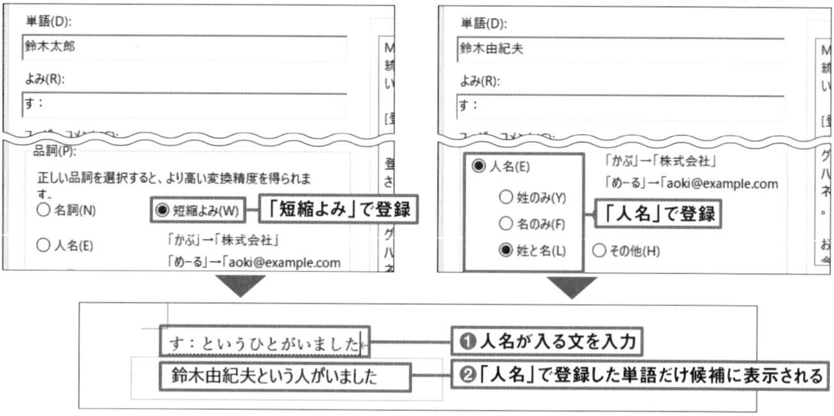

図4 品詞によって変換候補に表示されるかどうかが変わる。「鈴木太郎」を「短縮よみ」、「鈴木由起夫」を「人名」で、同じ「よみ」で登録してみる。文脈から人名と判断される場合、人名として登録した単語しか表示されない(❶❷)

間違えやすい候補はコメントで区別

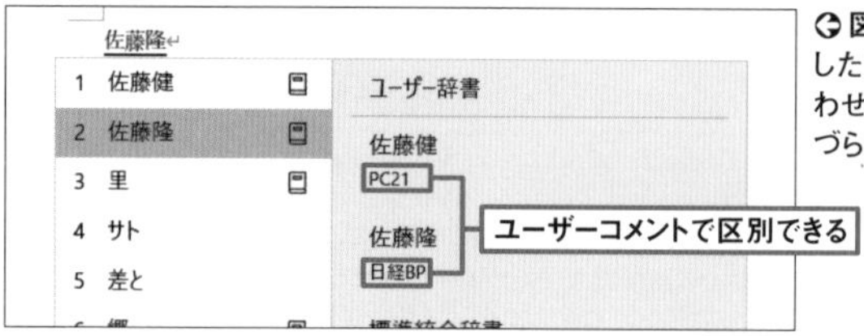

図5 図3で「ユーザーコメント」欄に入力した文字列は、変換候補にポインターを合わせると表示される。同姓同名など、区別しづらい語句に付けるとわかりやすい

その辞書では、「読み」「語句」「品詞」の順にデータが保存されるので、テキストを入力する際もその順序で入力する（**図6**）。項目間にはタブを1つずつ入れておく。テキストファイルとして保存する際に、「UTF-16 LE」か「ANSI」という文字コードを指定するのがポイントだ（**図7**）。

一括単語登録用のテキストファイルを作成

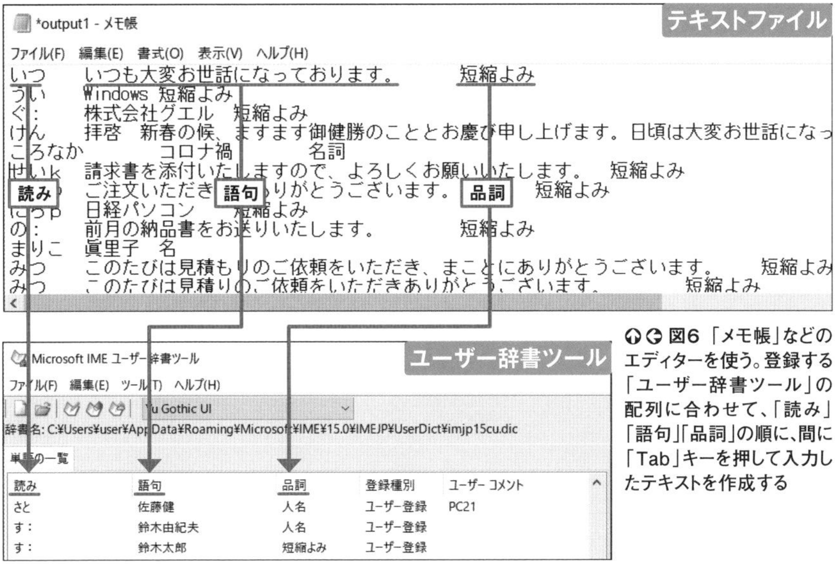

図6「メモ帳」などのエディターを使う。登録する「ユーザー辞書ツール」の配列に合わせて、「読み」「語句」「品詞」の順に、間に「Tab」キーを押して入力したテキストを作成する

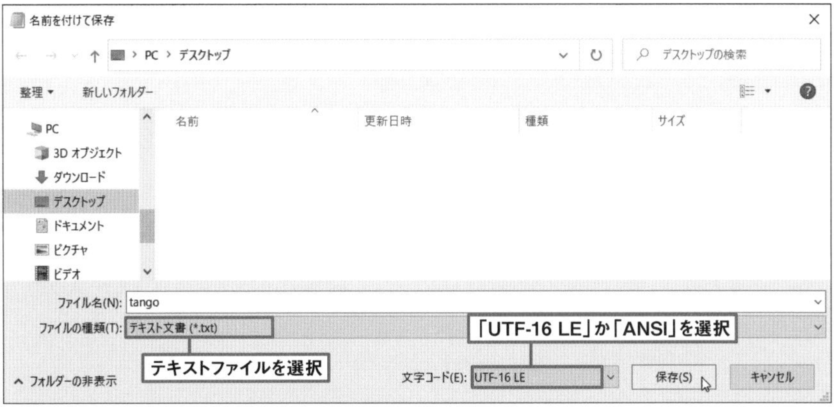

図7「ファイル」タブで「名前を付けて保存」を選択。「ファイルの種類」をテキスト（拡張子「.txt」）、「文字コード」を「UTF-16 LE」か「ANSI」にして保存する

テキストファイルから登録するには、ユーザー辞書を編集するための「ユーザー辞書ツール」を使う（**図8、図9**）。登録が正常に行われると、ユーザー辞書ツールの「単語の一覧」に語句が追加されるので、正しく登録できたことを確認する。

ユーザー辞書ツールは、登録済みの語句を修正、削除するためにも使える。間違っていたり、使わなくなった語句は、変換候補に表示されると煩わしいので、ユーザー辞書ツールで整理しよう（**図10**）。

画像や書式も含めて「クイックパーツ」に登録

IMEの辞書に登録すると、ウィンドウズ全般で利用できて便利だが、テキストしか登録できないのが玉にきず。ワードやアウトルックでは、図表や書式を含めて定型文と

「ユーザー辞書ツール」で一括登録

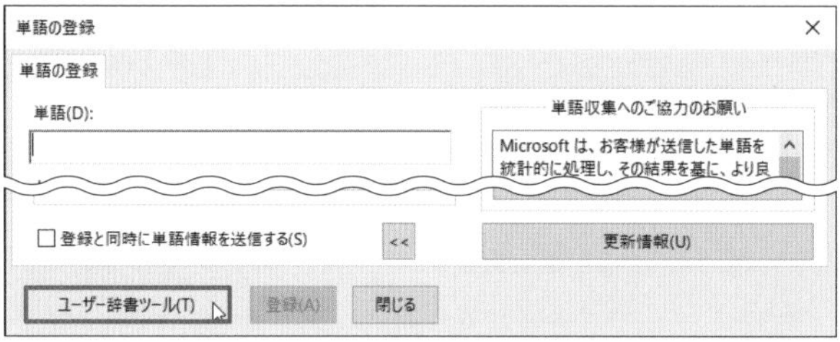

図8 図2の要領でIMEアイコンを右クリックし、「単語の追加」を選択する。「単語の登録」画面で「ユーザー辞書ツール」をクリックする

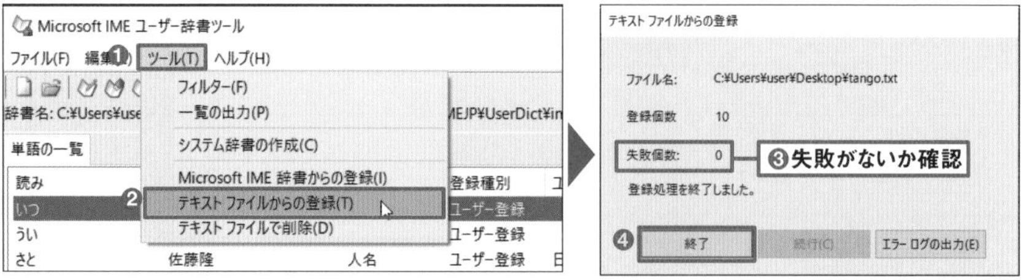

図9 ユーザー辞書ツールが起動したら、「ツール」メニューから「テキストファイルからの登録」を選択する（❶❷）。ファイルの選択後、失敗がないかを確認し、「終了」を押す（❸❹）

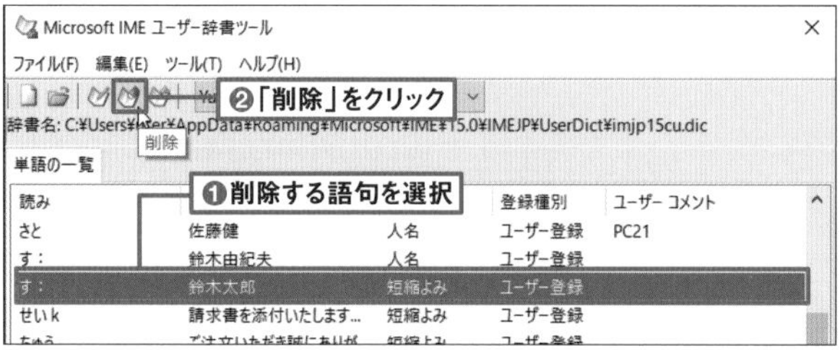

図10 図8の要領でユーザー辞書ツールを開き、使わない語句を選択し、「削除」をクリック（❶❷）

して登録できる「クイックパーツ」という機能がある。

クイックパーツの登録は、「挿入」タブの「クイックパーツ」から行う（**図11**）。表示される画面で適当な名前を付け、定型文であれば「定型句」ギャラリーに登録する（**図12**）。登録したパーツは、「クイックパーツ」のメニューから選択するだけで挿入できる（**図13**）。

ワードのクイックパーツに画像や書式ごと登録

図11 登録したい文章や画像を選択（❶）。「挿入」タブで「クイックパーツ」→「定型句」→「選択範囲を定型句ギャラリーに保存」と選択する（❷～❺）。「Alt」+「F3」キーでも登録できる

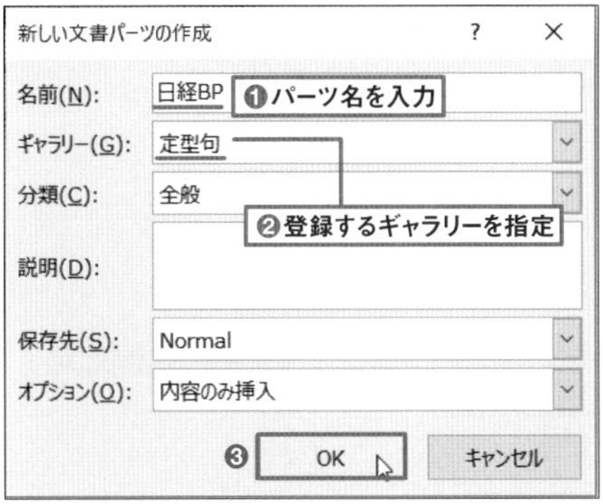

図12 「名前」欄にパーツの名前を入力（❶）。登録するギャラリーを指定し「OK」を押す（❷❸）

図13 登録後のパーツは、「クイックパーツ」から選択するだけで文書内に挿入することができる（❶～❹）

Section 04

よく使う文書はテンプレートに登録

3分 時短

報告書や案内状など、ビジネス文書には同じフォーマットを使う定型文書が多い。ワードはもちろん、エクセルでも、毎月の納品書など、フォーマット化されたものは多いはずだ。前回作成したファイルを探してきて書き換えているようでは効率が悪く、間違って上書き保存してしまう危険もある。頻繁に使う定型フォームは、「テンプレート」として保存しよう。テンプレートを開くと自動的に新規文書になるので、テンプレートを上書きする心配がない（**図1**）。

ワードでテンプレートとして保存するには、「名前を付けて保存」を選択し、「ファイルの種類」を「Wordテンプレート」に変更して保存する（**図2、図3**）。エクセルの場合も「Excelテンプレート」として保存できる。初期設定では、テンプレートの保存先はワードもエクセルも「ドキュメント」フォルダー内にある「Officeのカスタムテンプレート」フォルダーだ。保存したテンプレートファイルは、「ファイル」タブの「新規」から開くと新規文書になり、「開く」から開くとテンプレートの編集ができる（**図4**）。

定型文書は丸ごとテンプレートに

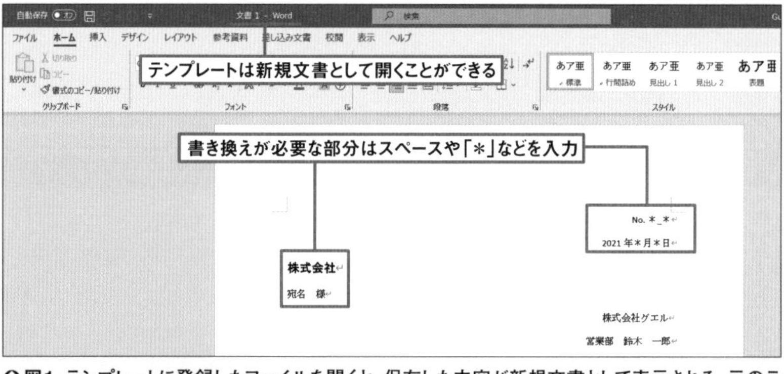

図1　テンプレートに登録したファイルを開くと、保存した内容が新規文書として表示される。元のテンプレートファイルはそのまま残るので、安心して使える

テンプレートとして保存

図2 ワードでテンプレートにしたい文書を作成する（❶）。作成済みの文書の場合は書き換えが必要な部分を「＊」にするなど、必要な修正をしてから「ファイル」タブを選択する（❷）

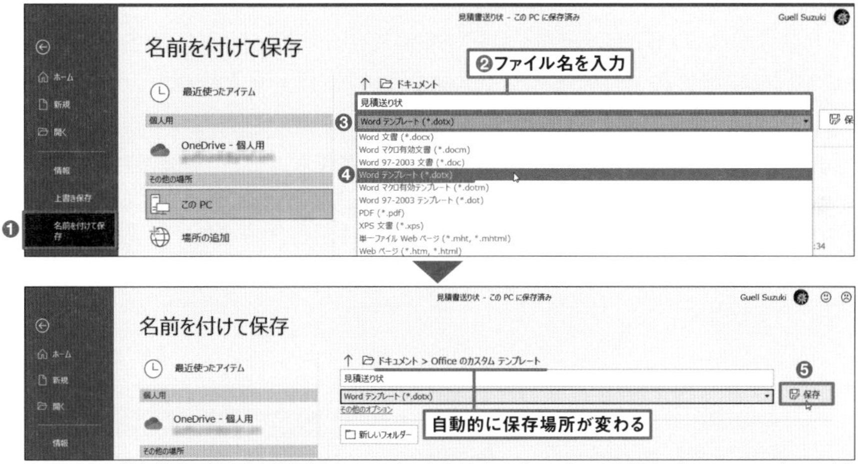

図3 「名前を付けて保存」を選択（❶）。ファイル名を付けて、「ファイルの種類」で「Wordテンプレート」を選択（❷～❹）。「保存」をクリックすると、テンプレートとして保存できる（❺）

保存したテンプレートを新規文書として開く

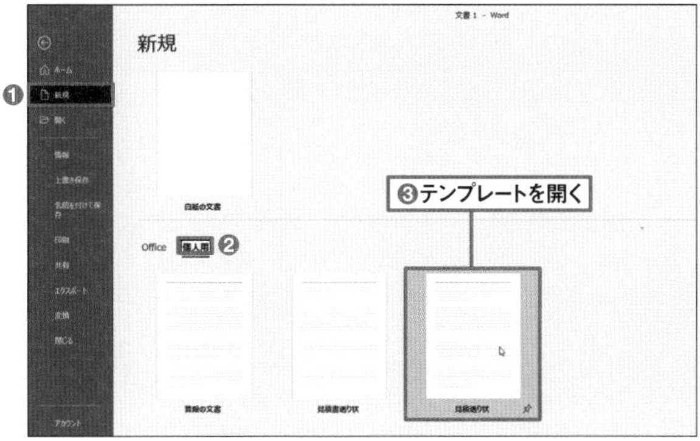

図4 「ファイル」タブをクリックし、「新規」を選択（❶）。「個人用」をクリックし、作成したテンプレートの一覧から開くファイルを選ぶ（❷❸）。エクスプローラーからテンプレートファイルを開いてもよい

Section 05

エクセルで必須の時短入力テクニック

10分時短

エクセルは分析やグラフ化などのために大量のデータを入力することが多い。大量データを効率良く入力するための機能も豊富だ。なかでも「入力規則」と「表示形式」はぜひ知っておきたい機能だ（**図1、図2**）。

入力規則はセルごとにルールを設定する機能。住所録であれば、氏名や住所の列は日本語、郵便番号やメールアドレスは半角英数字といった具合に、列ごとに入力する文字種が決まっている。そこで、「入力規則」を使って列ごとに「IME」（日本語入力）のオン／オフを自動切り替えすることで手間を省ける。日本語を入力するセル範囲では「日本語入力」を「オン」にする（**図3、図4**）。半角英数字を入力するセル

エクセルだからできる時短入力

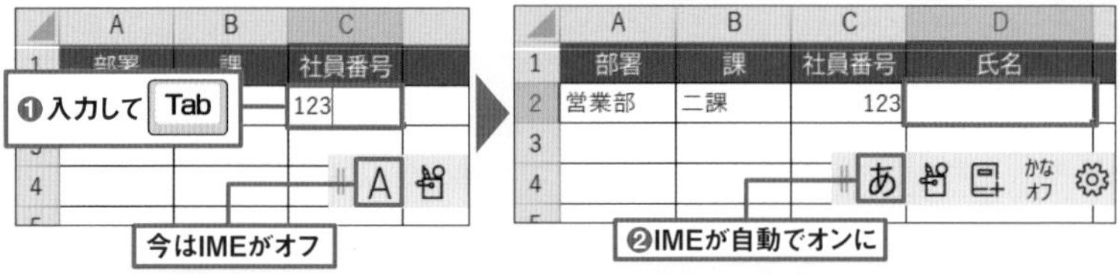

図1 入力規則の設定を行ったセルを選ぶとIMEのオン／オフが自動で切り替わる（❶❷）

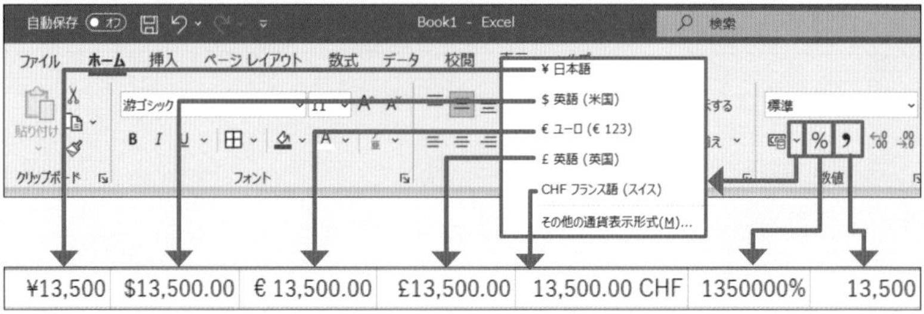

図2 「13500」と入力したセルを選び、「ホーム」タブの「数値」グループにある各表示形式のボタンを選択した例。単位が付くだけでなく、「$」や「€」などは小数点以下2桁まで表示される

範囲では「オフ（英語モード）」にすれば図1のような自動切り替えができる。

「初級」「中級」「上級」など、入力するデータの選択肢が決まっているなら、入力規則の「リスト」機能を活用しよう（**図5**）。登録した文字列がメニューとして表示され、選択するだけで入力できる。入力ミスや想定外のデータが入力されることを防ぐ効果もある。

IMEのオン／オフを自動切り替え

⬆ 図3 IMEを自動でオンにしたいセル範囲を選択し、「データ」タブの「データの入力規則」から「データの入力規則」をクリック（❶〜❹）

➡ 図4 「日本語入力」タブの中にあるメニューから「オン」を選び、「OK」ボタンを押す（❶〜❹）

リストから選ぶだけで入力

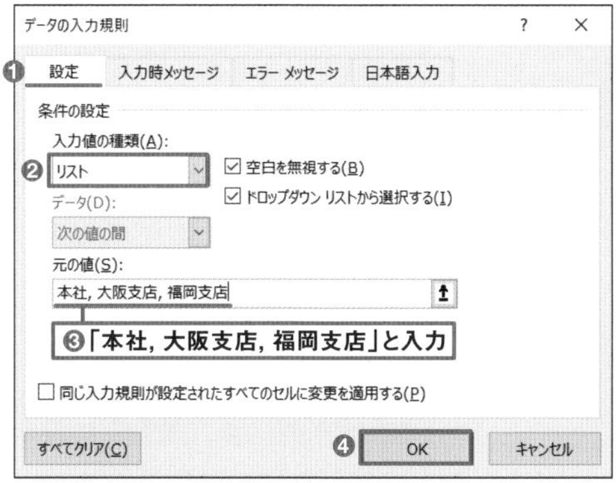

⬅⬇ 図5 データの入力規則の画面の「設定」タブにある「入力値の種類」欄で「リスト」を選び、「元の値」欄に半角カンマで区切って選択肢を入力して「OK」を押す（❶〜❹）。設定を行ったセルを選ぶと、右側に「▼」ボタンが表示される。このボタンをクリックするか、「Alt」+「↓」キーを押すと、リストから選んで入力できる（❺❻）

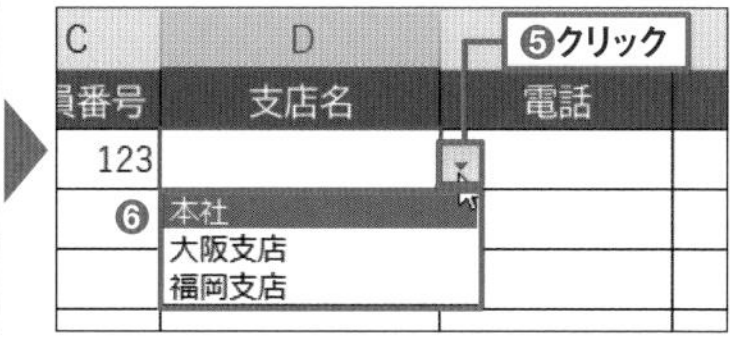

単位は入力せずに表示する

エクセルでは、数値に単位を付けずに入力するのが基本だ。単位を入力する手間を省く時短効果もさることながら、「円」や「人」などの単位を付けてしまうと「計算に使えない」という致命的な状態になり、計算をするには後から単位を削除する手間がかかるのが最大の理由だ（**図6**）。

「円」を付けると「数値」ではなく「文字列」になる

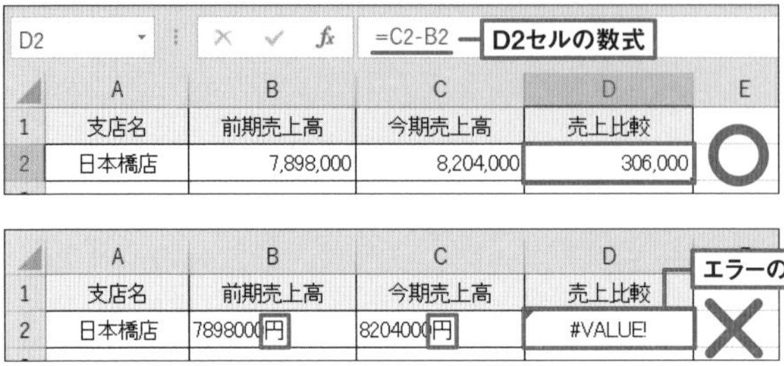

図6 「円」付きで金額を表示して合計を計算したい。だが、金額を「円」付きで入力すると、計算結果がエラーになり、正確な計算はできない。これは「円」付きのデータが「文字列」として扱われるのが原因だ

「¥」や「,」はスタイルで表示

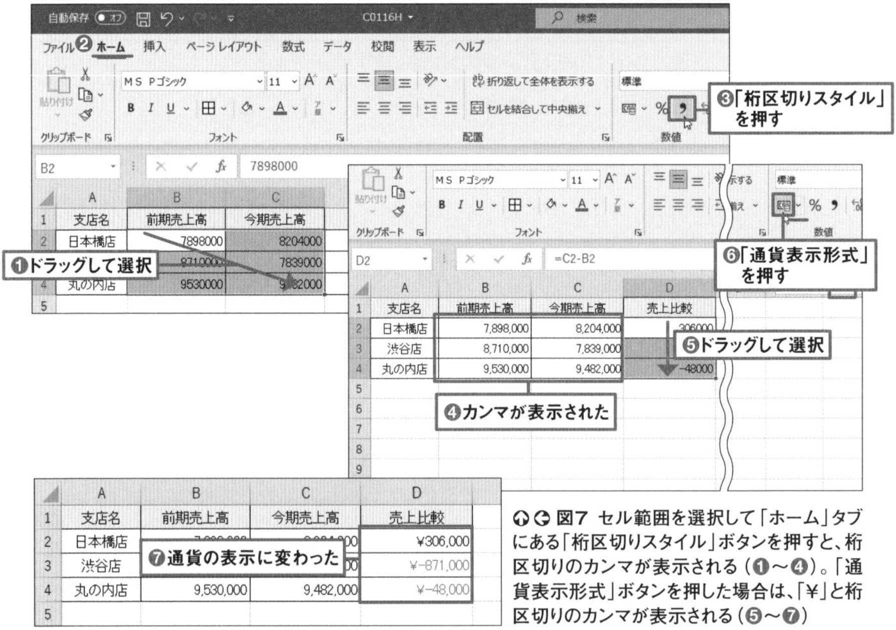

図7 セル範囲を選択して「ホーム」タブにある「桁区切りスタイル」ボタンを押すと、桁区切りのカンマが表示される（❶～❹）。「通貨表示形式」ボタンを押した場合は、「¥」と桁区切りのカンマが表示される（❺～❼）

「¥」「$」「%」などの単位や、桁区切りの「,」(カンマ)のように頻繁に使う記号は、簡単に表示できるよう、「通貨表示形式」ボタンや「桁区切りスタイル」ボタンなどが用意されている(**図7**)。「通貨表示形式」ボタンをクリックすると通貨のスタイルが適用され、「¥」とカンマが自動表示される。「通貨表示形式」ボタン右側の「▼」をクリックすれば、「$」や「€」も選択可能だ(116ページ図2)。「$」や「€」の場合、通貨記号とカンマに加えて、小数点以下2桁までの表示に変わる。通貨記号を付けずにカンマだけ表示するなら、「桁区切りスタイル」ボタンを押せばよい。

「%」も同様に「パーセントスタイル」ボタンをクリックすることで「%」付きの表示になる(**図8**)。「1」をパーセントスタイルにすると、「100%」と表示される。パーセント表示にすると、小数点以下の数値が四捨五入され、整数で表示される。小数点以下の数値を何桁まで表示するかは、「小数点以下の表示桁数を増やす」「小数点以下の表示桁数を減らす」ボタンで調整する。このボタンは、複数のセルを選択して実行すると、小数点以下の桁数を揃えることもできる。

このように単位を付けずに入力することで、ほかの表にデータを流用する際にも、単位の付け方を修正する手間を省くことができる。

小数点以下の桁数も指定

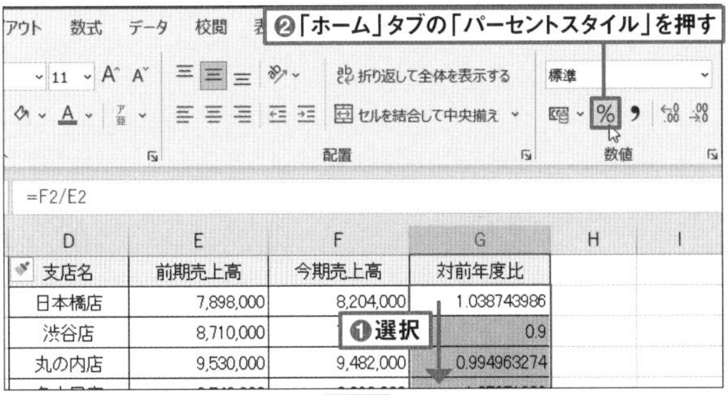

図8 G列には前期に対する今期の比率を求める数式を入力してある。これをパーセンテージの表示に変えてみよう。当該セル範囲を選択し、「ホーム」タブの「パーセントスタイル」ボタンを押す(❶❷)。百分率表示になり、後ろに「%」が付く(❸)。さらに「ホーム」タブの「小数点以下の表示桁数を増やす」を押すと、小数点以下の桁数を増やせる(❹❺)

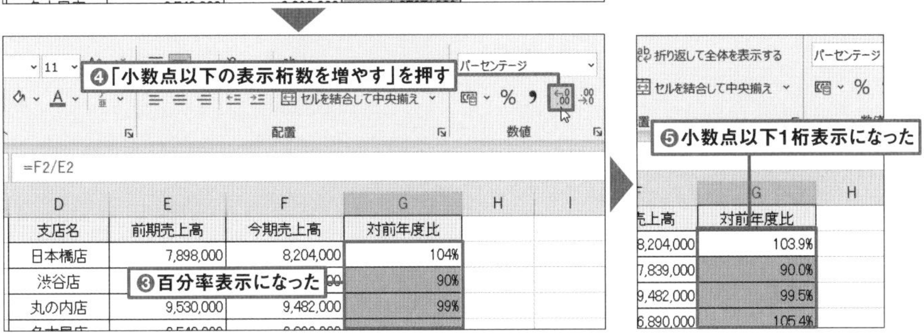

「円」はダメでも「¥」や「%」は入力OK

単位は入力しないのがエクセルのルールだが、例外もある。「¥1,000」と入力する場合、入力後に「通貨表示形式」ボタンを押すより、初めから「¥1000」と入力するほうが楽なら、入力してもかまわない（**図9**）。「¥」を入力すると、エクセルが自動的に数値の「通貨」だと判断するからだ。数値データなので計算にも使える。カンマは手入力してもかまわないが、通貨形式なので自動的に表示される。

「$」も入力してよい記号だ。「$1」と入力すると、「$1.00」のように、数値データのまま小数点以下2桁の表示に変わる。「%」も同様だ。「2020年8月30日」や「3時50分」も入力できる。しかし、「円」や「人」などの単位はエクセルに登録されていないので、手入力すると計算に使えない文字列データとなってしまう。「円を付けて、計算できるデータとして保存する」なら、「ユーザー定義」という機能を使って、単位をエクセルに登録する必要がある。セル範囲を選択し、「セルの書式設定」画面を開いたら、「分類」で「ユーザー定義」を選択する（**図10、図11**）。「1,000円」と表示したいなら、「種類」に「#,##0"円"」と入力すればよい。「1,000円」がセルの右端に寄りすぎるなら、最後に「_)」（半角のアンダーバーと閉じかっこ）を入力すると、直後にある文字（ここでは半角の閉じかっこ）と同じ幅のスペースを空けることができる。

「¥」を最初に入力すれば自動的に通貨表示形式に

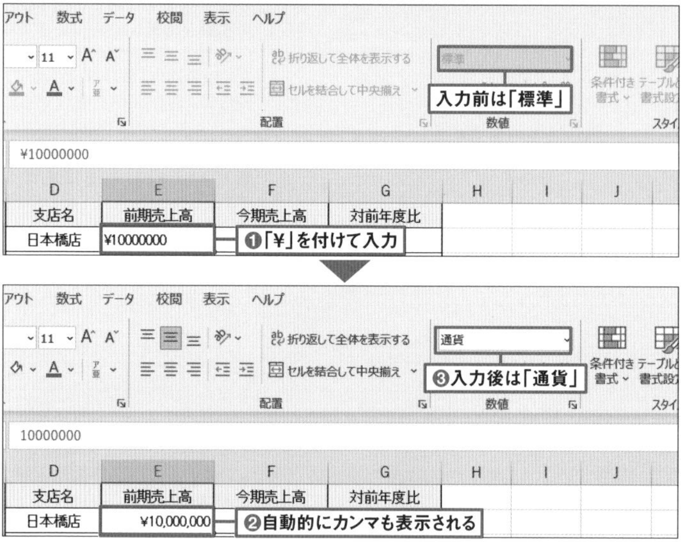

図9 「¥」を付けて数値を入力すると、確定と同時に通貨として認識される（❶）。桁区切りのカンマが自動表示され、表示形式は「通貨」に変わる（❷❸）

図11で指定した「#,##0」は、数値をカンマ区切りで表示する書式記号だ（**図12**）。「"円"」のように半角のダブルクォーテーションでくくった文字列はそのまま表示される。「"円"」を「"人"」に変えれば、数値の末尾に「人」と付く。ユーザー定義を使いこなすことで、見た目も良く、計算や流用もしやすいデータが入力できる。

「円」はユーザー定義で指定

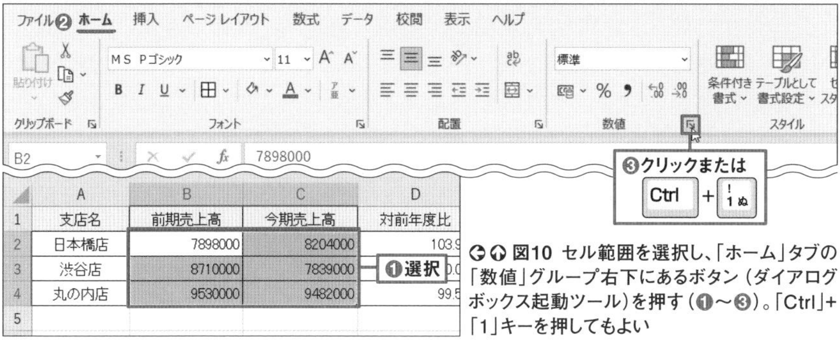

図10 セル範囲を選択し、「ホーム」タブの「数値」グループ右下にあるボタン（ダイアログボックス起動ツール）を押す（❶〜❸）。「Ctrl」+「1」キーを押してもよい

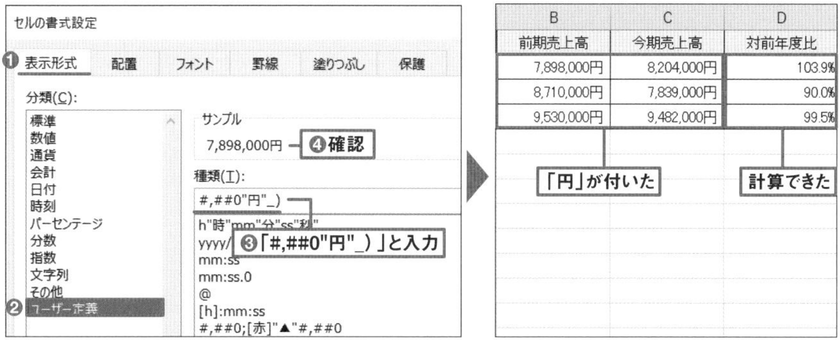

図11 「表示形式」タブで「ユーザー定義」を選び、「種類」欄に「#,##0"円"_)」（円以外は半角）と入力する（❶〜❸）。「"」は半角のダブルクォーテーション。「サンプル」欄を確認して（❹）、画面下の「OK」を押す

#,##0"円"_)

❶ # ❷ , ❸ 0 ❹ "円" ❺ _

❶各桁の数値を表す。その桁以上に値がない場合は表示しない
❷3桁ごとに区切りのカンマを表示
❸各桁の数値を表す。その桁以上に値がない場合は0を表示
❹囲んだ文字列をそのまま表示
❺後ろに続く文字の横幅分だけ空ける

図12 「表示形式」の「ユーザー定義」では、各種の書式記号を使ってセルの表示方法を指定する

Section 06

面倒な連続データは自動入力で解決

5分 時短

「1、2、3…」のような連番は、手入力するのが面倒であるうえ、数が多ければミスも出る。順序変更があれば、入力のやり直しだ。手間を省いて正確に入力する方法を考えよう。

連続データを簡単に自動入力する機能は、アプリごとに用意されている。ワードなら「箇条書き」、エクセルなら「オートフィル」が代表格だ（**図1、図2**）。

ワードでは、先頭に「1.」や「a.」が付いた行を改行したり、「●」や「■」などの記号とスペースを入力したりすると、自動的に箇条書きの書式が適用される（**図3**）。自動

連続データの自動入力機能を活用

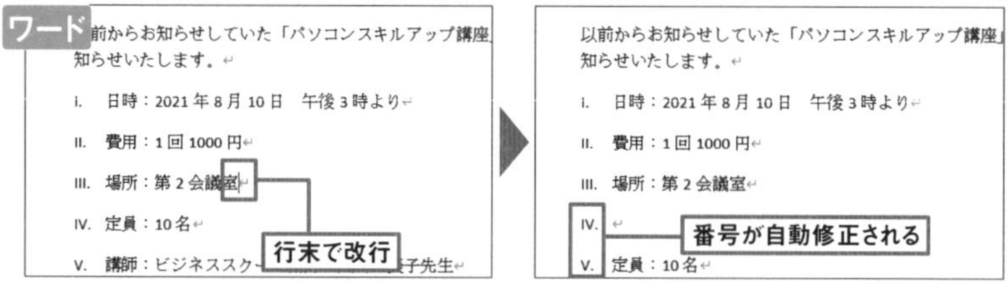

図1 ワードでは、箇条書き機能で行頭や表中の連続データを簡単に入力でき、途中に新しい行を追加しても自動的に番号が修正される

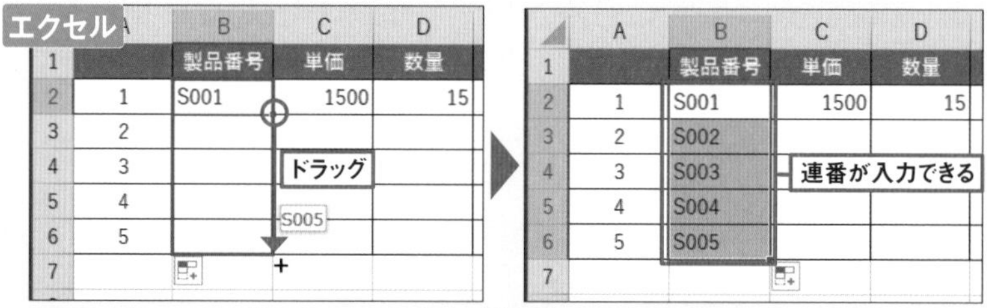

図2 エクセルでは、「オートフィル」を使えば連続データを自動入力できる。セルの右下に表示されるフィルハンドルをドラッグまたはダブルクリックするだけだ

的に段落にぶら下げインデントが設定され、2行目以降も記号や番号に続く文章がきれいに揃うので、箇条書きをよく使う人にとってはありがたい機能だ。

後から「箇条書きにすればよかった」と思った場合も心配ご無用。入力済みの文字列を選択し、「箇条書き」ボタンか「段落番号」ボタンから記号や番号を選ぶだけで箇条書きになる（**図4**）。

「1.」や「●」を先頭に入力して箇条書きに

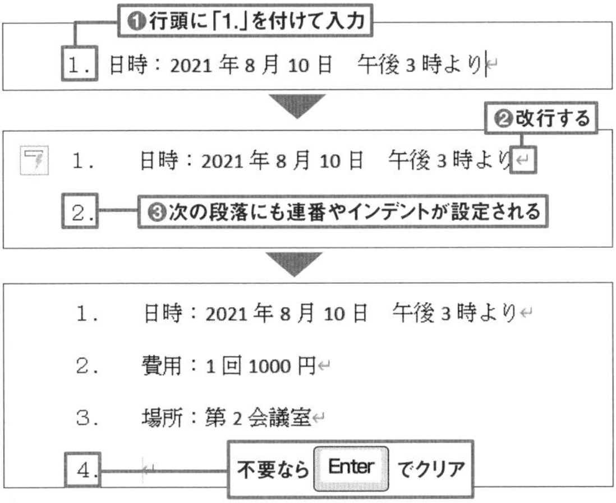

図3「1.」の後に文字列を入力して改行すると、自動的に箇条書きの書式が設定され、「2.」が表示される（❶～❸）。「●」などの記号とスペース（またはタブ）を入力した場合も同じだ。設定を解除するには、改行後に再度「Enter」キーを押す

入力後に箇条書きスタイルを適用

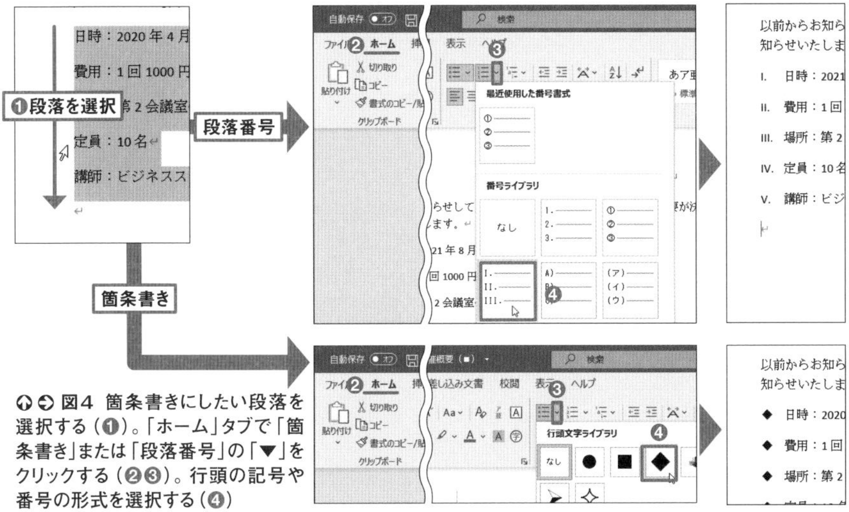

図4 箇条書きにしたい段落を選択する（❶）。「ホーム」タブで「箇条書き」または「段落番号」の「▼」をクリックする（❷❸）。行頭の記号や番号の形式を選択する（❹）

ワードの段落番号活用術

段落番号は「1」から始まることが多いが、開始番号を指定したり、漢数字にしたりといったことも可能だ（**図5**）。

箇条書きというと通常の文章にしか使えないように思えるが、実は表でも連番を振ることができる（**図6**）。箇条書き用の書式なので数字の後に空きはできるが、「とにかく連番を素早く入力したい」という場合には役立ちそうだ。通常の箇条書きと同様、行を追加すれば番号は自動的にずれる。

開始番号や漢数字も設定可能

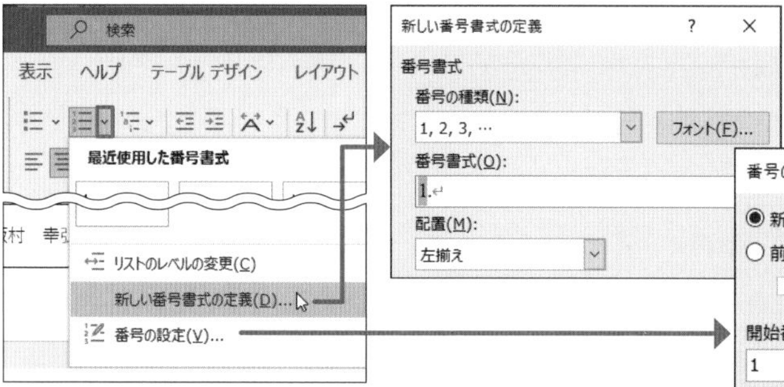

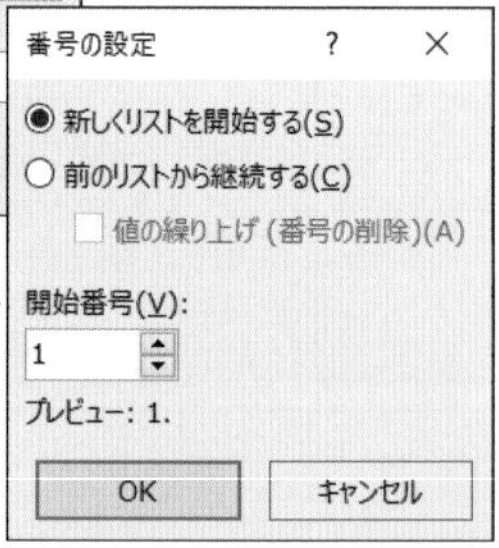

↑→図5 箇条書きのどこかを選択して、「ホーム」タブの「段落番号」右側の「▼」をクリックする。番号の書式を変えるなら「新しい番号書式の定義」、開始番号を変えるなら「番号の設定」を選択する

ワードの表でも段落番号が使える

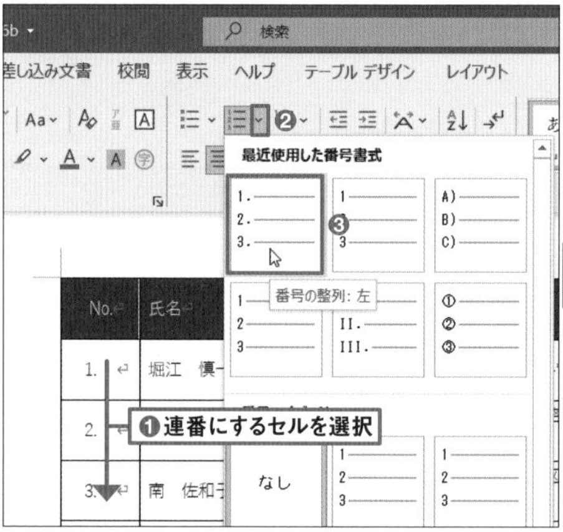

←図6 連番を入力する範囲を選択し、段落番号の書式を選択する（❶〜❸）。表内に連番が入力される（❹）

エクセルはオートフィルで連番自由自在

エクセルでセルに連番を入力する機能といえばオートフィルだ。オートフィルは、フィルハンドルをドラッグすることで、データを自動入力する機能。2章（80ページ）ではコピペに利用する方法を紹介したが、連番を入力するときにも機能を発揮する。数値のセルでオートフォーマットを行うとコピーになるが、スマートタグで連番に変更できる（**図7**）。フィルハンドルを「Ctrl」キーを押しながらドラッグしても連番が入力できる。

オートフィルでは、1ずつ増やすだけでなく、連続データの増減の量を指定することも可能だ。指定した間隔で増減する連続データを自動入力するには、最初の2つのセルにデータを入力する。例えば、「2、6、10…」と4ずつ増える数値なら、最初の「2」と「6」を入力してオートフィルを行う（**図8**）。

オートフィルで連番作成

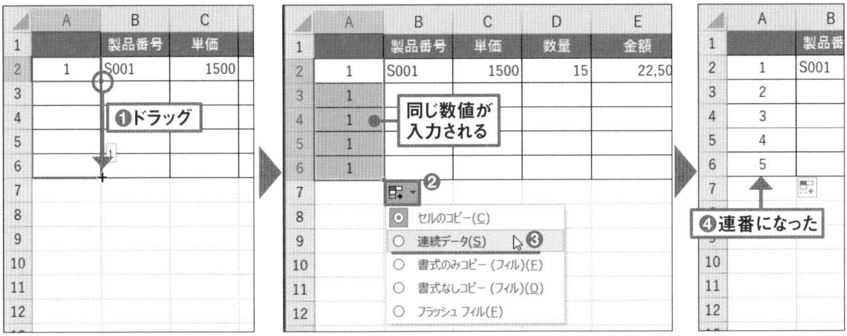

図7 最初のデータを入力したセルを選択し、右下のフィルハンドルをドラッグ（❶）。数値や数式の場合コピーになるが、スマートタグをクリックして「連続データ」を選べば連番になる（❷〜❹）

「4年置き」もオートフィル

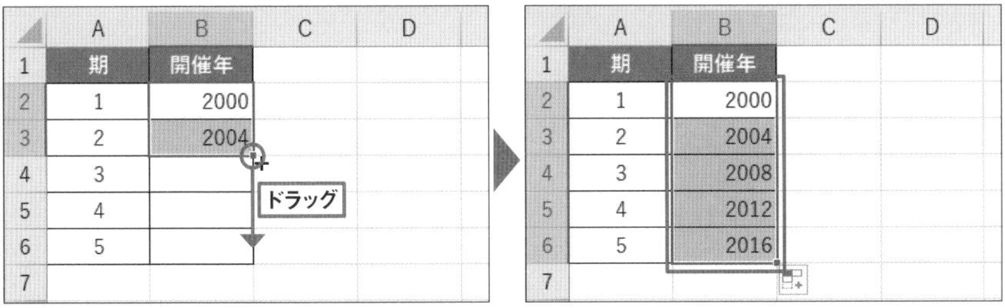

図8 増減する量を指定するには、先頭のセルと2番目のセルにそれぞれ数値を入力し、この2つのセルを選択してオートフィルを行う

オートフィルの対象が日付のときは、1日ずつ増えていく連続データになるが、スマートタグを使えば、週日単位、月単位、年単位などいろいろな増加方法を選べる（**図9**）。また、フィルハンドルをマウスの右ボタンでドラッグすれば、スマートタグの操作なしでメニューを表示でき、単位の指定が可能だ（**図10**）。

「A、B、C、A、B、C…」のような規則的な繰り返しもできる。繰り返したい文字列を入力したセルを選択してオートフィルを行えばよい（**図11**）。

「平日のみ」「月単位」にも対応

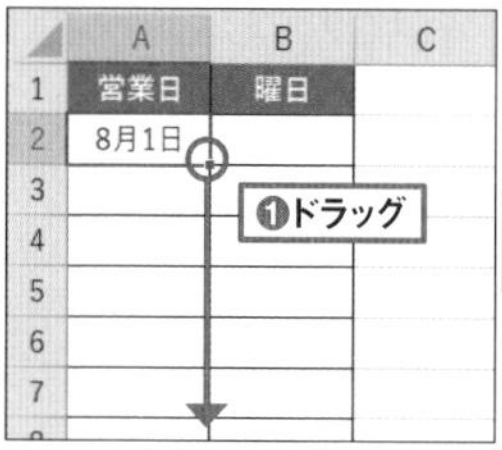

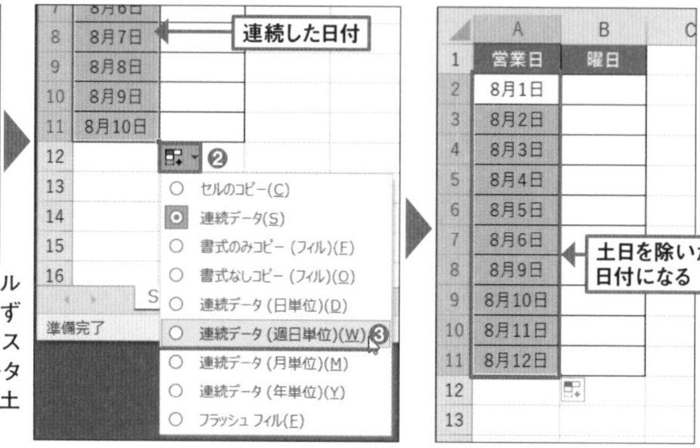

⬆➡ **図9** 日付の入っているセルをオートフィルすると（❶）、1日ずつ増える連続した日付になる。スマートタグから例えば「連続データ（週日単位）」を選ぶと（❷❸）、土日を除いた日付に変更できる

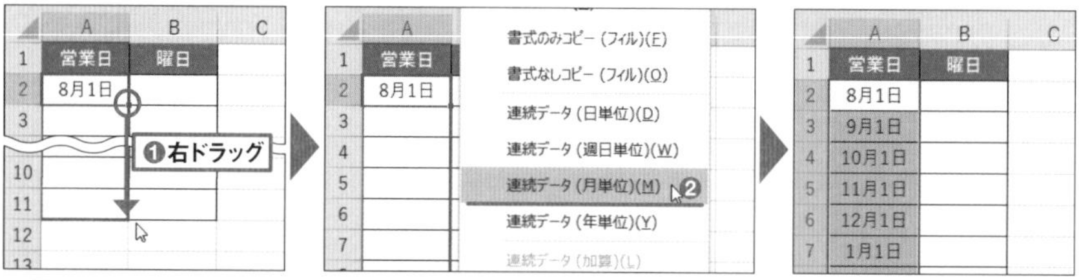

⬆ **図10** フィルハンドルをマウスの右ボタンでドラッグすると、スマートタグと同じメニューを自動表示してすぐ選べる。「日」ではなく「月」が1ずつ増えていく連続データにしたければ、フィルハンドルを右ボタンでドラッグし（❶）、表示されるメニューから「連続データ（月単位）」を選べばよい（❷）

繰り返すデータを自動入力

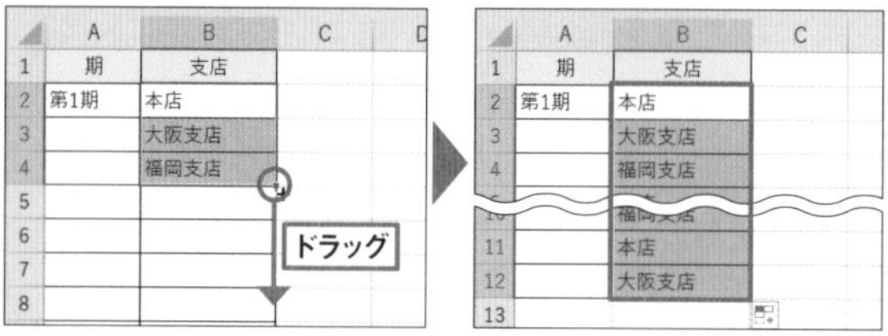

⬅ **図11** 数値を含まない文字列データの場合、2つ以上のセルを基準としてオートフィルの操作を行うと、それらのセルのデータを繰り返し入力できる。ここでは3つの支店名を繰り返し入力した

エクセルでは、数値や日付以外にも、オートフィルで入力できる連続データがある。例えば、「火曜日」と入力してオートフィルを行うと、「火曜日、水曜日、木曜日…」のように入力できる。ただし、「火曜」では連続データにならない。その理由は、「火曜日」といった曜日が「ユーザー設定リスト」の項目として登録されているからだ。図11のようなオリジナルの連続データをよく使うなら、ユーザー設定リストに登録すれば、より簡単にオートフィルが使える。「ファイル」タブをクリックして、「オプション」を選択し、「詳細設定」をクリック（**図12**）。「ユーザー設定リストの編集」をクリックして、「新しいリスト」として項目を入力する（**図13**）。これで最初のセルだけ入力すればオートフィルができるようになる。

オリジナルのリストをオートフィルに登録

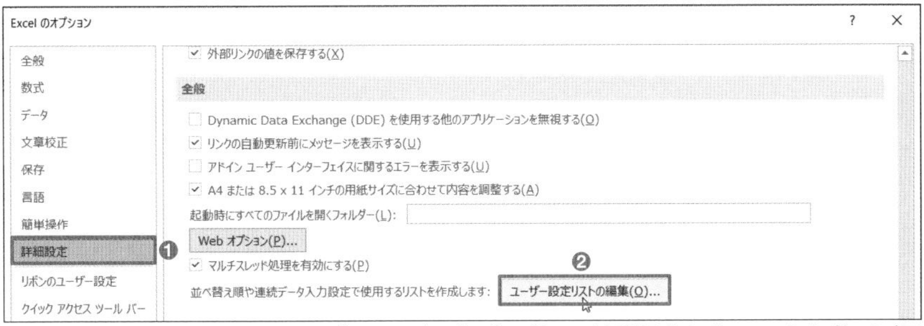

図12 独自のリストを追加するには、「ファイル」タブで「オプション」を選択する。「Excelのオプション」画面で「詳細設定」をクリックし（❶）、下のほうにある「ユーザー設定リストの編集」をクリックする（❷）。これで、「ユーザー設定リスト」画面が表示される

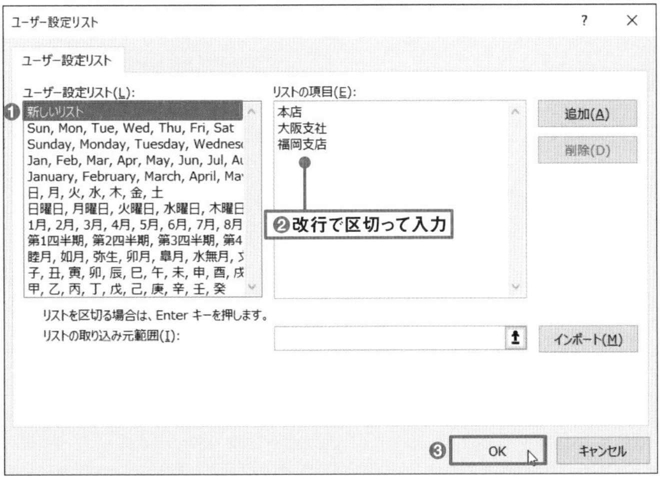

図13 「新しいリスト」を選択し（❶）、リストの項目」欄に登録したい項目を改行で区切って入力し（❷）、「OK」を押す（❸）。複数のリストを連続して登録する場合は、「OK」ではなく「追加」をクリックすれば、次のリストを入力できる

Section 07

紙の書類はPDF化でテキストを活用

60分 時短

印刷した書類は残っているのに、ワードのデータが見当たらないことがある。以前なら入力し直すしかなかったが、今は良い方法がある。印刷物をスキャンしてPDFファイルとして保存するのだ。通常のPDFファイルは、見た目を画像として保存しているだけなので、テキスト情報が付いていない。しかし、文字認識(OCR)処理をすれば、画像からテキストを生成することが可能だ(**図1**)。専用のOCRアプリがなくても、ワードでPDFを開くだけで、編集可能なワード文書になる。

スキャナーで読み込む際には、解像度を「300dpi」程度に上げたほうが正確な文字認識が可能だ。スキャン後のPDFファイルは、ワードで開くと同時にOCR機能により文字が認識され、編集可能なワード文書として開く(**図2〜図4**)。一般的なフォントで作成された文字中心のモノクロ文書なら、ほぼ問題なく文字が認識される。一部、誤認識される文字列もあるので、ワードで開いた後は入念にチェックしよう。

スキャン後はワードで開いてテキスト化

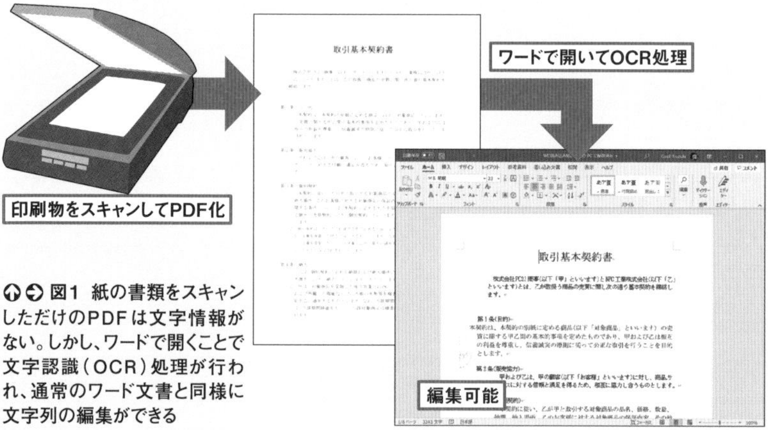

↑→ 図1 紙の書類をスキャンしただけのPDFは文字情報がない。しかし、ワードで開くことで文字認識(OCR)処理が行われ、通常のワード文書と同様に文字列の編集ができる

PDFファイルをワードで開く

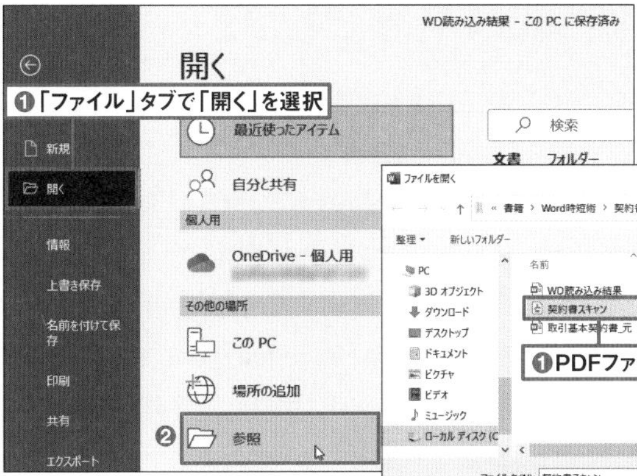

🡄 図2 ワードを起動して、「ファイル」タブ→「開く」→「参照」と順に選択（❶❷）

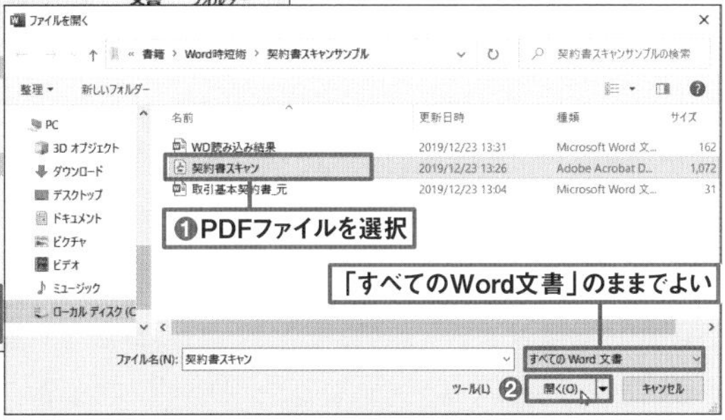

🡅 図3 ファイルの形式が「すべてのWord文書」となっているが、PDFファイルも表示されるので問題ない。目的のPDFファイルを選び、「開く」を押す（❶❷）

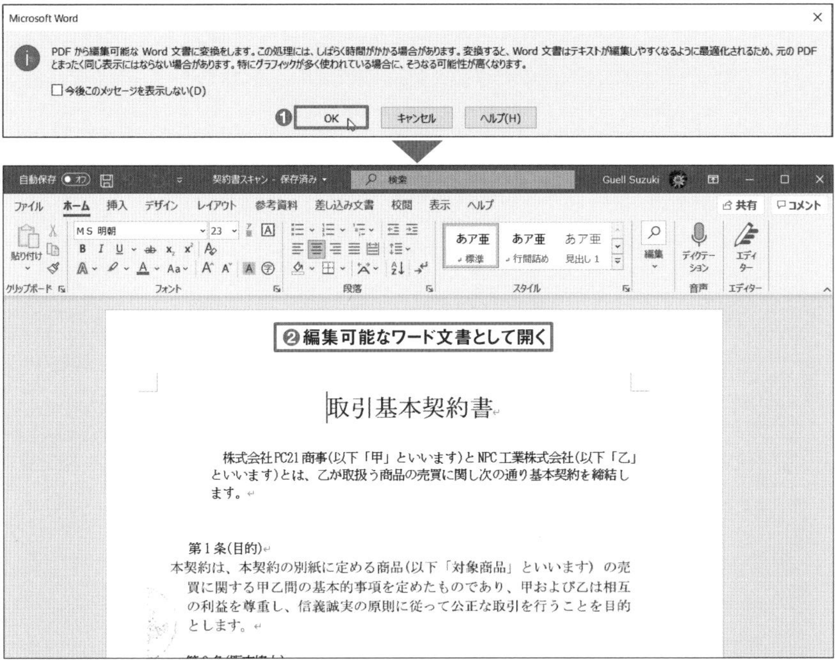

🡅 図4 PDFファイルを開くと確認画面が表示されるので、「OK」ボタンを押す（❶）。OCR機能により文字が認識され、編集可能なワード文書として開く（❷）。誤認識される部分もあるのでチェックして適宜修正する

クラウドサービスでテキスト化

ワードがなくても心配はいらない。クラウドストレージサービスの中には、PDFファイルからテキストデータを抽出できるものがある。Googleアカウントがあれば無料で15GBまで保存できるGoogleドライブもその1つ。Googleドライブに保存したPDFファイルを、「Googleドキュメント」で開くだけで、テキストを抽出できる（**図5**）。あとは「ファイル」メニューからPDFやワードファイルとして保存すれば、テキスト化完了だ。

出張先などで手元にスマホしかないなら、スキャナーアプリを使うのがお勧めだ。Microsoftアカウントがあれば無料で使える「Microsoft Lens」は、スマホのカメラ機能で文書を撮影すると、ゆがみが自動補正される（**図6**）。エクスポート先に「Word」を選ぶと、ワード文書としてテキスト化されたファイルをOneDriveに保存できる（**図7**）。

Googleドキュメント経由でテキスト化

図5 テキスト化したいPDFファイルをGoogleドライブにアップロードする。PDFファイルを右クリックして、「Googleドキュメント」で開くとテキストデータを編集できるようになる（❶〜❸）。ワード文書やPDFファイルとしてダウンロードすることもできる（❹〜❻）

スマホならMicrosoft Lensでテキスト化

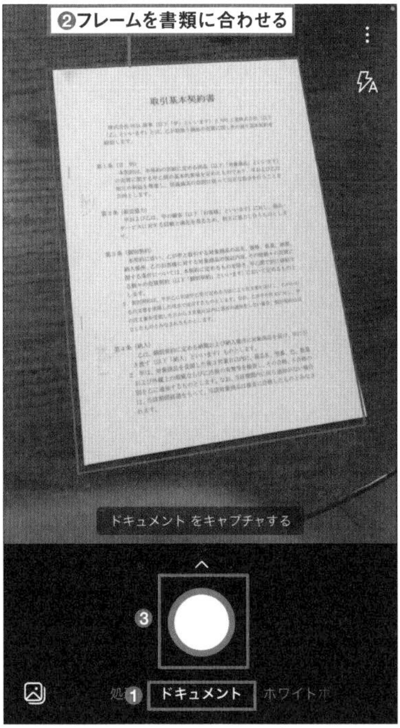

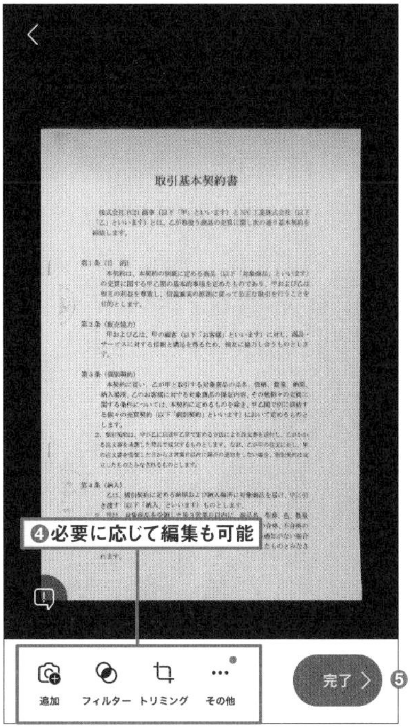

⬆図6 「Microsoft Lens」アプリを起動して、文書の場合は「ドキュメント」を選択し、フレームを書類に合わせて撮影する（❶〜❸）。ゆがみ補正が自動的に行われるので画像を確認し、「完了」で取り込む（❹❺）

⬅⬆図7 エクスポート先として「Word」を選ぶと、自動的に画像内の文字列がテキスト化され、ワード文書としてOneDriveに保存される（❶❷）

Section 08

入力時に書式の引き継ぎをコントロール

3分時短

文字列やセルの書式を変更すると、それ以降の文字列やセルに書式がそのまま引き継がれてしまうことがある（**図1、図2**）。本文や内容を入力するには、文字書式や段落書式を元に戻さなくてはならない。手間がかかるだけでなく、何度も書式を変更しているとミスも起きる。こんなときは、手作業で書式を変更するのではなく、ショートカットキーで元の書式に戻そう。

直前の書式は引き継がれるのが既定

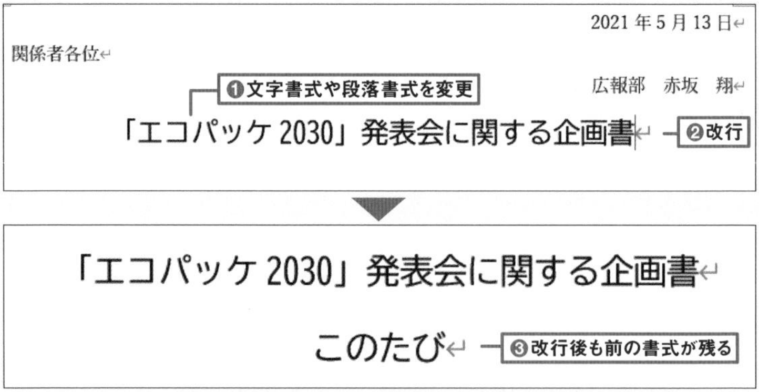

図1 タイトルなどは文字を大きくして中央揃えにするなど、本文とは異なる書式にする。しかし、改行してもその書式が残り、再度書式設定が必要になる（❶～❸）

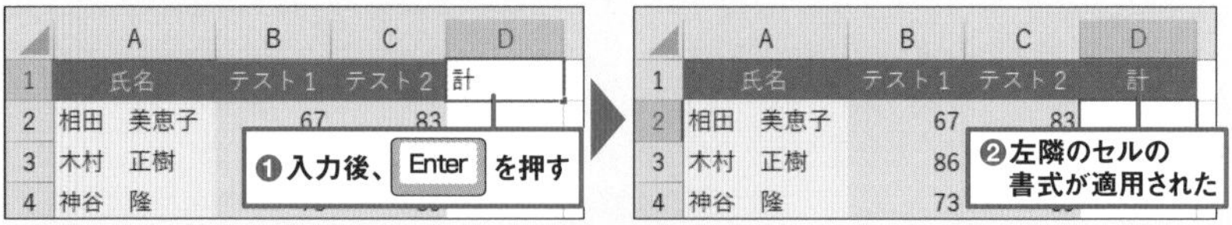

図2 エクセルでは、隣り合うセルの書式が自動的に適用されることがある（❶❷）。同じ書式にしたい場合は便利だが、標準書式で入力したいときには邪魔になる

ワードですべての書式を解除するなら「Ctrl」+「Shift」+「N」キー。「No(ノー)」の「N」と覚えよう(**図3**)。ちなみに、「Ctrl」+「スペース」キーで文字書式、「Ctrl」+「Q」キーで段落書式のみを解除することもできる。

エクセルの場合、「Ctrl」+「Enter」キーを押すと、隣接するセルの書式を引き継がずに入力を確定できる(**図4**)。

なお、「スタイル」機能で書式を変更した場合、これらのショートカットキーでは解除できない。スタイルを選び直すことで目的の書式に戻そう。

ワードは「Ctrl」+「Shift」+「N」で書式を解除

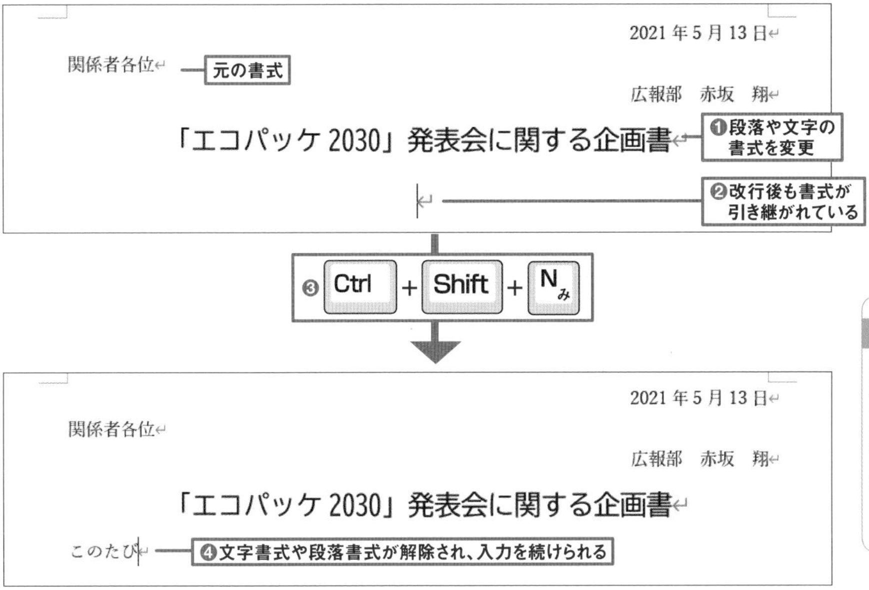

図3 ワードで改行後、前の段落の書式が残っていることに気付いたら(❶❷)、「Ctrl」+「Shift」+「N」キーを押す(❸)。すると、文字書式と段落書式が解除され元の書式に戻るので、本文などの入力を続けられる(❹)

エクセルは「Ctrl」+「Enter」で書式を解除

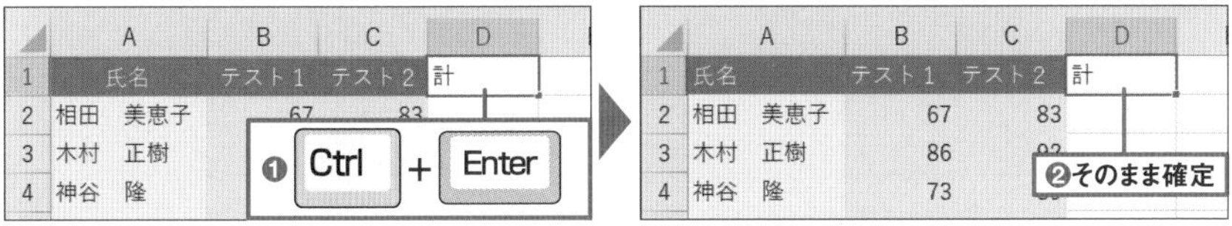

図4 エクセルで隣接するセルの書式を引き継ぎたくないときには、入力後に「Ctrl」+「Enter」キーを押す(❶)。すると、書式は元のまま入力が確定され、アクティブセルも移動しない(❷)

Section 09

外国語をスムーズに入力する

10分 時短

ウィンドウズで入力できるのは、英語と日本語だけではない。発音記号や各国語のアルファベットは、記号として入力することもできるが、1文字ずつ選んでいては時間がかかって仕方がない。ほかの言語を使うならIMEに追加しよう。言語を切り替えることでキーボードで入力できる文字が切り替わり、英語などと同様に各国語を入力することができる（**図1**）。

「時刻と言語」の設定画面で「優先する言語」の「言語の追加」を選択し、言語の一覧から追加する言語を選択する（**図2、図3**）。これで、日本語、英語に加えて、追加した言語が使えるようになる。どの言語で入力するかは、IMEの言語切り替えボタンで指定できる（**図4**）。

キー配列がわからないなら「Windows」+「Ctrl」+「O」（オー）キーで図1のようなスクリーンキーボードを表示させて確認できる。

言語を追加して各国語を入力

↑ 図1　英語以外の外国語は、キー配列を変更することでキーボードから入力できるようになる。複数の言語を切り替えて使うことも可能だ

別の言語を追加する

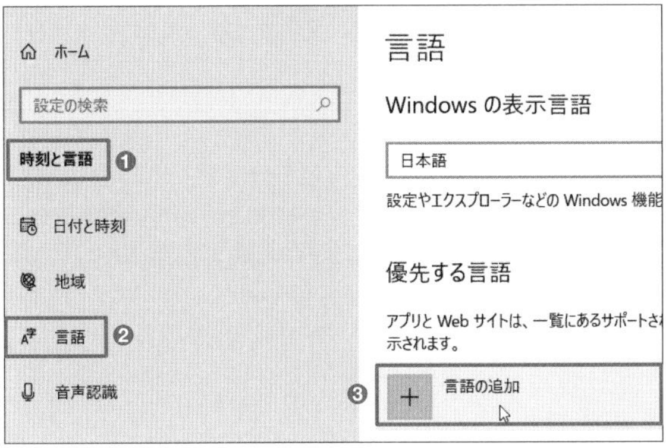

← 図2 「設定」アプリを起動し、「時刻と言語」を選択する（❶）。「言語」を選択し（❷）、「言語の追加」を選択する（❸）

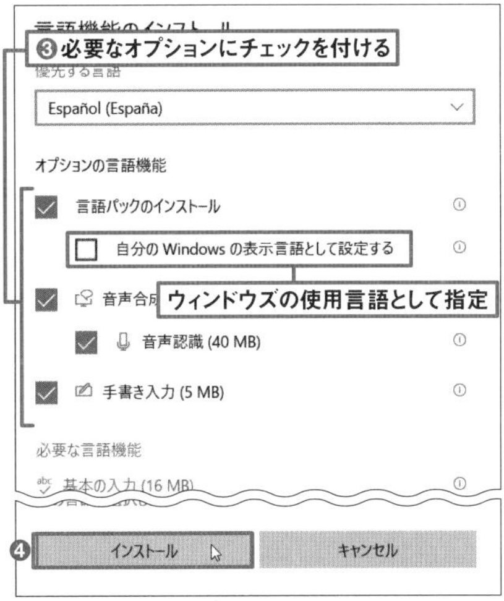

↑→ 図3 使用する言語を選択し、「次へ」をクリックする（❶❷）。必要なオプションにだけチェックを付けて「インストール」を選択するとインストールが始まる（❸❹）

追加した言語に切り替える

←↑ 図4　言語を追加しただけでは、入力言語は変わらない。IMEの言語切り替えボタンをクリックし、追加した言語に切り替える（❶❷）。言語切り替えボタンが選択した言語のボタンに変われば準備完了だ（❸）

Section 10

読めない文字や記号でもう困らない

5分 時短

読めない文字や記号が出てくると、入力は進まない。辞書を開いたり、当てずっぽうで読みがなを考えるより、「IMEパッド」を開こう（**図1**）。

難読漢字は「IMEパッド」で探す

IMEパッドは、文字を探して入力するための便利なツール。IMEのメニューから開くことができる（**図2**）。読めない漢字を手早く探したいなら、「手書き」モードが便利だ。手書きモードでは、左側の空白部分にドラッグで漢字を手書きしていく（**図3**）。漢字をすべて書く必要はない。書き進むごとに候補の漢字が表示されるので、見つかった時点で手書きをやめ、目当ての漢字をクリックすれば入力できる。

IMEパッドには、5つのモードがある。手書き以外では、画数や部首などで漢字を探すこともでき、記号や各国語の文字も入力できる（**図4**）。探す文字に応じてモードを切り替えて使おう。IMEパッドはIMEの機能なので、アプリにかかわらずウィンドウズ全般で利用できる。

IMEパッドなら読めなくても探せる

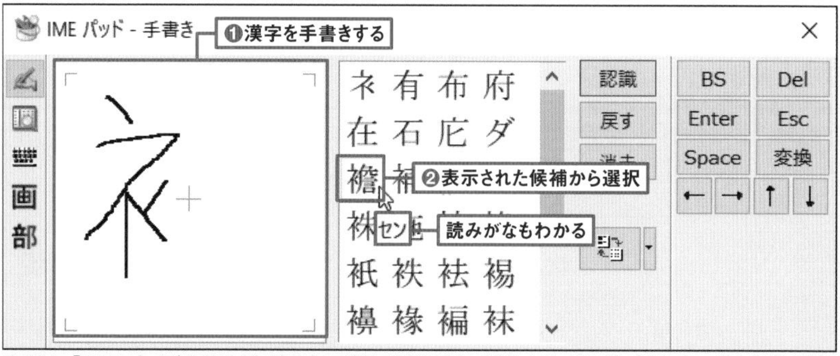

↑ 図1 「IMEパッド」を使えば、読めない漢字を手書きして探したり（❶❷）、記号を一覧から選んだりすることで入力できる

読めない漢字を手書きで探す

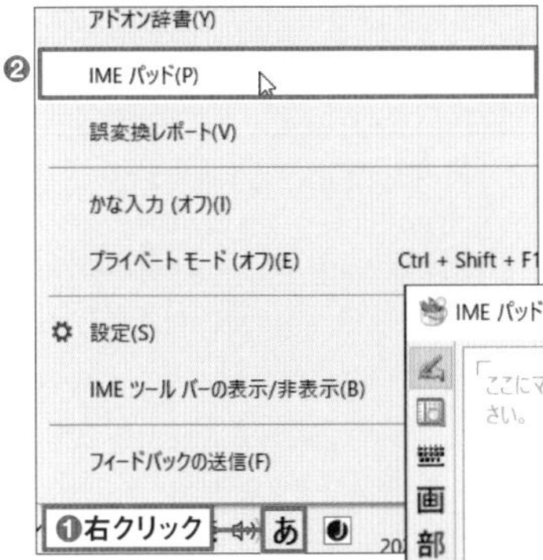

🡄 図2 IMEアイコンを右クリックし、「IMEパッド」を選択すると(❶❷)、IMEパッドが起動する

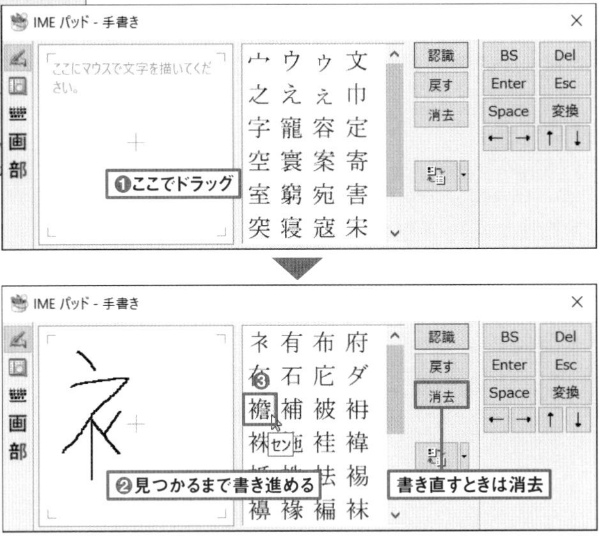

🡆 図3 空白部分に1画ずつドラッグで漢字を書いていく(❶❷)。右側に表示される候補から目的の漢字を探し、クリックすれば入力できる(❸)

手書き以外の4つのモード

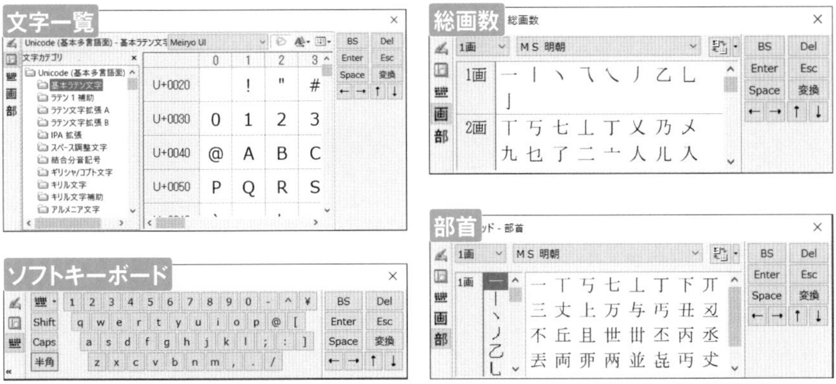

🡅 図4 IMEパッドでは、図3の手書き以外に4つのモードが選べる。漢字を総画数や部首で検索できるほか、記号や各国語の入力にも利用できる

記号入力の近道は「読んでみる」こと

記号はIMEパッドで探すより、簡単に入力する方法がある。まず、その記号が読めないか考えてみよう。「まる」「さんかく」「やじるし」「ゆうびん」など、多くの記号には常識的な読み方があるものだ。こういった読みを入力して変換すれば、記号の入力は簡単だ。

例えば「かお」を変換すれば、「(^^)/」のような顔文字はもちろん、顔の絵文字も入力できる(**図5、図6**)。カギかっこはキーボードからも入力できるが、「かっこ」と入力して変換すれば、「“”」や「【】」などさまざまな種類を選べる。

読める記号は意外に多い

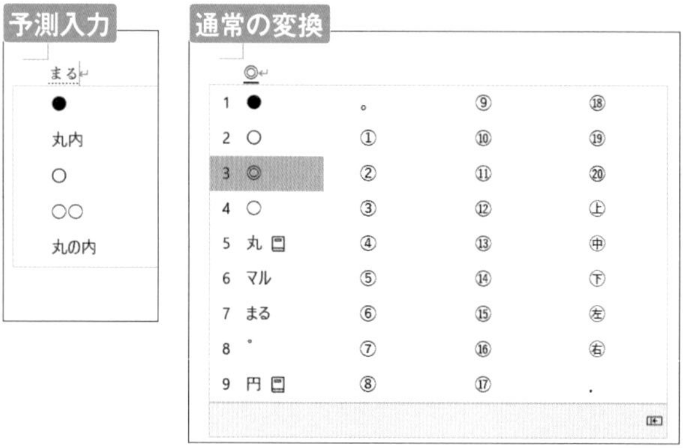

図5 読み方がわかる記号は、読みで変換することができる。「まる」と入力すれば、予測入力(左)でも、通常の変換(右)でも、変換候補に「○」や「◎」、丸数字などが表示される

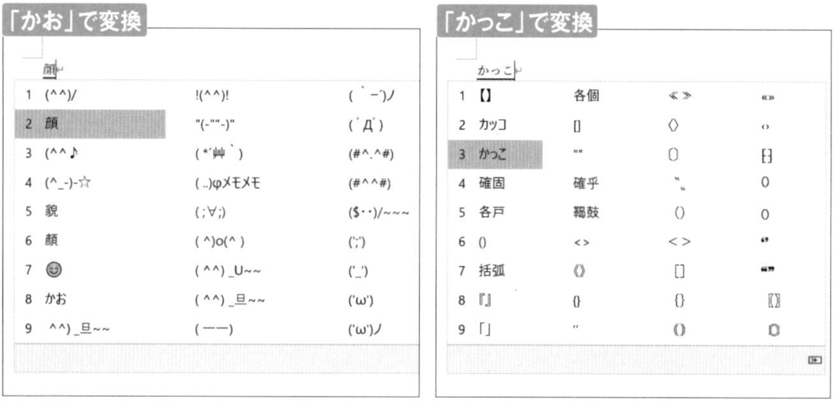

図6 記号を入力するときには、その記号で思い浮かぶ読みがなを入力して変換してみよう

なお、「環境依存」というただし書きのある記号は、ウィンドウズ以外の環境では表示できない可能性があるので使用するときは注意しよう。

絵文字、顔文字は「絵文字パネル」から入力

ビジネスの文書やメールでは、通常使わない絵文字や顔文字だが、相手や内容によっては必要になることもある。

絵文字や顔文字、記号を入力する方法は複数あるが、一覧から選んで入力するなら、「Windows」+「.」(ピリオド)キーを押して「絵文字パネル」を表示させるのが近道だ(**図7**)。上部のアイコンで「絵文字」「顔文字」「記号」を切り替えられる。ジャンルごとにまとまっているので、下部のアイコンでジャンルを切り替えて、さまざまな種類のものを入力できる(**図8**)。

絵文字、顔文字もウィンドウズで使える

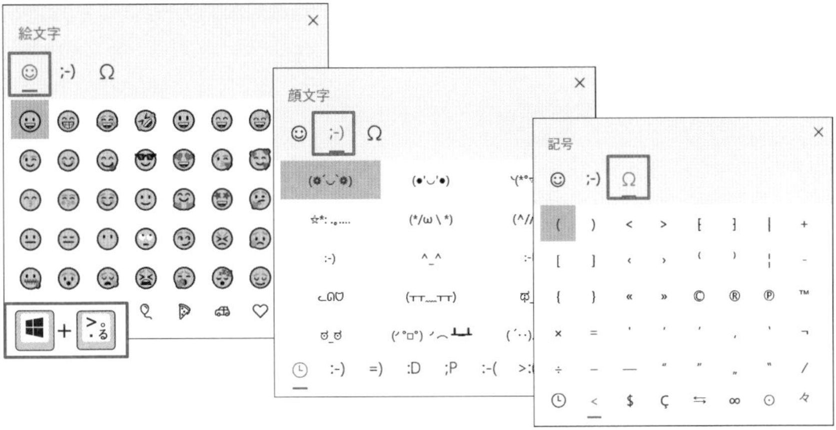

図7 「Windows」+「.」(ピリオド)キーで起動できる絵文字パネルは上部のアイコンで種類を切り替えられる

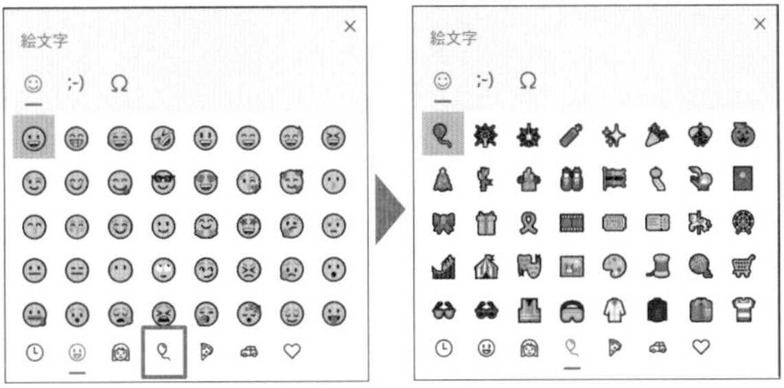

図8 パネル下部のアイコンではジャンルを選択できる。パネルを開いたときには「最近使用したもの」が選択されているので、最近使用した絵文字を素早く入力できる

Section 11

ファイル名、セルは「F2」で編集モードに

1分 時短

入力に手間取るのは、文書作成のときばかりではない。エクスプローラーで「ファイル名を編集しようとダブルクリックしたら、ファイルが開いてしまった」という経験があるなら、ファイルを選択後、「F2」キーを押してみよう（**図1**）。ファイル名が選択され、編集できる状態になる。

また、エクセルでセルに入力中、「カーソルを移動しようとしたらセル番地が入力されてしまった」「隣のセルに移動してしまった」という場合も、「F2」キーが役に立つ。セルを選んで「F2」キーを押すと、エクセルはセル内のデータ編集モードに変わり、文字修正ができる（**図2**）。カーソルキーを押しても、文字位置を示すカーソルが移動するだけで、セル番地が入力されることはない。

ファイル名は「F2」で選択

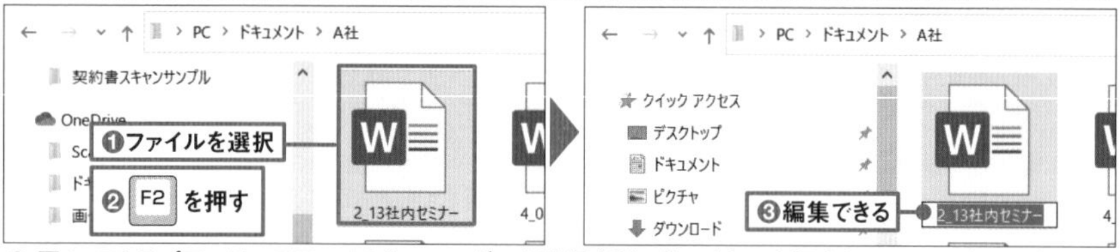

図1 エクスプローラーでファイルやフォルダーを選択（❶）。「F2」キーを押すと、ファイル名が選択され、文字を入力すれば変更できる（❷❸）

セルは「F2」で編集モードに

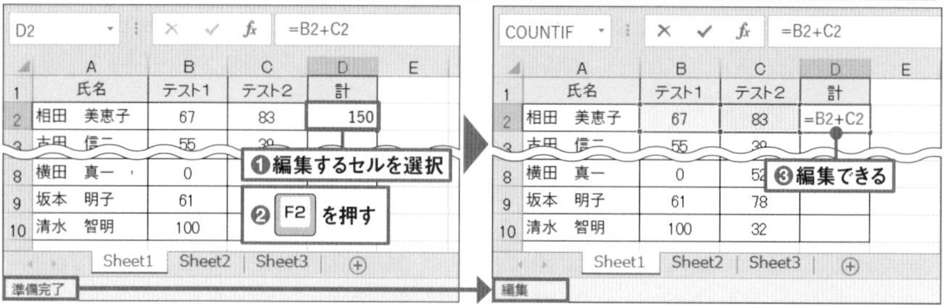

図2 エクセルでセルをクリックし、「F2」キーを押す（❶❷）。セルが編集モードになり、数式が入力されている場合は数式が表示される（❸）。この状態ならカーソルキーを押してもセル番地が入力されることはない

第4章

無駄な時間を省く「探す」技術

仕事において何かを「探す」場面は意外と多い。必要なファイルを探す、ファイル内で特定のデータを探す、ネットで情報を検索する……。なかなか見つからないと、時間ばかりかかってイライラするものだ。素早く的確に探す技術は、時短を進めるための強力な味方となる。

- エクスプローラーの意外な便利機能
- グーグル検索はコマンドで絞り込む
- ムダ操作を減らすブラウザー活用法
- エクセル&ワードの検索／置換テク

Section 01

タスクバーで今すぐ検索

3分 時短

仕事に必要な情報を探す、数日前に作成したファイルを探す、文書の中で目的の文字列を探す……。仕事中に何かを探している時間は、案外長い。見つからなければ、無駄な時間が増えるばかりだ。効率良く「探す」方法を身に付けよう。

ファイルを探すならエクスプローラー、ウェブで情報を探すならブラウザーを起動する人が多い。しかし、ウィンドウズには常にタスクバーに表示されている「検索ボックス」という強力な検索ツールがある。「Windows」キーを押せば検索ボックスにカー

探し物は手軽に検索ボックスで

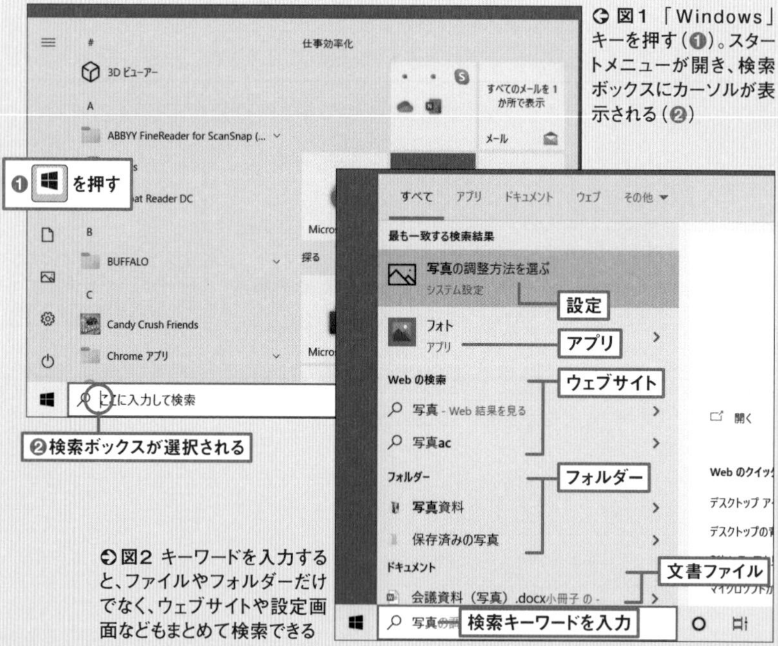

図1 「Windows」キーを押す（❶）。スタートメニューが開き、検索ボックスにカーソルが表示される（❷）

図2 キーワードを入力すると、ファイルやフォルダーだけでなく、ウェブサイトや設定画面などもまとめて検索できる

ソルが表示されるので、マウスに持ち替える手間もかからない（**図1**）。

検索ボックスでは、パソコン内のファイルだけでなく、ウェブサイトの情報やアプリ、音楽、写真など、さまざまなアイテムをまとめて検索できる（**図2**）。検索結果に目的のものが表示されない場合は、「アプリ」「ドキュメント」「ウェブ」のほか、「その他」から「フォルダー」「音楽」「写真」「設定」などのフィルターで絞り込むと探しやすい（**図3～図5**）。ドキュメントの場合は文書内のテキストも含めて検索される。

ただし、検索ボックスで探せるのは、インデックス（150ページ）が作成された場所にあるものに限定される。検索ボックスから開きたいファイルなどがあれば、インデックスの作成対象に追加しておくとよいだろう。

ファイルやフォルダーは種類を絞って検索

図3 検索後、上部にはフィルターが表示される。「その他」からは、「フォルダー」「音楽」「写真」「設定」といったフィルターを選択できる

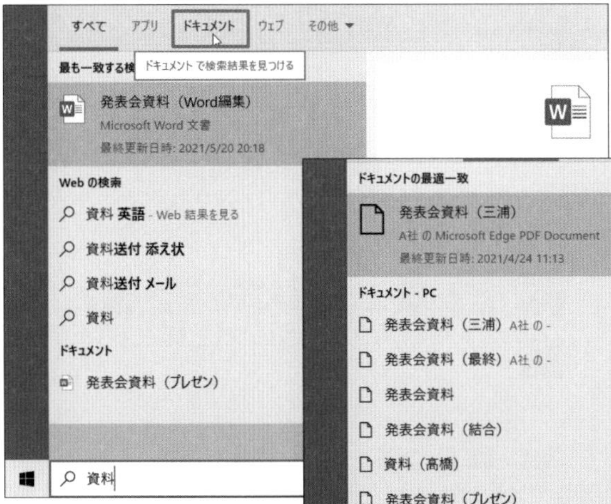

図4「資料」で検索すると、ドキュメントは2つしか表示されない。「ドキュメント」をクリックする

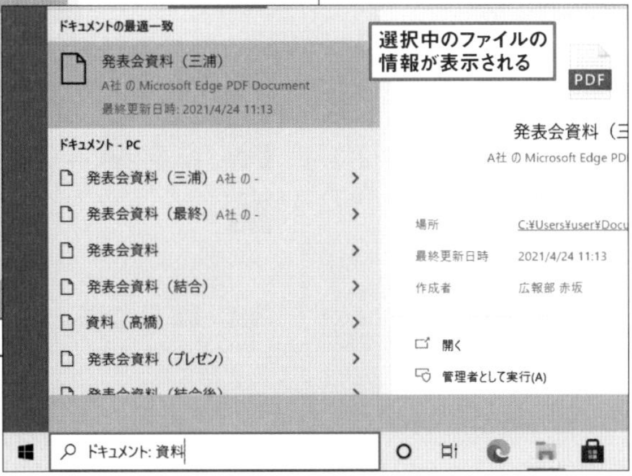

図5 ドキュメントだけが検索結果に表示される。似たような文書がある場合は、右側の詳細情報で確認して開こう

Section 02

エクスプローラーは表示を変えて探す

5分 時短

ファイル名を変える、ファイルをコピーする、フォルダーに入れるなど、ファイルに関するさまざまな操作を行うエクスプローラー。ファイル操作のためのアプリだけに、目的のファイルを探すための機能も豊富に揃えている。ファイルの検索機能はもちろんあるが、エクスプローラーの検索機能は使い方によってはかなり時間がかかることもある。検索せずにサクッと見つける方法を覚えておきたい。

表示を変えて探しやすく

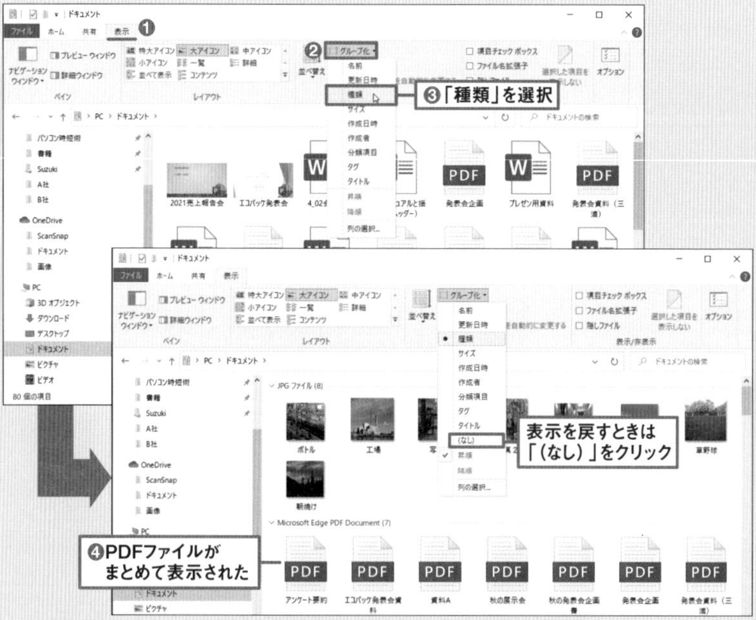
❶
❷
❸「種類」を選択
表示を戻すときは「(なし)」をクリック
❹PDFファイルがまとめて表示された

↑図1 エクスプローラーの「表示」タブで「グループ化」をクリックして「種類」を選択すると、ファイルが種類ごとに表示される(❶〜❹)。「更新日時」などでグループ化することも可能だ

グループ分けで探しやすく表示

検索機能より手軽にファイルを探しやすくするのが、「グループ化」という機能だ。この機能を使うと、PDFやエクセルなどの種類ごとにまとめて表示できる。「グループ化」ボタンから「種類」を選択するだけの簡単操作だ（**図1**）。エクスプローラーでは「一覧」や「大アイコン」など8つのレイアウトを選べるが、グループ化はどのレイアウトでも利用できる。ファイルの数が多くても、種類別に並ぶと探しやすい。

「詳細」は並べ替えが簡単、種類で絞り込みもできる

8つのレイアウトを機能面から見ると、ファイルを最も探しやすいのは「詳細」だ。上部に「名前」「更新日時」などの項目名が並び、ファイルを並べ替えたり、表示項目を追加・変更したりできる。例えば「更新日時」をクリックすると、ファイルを最後に編集した日時の順に並び、再度クリックすると昇順と降順が切り替わる（**図2**）。同様に「種類」や「サイズ」での並べ替えもできる。

更新日やサイズで並べ替え

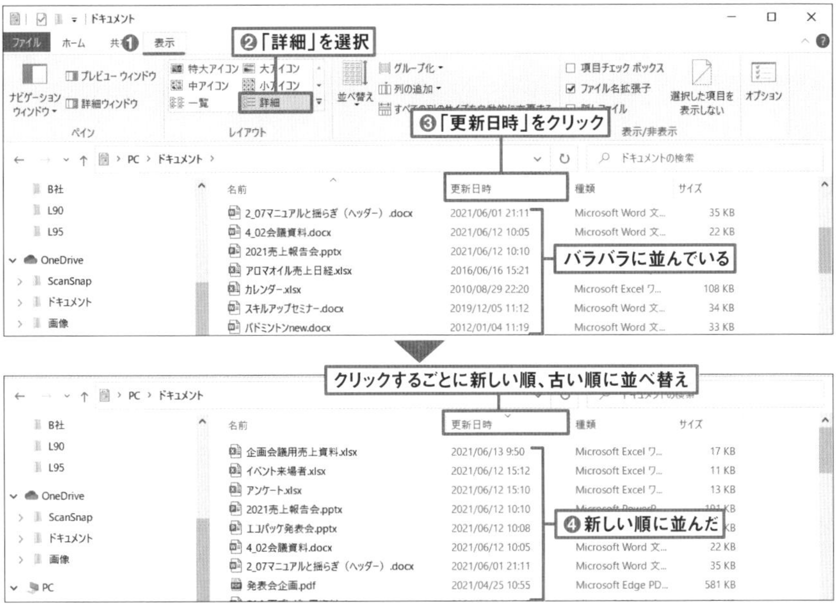

図2 「詳細」では、「更新日時」などを基準にファイルを簡単に並べ替えられる。「更新日時」をクリックすると、ファイルは新しい順に並ぶ（❶〜❹）。再度クリックすると古い順に並べ替えができる

詳細レイアウトでは、エクセルやワード、PDFなど、特定のファイルだけを表示させるのも簡単だ。項目名の「種類」の右にある「▼」を押し、表示させたいファイルの種類をチェックすればよい（**図3**）。

なお、詳細で表示する項目は自分で設定できる。「更新日時」だけでなく「作成日時」を表示させたり、「作成者」や「タグ」を表示させたりできる（**図4**）。

「ワードのファイル」だけを表示

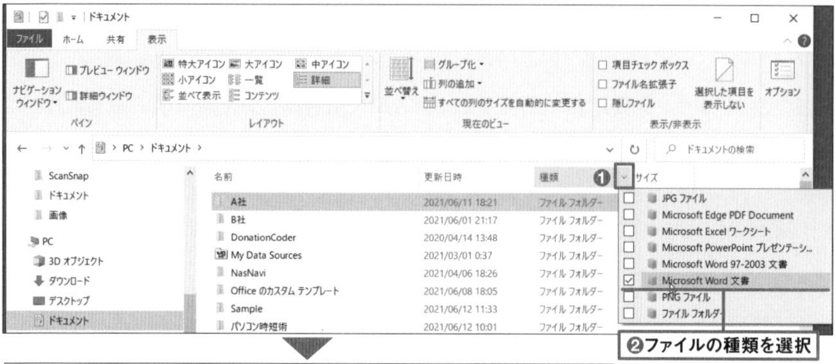
❶
❷ファイルの種類を選択

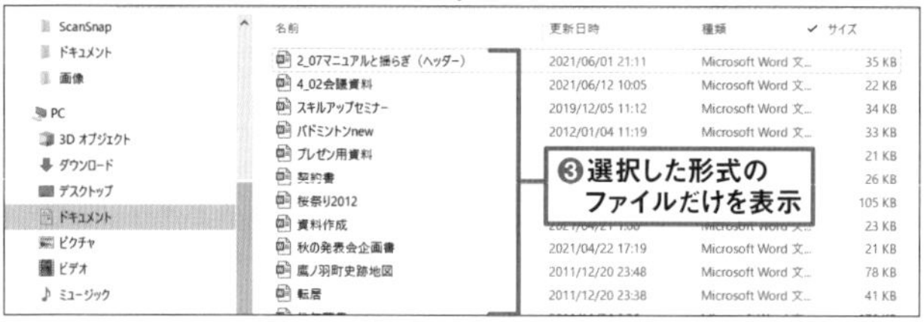
❸選択した形式の
ファイルだけを表示

↑←図3 「種類」の右にある「▼」をクリックして、表示させるファイルの種類をチェック（❶❷）。すると、選択した形式のファイルだけが抽出される（❸）。チェックを外すと、すべてのファイルが表示される

詳細表示の項目は自分で選べる

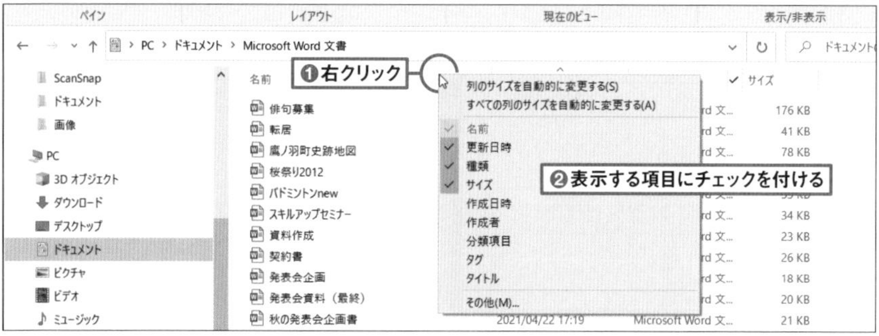
❶右クリック
❷表示する項目にチェックを付ける

↑図4 詳細レイアウトで表示する項目を変更するには、項目欄を右クリック（❶）。表示する項目にチェックを付ける（❷）

開かずに中身を確認!

エクスプローラーの右領域を便利に使う方法を2つ紹介しよう。「プレビューウィンドウ」をオンにすると右側がプレビュー領域となり、ファイルの種類によってはその中身が表示される（**図5**）。ファイル名が似通っている場合、プレビューで確認するとよいだろう。エクセルならシートを切り替えたり、セル範囲を右クリックメニューでコピーすることも可能だ。

「プレビューウィンドウ」の代わりに「詳細ウィンドウ」を選ぶと、作成者やサイズなどの詳細情報が表示される（**図6**）。なお、「プレビューウィンドウ」と「詳細ウィンドウ」の併用はできない。

似たようなファイルはプレビューと詳細で判別

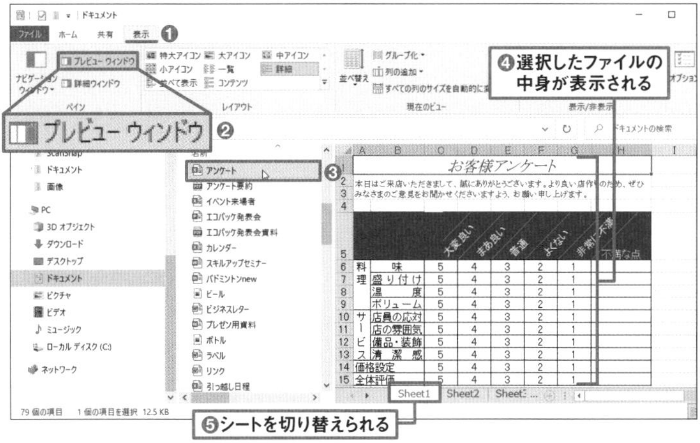

◀図5 「表示」タブにある「プレビューウィンドウ」をクリックしてオンにすると、画面右にプレビューウィンドウが表示される（❶❷）。ファイルを選択すると、中身が表示される（❸❹）。エクセルではシートの切り替えなども可能（❺）。セル範囲を選択して右クリックすれば、「コピー」もできる

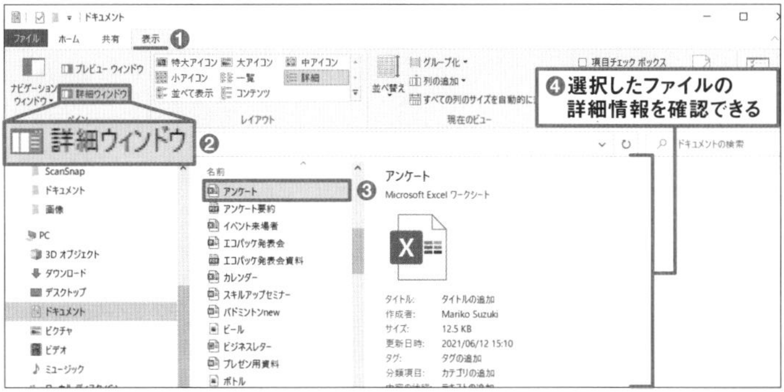

◀図6 「表示」タブで「詳細ウィンドウ」をクリックしてオンにすると、画面右が詳細ウィンドウに変わる（❶❷）。選択したファイルの種類、タイトル、サイズ、作成者、更新日時、タグといった詳細情報を確認できる（❸❹）

Section 03

エクスプローラーの「検索」を使いこなす

10分 時短

フォルダー内のファイルが多いと、並べ替えても探し出せないこともある。目的のファイルが見つからないなら、最後の手段はキーワード検索だ。

エクスプローラーを起動すると、ウィンドウズ10ではエクスプローラー右上の検索ボックスに「クイックアクセスの検索」と表示されている。クイックアクセスはユーザーがよく開くフォルダーを表示するもので、「デスクトップ」「ドキュメント」「ダウンロード」などのユーザーフォルダーがあらかじめ登録されている。ここにキーワードを入れると、ク

検索する場所にご用心

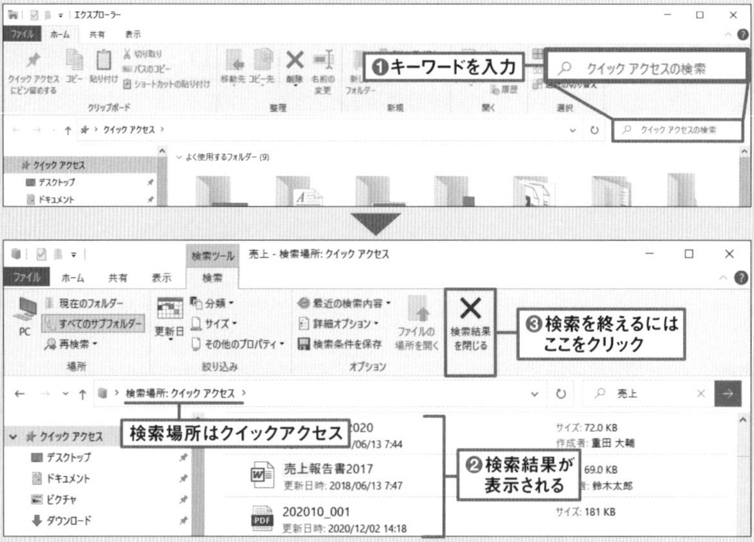

↑図1 エクスプローラーを起動すると、通常開くのは「クイックアクセス」だ。「クイックアクセスの検索」と表示された検索ボックスにキーワードを入れてみよう（❶）。クイックアクセスに登録されたフォルダー内で検索され、キーワードをファイル名や文書内に含むファイルが一覧表示される（❷）。検索を終えるには「検索結果を閉じる」をクリック（❸）

イックアクセスに登録されたフォルダー内が横断的に検索される仕組みだ（**図1**）。ファイル名だけでなく、プロパティ（作成者などの付加情報）や内容にキーワードを含むファイルが一覧になる。

保存場所がわかるならフォルダーを選んで検索

ここで問題点が2つ。1つは、エクスプローラーを開いてすぐにキーワード検索をすると、クイックアクセスに登録されたフォルダー内でしか検索されないこと。ドライブ内にあるファイルでも、検索されないことがあるということだ。もう1つは、ファイル名だけでなく、文書の内容まで検索されるため、余計な時間がかかること。

素早く的確に探すなら、まずは「どこを探すか」を指定する。ドライブ全体を探したいからといって、「PC」を指定すると、かなり時間がかかるうえ、ファイルの内容までは検索できない（**図2**）。「確かここに保存した」という記憶があるなら、フォルダーを選択してから検索すれば、検索時間を節約できる（**図3**）。

最初に指定すべきは「どこ」を探すか

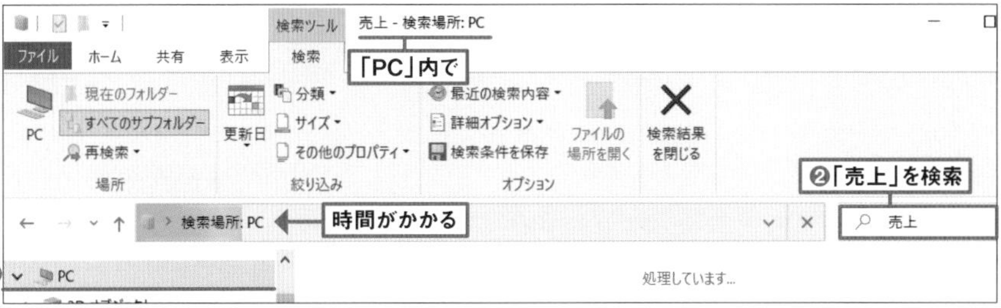

図2 「PC」を選んで検索を実行すると（❶❷）、ものすごく時間がかかるうえ、ファイルの内容を検索できないのでお勧めしない。できるだけフォルダーを絞って検索しよう

図3 探すファイルを保存したフォルダーを選択する（❶）。検索ボックスには選択したフォルダー名が表示されるので、確認してキーワードを入力して検索する（❷）

高速検索の秘訣はインデックスの指定にあり

検索をしていると、「ドキュメント」などのユーザーフォルダーでは瞬時に結果が表示されるが、普段使わないフォルダーでは時間がかかることに気付く。その理由は、ユーザーフォルダーなどのよく使うフォルダーは自動的に文書の内容までスキャンし、キーワード検索のためのインデックス（索引）を作成しているからだ。

インデックスが作られるのは、標準ではユーザーフォルダーに限られる。このため「PC」などを検索しても、文書の内容を検索できないうえ、すごく時間がかかるのだ。「文書は外付けドライブに保存している」といった場合は、インデックス検索の対象に加えることで、高速な検索が可能になる（**図4**、**図5**）。

第2のポイントは検索対象

ファイル名だけでなく、文書内部の文字列（コンテンツ）まで検索するかどうかで、検索時間は大きく左右される。エクスプローラーの検索では、基本的にファイル名のみが検索され、インデックスが作成されたフォルダー内ではコンテンツも含めて検索される。インデックスが作成されているフォルダーの場合、コンテンツまで含めても検索時間に大差はない。しかし、コンテンツのみにキーワードが含まれるものが検索結果に交じってしまうと、ファイル名だけで探したいときは邪魔になることがある（**図6**）。また、フォルダー内をさらにフォルダーでグループ分けしている場合、サブフォルダーを含めるかどうかでも検索結果が変わるので注意したい。

よく使うの保存場所をインデックスに追加

図4 「設定」アプリを開き、「検索」を選択する（❶）。「Windowsの検索」を選択して「ここで検索場所をカスタマイズします」を選ぶ（❷❸）

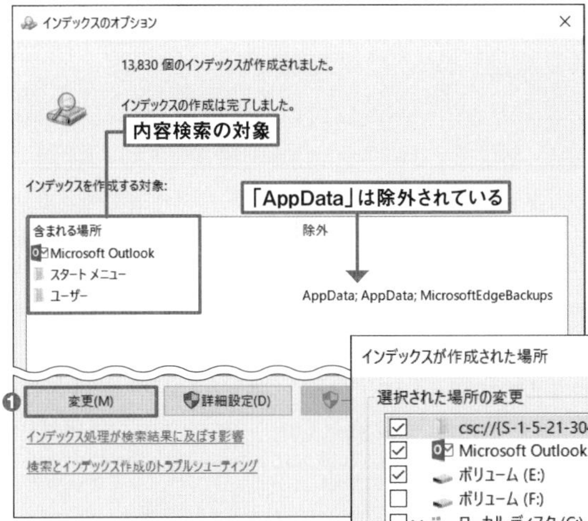

⇧⇨ 図5 内容検索の対象となるフォルダーなどが一覧表示される。「インデックス」とはファイルの内容を基に作られた検索用の索引データのこと。よく使うフォルダーや外付けドライブなどが含まれていない場合は、「変更」ボタンをクリックする（❶）。開く画面の上側で追加したいドライブやフォルダーにチェックを入れる（❷）。画面右下の「OK」ボタンを押す（❸）。しばらく待つと索引データが作成され、追加したドライブなどの内容検索が可能になる

探すのはファイル名? コンテンツ?

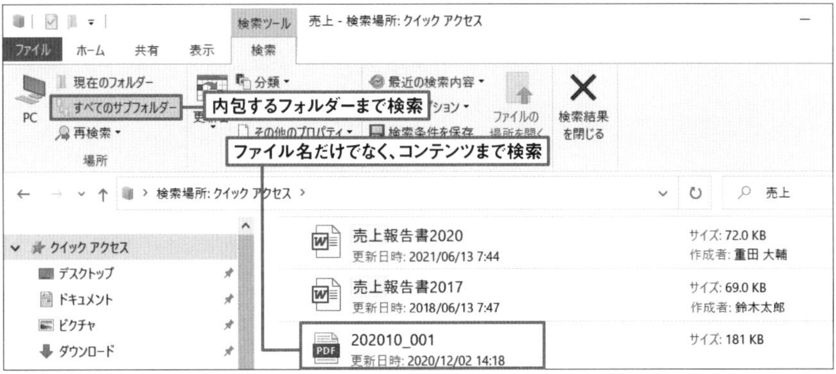

⇧ 図6 インデックスが作成された場所では、コンテンツまで検索対象になるため、意図しないファイルが交じることがある。サブフォルダーが含まれているかどうかも要チェックだ

インデックスが作成されているフォルダーでファイル名のみを検索したいときには、キーワードの前に「名前:」と付けて入力するのが簡単だ（**図7**）。

逆にインデックス作成対象ではないフォルダーでコンテンツも含めて探したいなら、「詳細オプション」で「ファイルコンテンツ」をオンにすればよい（**図8**）。また、「詳細オプション」で「zip形式（圧縮）フォルダー」をオンにすれば、ZIP形式の圧縮ファイルにあるコンテンツも検索に含めることができる。

ファイルが多すぎるならさらに絞り込む

せっかく検索しても、検索結果が多すぎれば目的のファイルを探し出せないこともある。そんなときはさまざまな条件を指定して検索結果を絞り込むとよい。利用するのは、検索後に表示される「検索ツール」だ。

更新日で絞り込むなら検索ツールの「検索」タブで「更新日」を選択（**図9**）。「今月」「先月」「今年」「昨年」などの候補から絞り込む期間を指定する。検索ボックスに表示される「今月」などの文字列を編集し、対象期間を指定することもできる（**図10**）。

ファイルの名前のみを簡単に検索

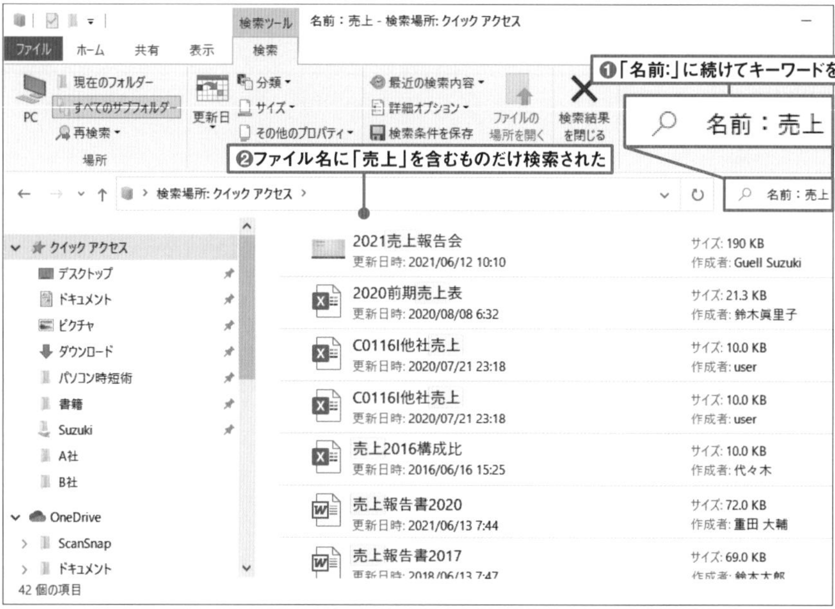

図7 ファイル名のみ検索対象にする最も簡単な方法は、キーワードの前に「名前:」を付けて入力することだ（❶❷）

インデックスのないフォルダーでコンテンツまで検索

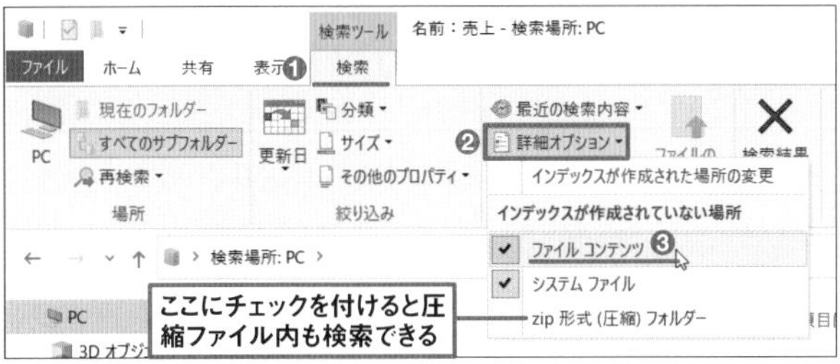

◐ 図8 検索直後は「検索」タブが自動選択される(❶)。「詳細オプション」で「ファイルコンテンツ」にチェックを付ける(❷❸)

「先週更新したファイル」に絞り込む

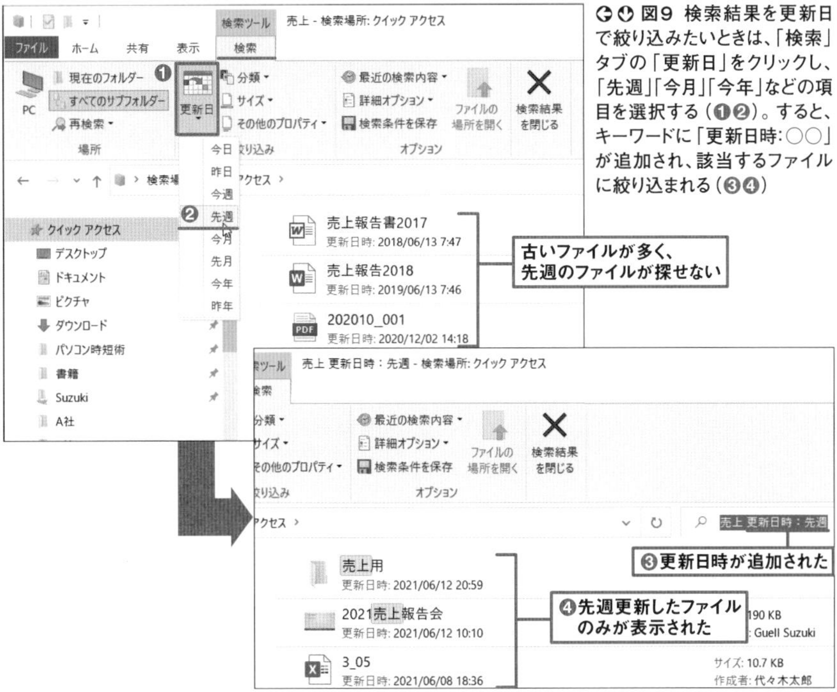

◐◑ 図9 検索結果を更新日で絞り込みたいときは、「検索」タブの「更新日」をクリックし、「先週」「今月」「今年」などの項目を選択する(❶❷)。すると、キーワードに「更新日時:○○」が追加され、該当するファイルに絞り込まれる(❸❹)

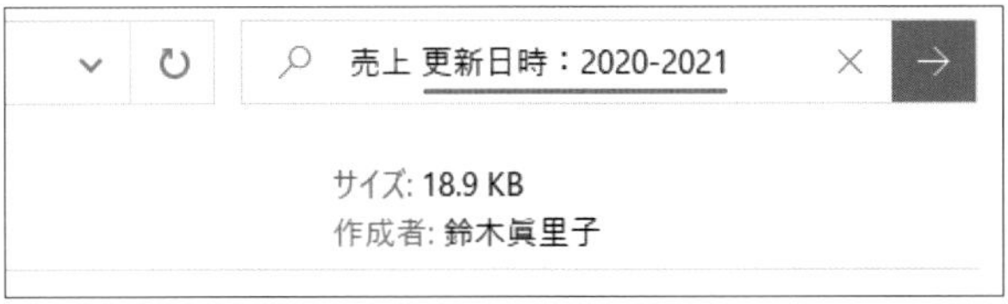

◐ 図10 更新日時の指定は手入力でもできる。図9の後で期間を書き換えてもよいし、キーワードを入力するときに自分で追加してもよい

検索ツールでは、ファイルの種類やサイズでも絞り込みが可能だ。検索結果が多すぎる場合、「ドキュメント」や「音楽」などの分類で絞り込むことができる。「分類」から「フォルダー」を選べば、フォルダーのみを表示できる（**図11**）。圧縮フォルダーも含まれるので、「ダウンロードしたZIPファイルが見つからない」といったときにも役立つ。

メールに添付するファイルを探すなら、「サイズ」で「小さい（16KB-1MB）」を選べば1MB以下のファイルだけを検索できる（**図12**）。逆に「解像度の高いファイルを探す」といった場合は、ファイルサイズの大きい画像に絞り込めばよい。

最初に検索したキーワード以外に思い当たるキーワードがあるなら、追加することで検索結果を絞り込める。最初のキーワードの後にスペースを入れて別のキーワードを追加すると、両方のキーワードを含むファイルだけが表示される（**図13**）。

ファイルの種類やサイズで絞り込み

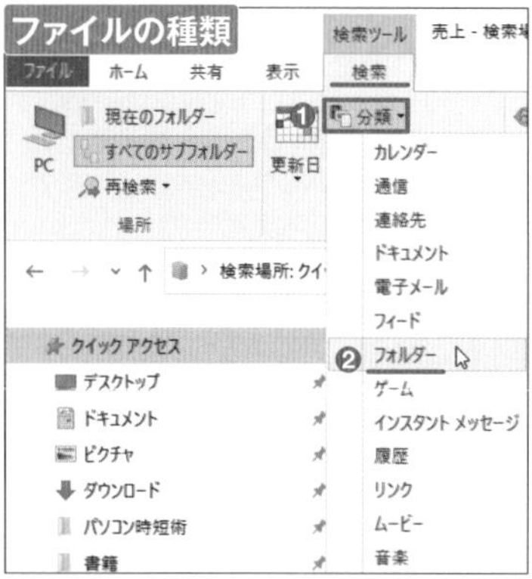

図11 検索結果は、ファイルの種類やサイズでも絞り込める。「分類」からメニューを開いて項目を選択すると、ワードやエクセルなどの文書ファイル（ドキュメント）、電子メール、フォルダーなどに絞り込める（❶）。「フォルダー」を選ぶと、フォルダーのみに絞り込むことができ、圧縮フォルダーも結果に含まれる（❷❸）

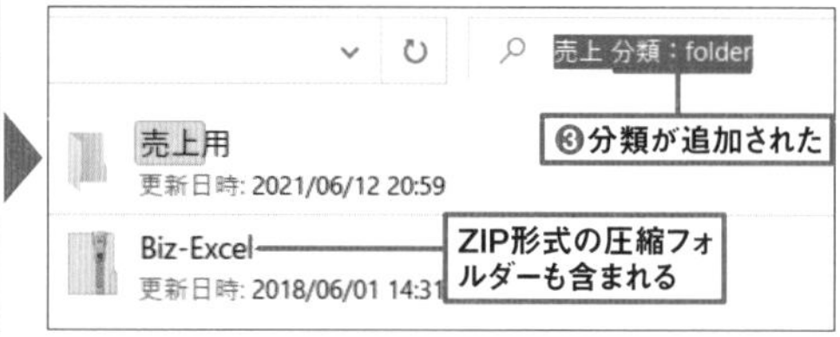

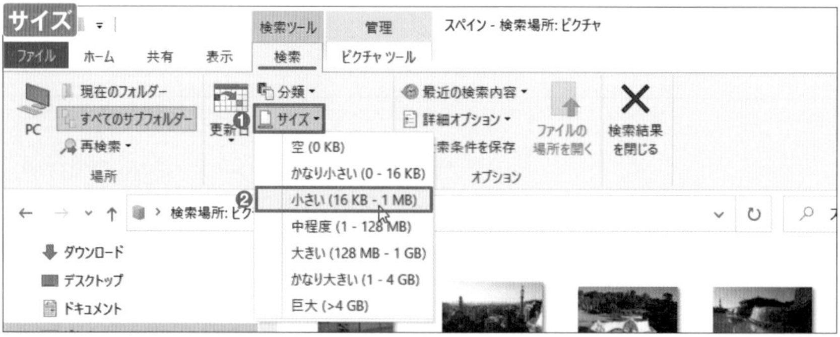

図12 サイズでの絞り込みは、メール添付の際や、高解像度の画像を探したいときなどに役に立つ。「サイズ」をクリックし、検索したいサイズを指定する（❶❷）

例えば「企画」と「資料」の間にスペースがあると、「企画用の資料」のように両方の文字列が含まれるものが検索される。「企画資料」のようにスペースで区切らずに入力した場合は、単語として完全一致する候補のみが検索できる（**図14**）。検索に使用するキーワードは、商品名や専門用語など、ほかのファイルであまり使われていない言葉を選ぶとより効果的だ。

複数キーワードで絞り込み

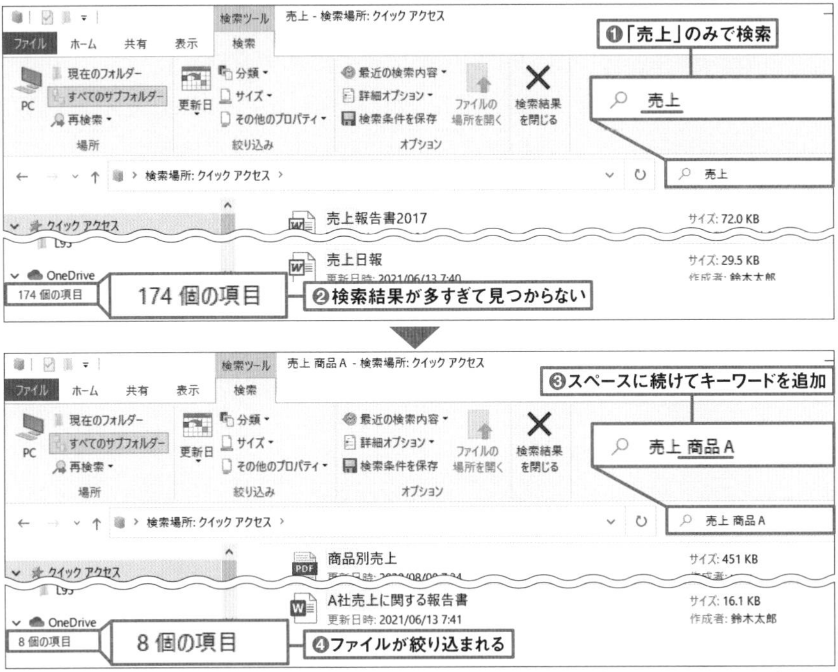

図13 検索結果のファイルが多すぎて探せないときは、最初のキーワードの後にスペースを入れてキーワードを追加しよう（❶～❸）。すると、両方のキーワードを含むファイルに絞り込まれる（❹）

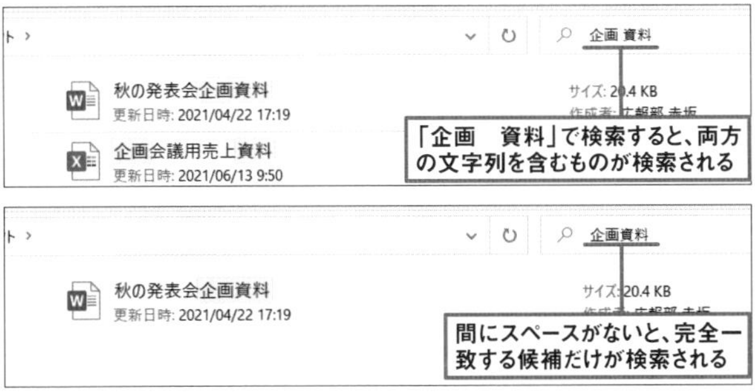

図14 複数キーワードでは、間にスペースを入れるかどうかで検索結果が異なる。スペースが入ると別々の単語として扱われ、両方を含むものが検索される（上）。一方、スペースがないと1つの単語として扱われ、それに完全一致する候補のみが検索される（下）

Section 04

うろ覚えでも探せるワイルドカード

3分時短

人の記憶は曖昧なこともある。「シミュレーション」でも「シュミレーション」でも人は理解してくれるが、パソコンの検索は文字通りのものを探すのが基本だ。ただし、うろ覚えの文字列でも、「ワイルドカード」を使えば検索は可能になる。

ワイルドカードとは、ほかの文字の代用になる特殊な文字のこと。任意の文字列の代用になる「*」(半角アスタリスク)が代表格だ。例えば、「桃栗は何年だっけ?」という場合、「桃栗*年」のようにわからない部分を「*」に置き換えると、「桃栗」で始まり

うろ覚えの部分は「*」で代用

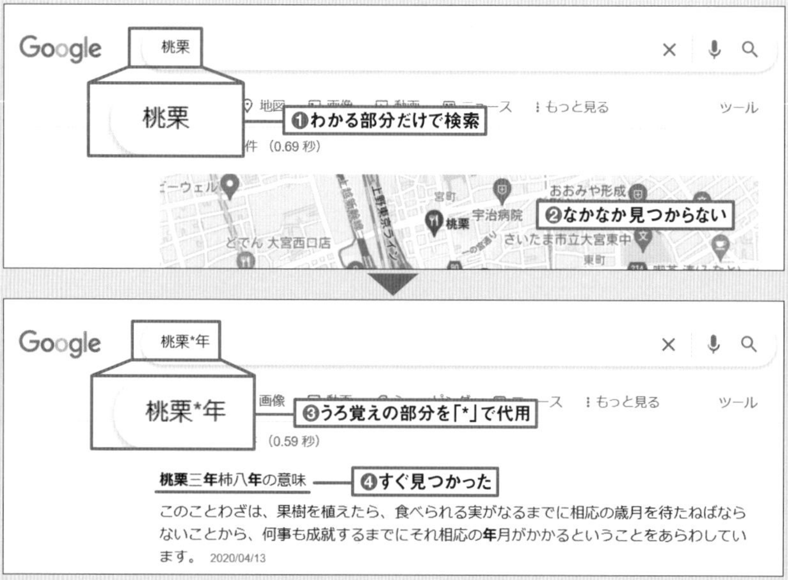

図1 はっきりわかる文字列だけで検索するとすぐには見つからないことがある(❶❷)。「桃栗*年」のようにわからない部分を半角アスタリスクで代用するとピンポイントで検索しやすい(❸❹)

「年」で終わる文字列が見つかる(**図1**)。「第*回」のように指定すれば、「第1回」「第10回」「第219回」も探せる。検索にワイルドカードが使えるアプリは多い。EdgeやChromeなどのブラウザー、ワードやエクセルのほか、アウトルックでメールを検索するときにも使えるなど利用範囲が広い。曖昧な言葉は「*」と覚えよう。

エクセルやワードでは、「?」(半角クエスチョン)もワイルドカードとして使用できる。「*」は文字数に制限がなく、「?」は任意の1文字を表すワイルドカードだ。「我が輩は*である」で検索すると、「我が輩は人間である」や「我が輩はアンドロイドである」も検索対象になる(**図2**)。「*」を「?」に変えると、「我が輩は猫である」など、1文字に限定して検索できる。「我が輩は??である」なら、「我が輩は人間である」のような2文字の候補を探せる。

エクセルやワードなら「?」で文字数も指定

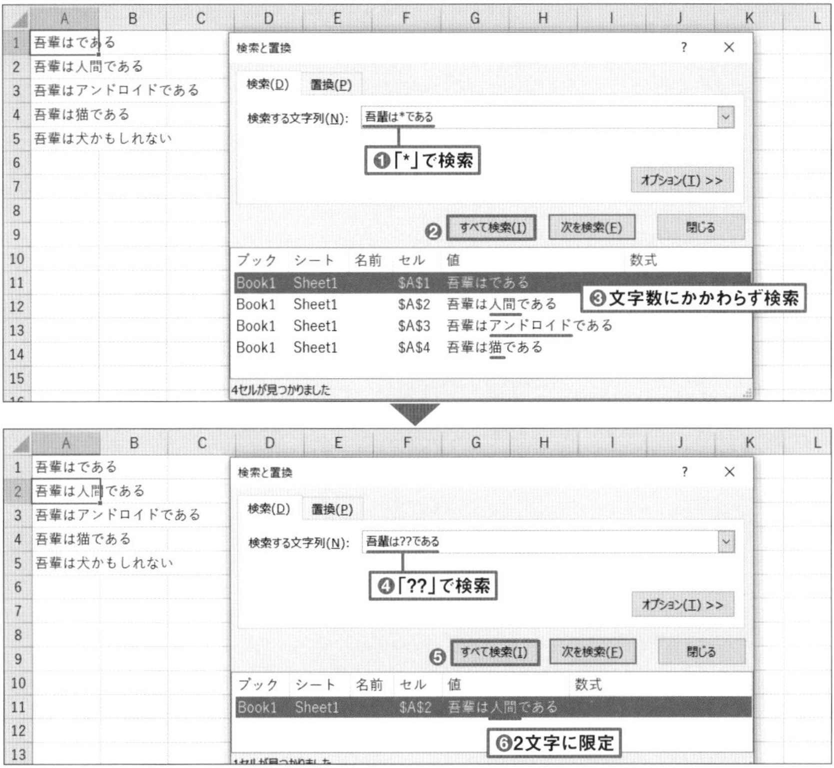

図2 エクセルやワードでは、ワイルドカードとして「?」も使える。「*」の場合は文字数に関係なく検索され、「?」の場合は1文字の代用になる(❶～❻)

Section 05

グーグル検索の実用ワザ

10分時短

調べたいことがあればウェブで調べるのが当たり前の時代。にもかかわらず、グーグルで求める情報にたどり着けず、ウェブサイトの情報の海で迷子になることも多い。必要な情報をウェブで素早く探すコツがわかれば大幅な時短ができる。

検索はアドレスバーが便利

調べ物をするときに、グーグルなどの検索サイトを開く必要はない。ブラウザーのアドレスバーに検索したいキーワードを直接入力しても検索できるからだ。その際、アドレスバーをクリックするのではなく、「Alt」+「D」キーのショートカットを使えばより時短になる(**図1**)。ChromeでもEdgeでも使えるショートカットキーだ。

グーグルが提供しているChromeではアドレスバーの検索エンジンもグーグルだが、EdgeではBingが初期設定になっている。Edgeでもグーグルを利用したいなら、設定を変更しておこう(**図2、図3**)。

「Alt」+「D」で検索開始

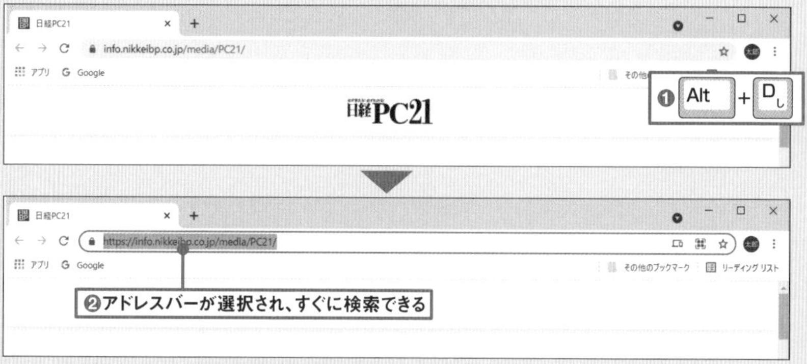

図1 多くのブラウザーでは、上部にあるアドレスバーで検索が可能だ。EdgeやChromeでは、「Alt」+「D」キーでアドレスバーに移動し、すぐに検索ができる(❶❷)

Edgeのアドレスバーでもググれる設定に

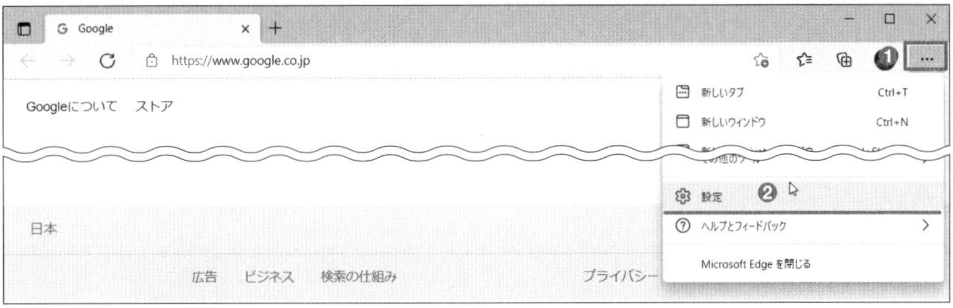

↑図2 Edgeで設定画面を開く。画面右上の「…」をクリックし、「設定」を選択する（❶❷）

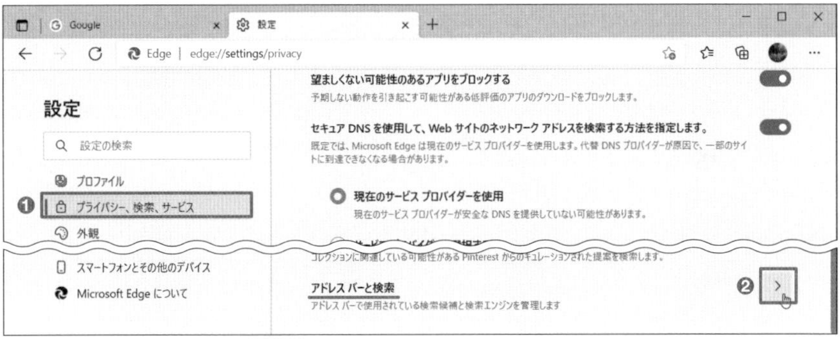

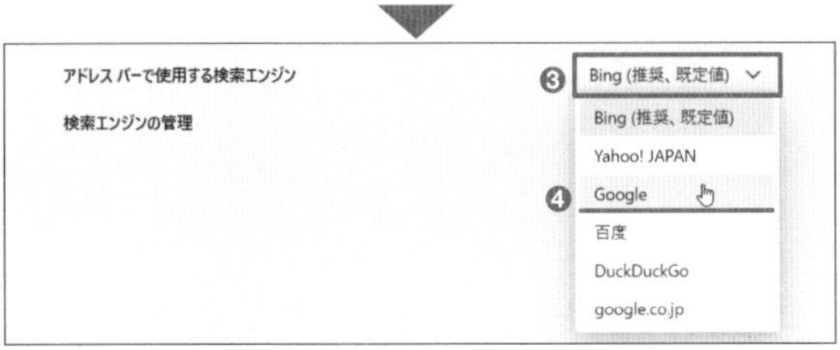

↑←図3 設定画面が開いたら、「プライバシー、検索、サービス」を選択する（❶）。「アドレスバーと検索」の「>」をクリックし、検索エンジンに「Google」を選択する（❷～❹）

ピンポイントに検索するならキーワードを増やす

検索サイトで取り扱う情報量は膨大であり、単純なキーワード検索では検索結果が何百万件も表示されることが珍しくない。目指す情報を得るために必要なのは、検索結果を絞り込む技術だ。

最初に試したいのは、キーワードの追加だ。複数のキーワードをスペースで区切って入力すれば、すべてのキーワードを含むウェブページに絞り込める。「ワードで同じ文書を宛名を変えて印刷したい」という場合、「ワード」「同じ文書」「宛名」の3つのキーワードで探せば、「差し込み印刷」という言葉がわからなくても、かなりの確率で検索できる(**図4**)。

ここで難しいのが、キーワードのチョイスだ。的外れなキーワードを追加しても、目指す結果にたどり着けない。どんなキーワードで探せばよいか悩むくらいなら、「ワードで同じ文書を宛名を変えて印刷したい」と、そのまま入力して検索するのも手だ(**図5**)。グーグルなら、文でも意味を考慮した検索結果を表示してくれる。

複数キーワードで絞り込む

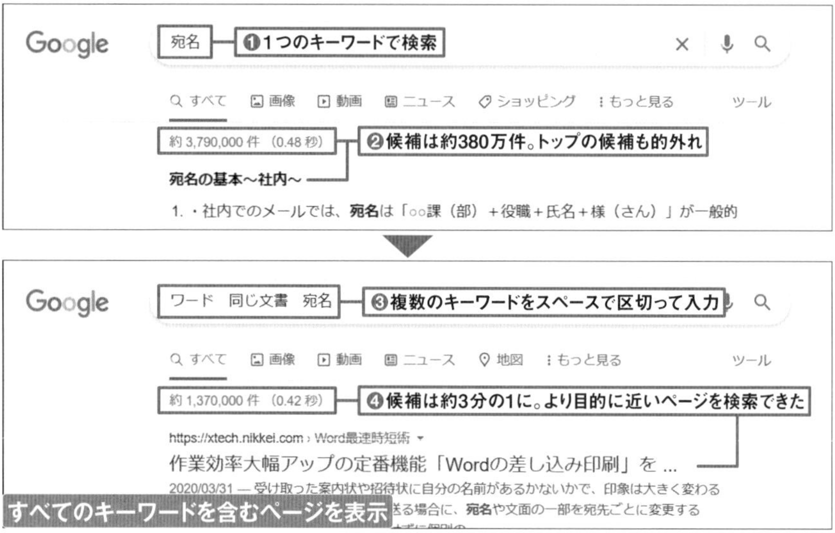

図4 1つのキーワードだけでは、目指す検索結果が表示されない可能性は高い(❶❷)。思い付く複数のキーワードをスペースで区切って入力することでより目的に近いページに絞り込んで検索できる(❸❹)

キーワードの選択に困ったら文をそのまま入力

図5 キーワードを何にすれば効率良く検索できるか悩むくらいなら、頭の中にある文や疑問をそのまま入力して検索してみよう。グーグルがこちらの意図をかなり正確に解釈して、適切な内容のページを見つけ出してくれる

検索の精度を高める特殊コマンド

グーグルの検索キーワードでは、特殊な文字列(検索コマンド)を利用して検索結果をコントロールすることができる。156ページで紹介したワイルドカードもその1つで、「*」(半角アスタリスク)は任意の文字列として使える。それ以外にもある時短に役立ちそうなコマンドを紹介していこう(**図6**)。

キーワードによっては、目的とは異なるページばかりが検索されることがある。例えば、「トランプについて調べたいのに、検索結果は元大統領のページばかり」という場合、「-大統領」や「-ドナルド」のように「-」(半角マイナス記号、ハイフン)を付けることで特定のキーワードを含むページを除外すると効果的だ(**図7**)。

時短に効果的な検索コマンド

-(キーワード)	指定したキーワードを除外して検索する
(キーワードA)|(キーワードB)	AまたはBで検索する
site:(URL)	指定したサイトの中から検索する
related:(URL)	指定したサイトと似たページを探す
intitle:(文字列)	ページタイトルで検索する
filetype:(拡張子)	ネットから特定のファイルを探す
cache:(URL)	キャッシュされたページを表示する
allinurl:(URL)	URLに含まれる文字列を検索する
@(SNSのサービス名)	指定したSNS内で検索する

図6 グーグルにはたくさんの検索コマンドが用意されているが、なかでも時短に役立つコマンドを集めた

「-」で特定のキーワードを除外

図7 検索結果に含めたくないキーワードの先頭に「-」を付けて、キーワードに追加することで、目的のページだけを検索できる

逆に検索範囲を広げることもできる。例えば、「エクセルかワードで見積書を作りたい」という場合は、「見積書　エクセル｜ワード」と入力（**図8**）。「｜」か「OR」で区切ると、どちらかのキーワードが含まれるページを検索できる。

「site:」は、サイトのURLを指定して、そのサイト内にある情報だけを対象に検索するコマンド。特定のメーカーのサイト内で情報を探したいといった場合に使うと便利だ（**図9**）。

「｜」で区切って「または」を指定

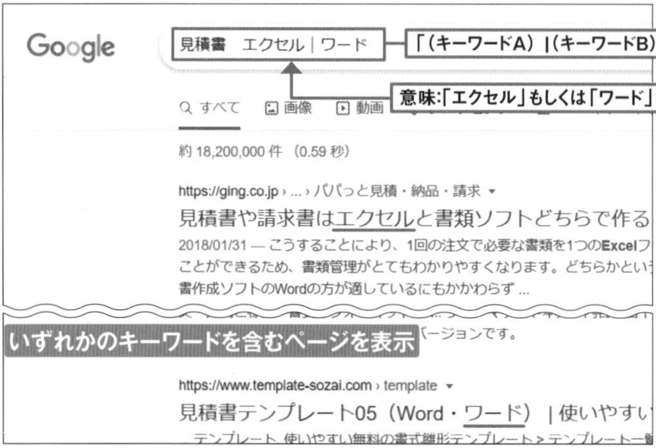

図8 複数のキーワードのいずれかを含んだページを表示するには、キーワードとキーワードの間に「|」または「(スペース)OR(スペース)」(「OR」は半角大文字)を挿入して検索する

「site:」でURLを絞って検索

図9 キーワードに「site:(URL)」を追加して検索すると、URLで示したサイト内にあるページ限定で検索される

あるサイトを見ているときに、同じような情報を探したいと思ったら、「related:」コマンドで類似ページを検索してみよう（**図10**）。

「intitle:」は、ページタイトルだけを対象に検索するコマンド（**図11**）。タイトルとして取り上げているページなので、情報を探すにはもってこいだ。

資料を探すときに便利なのがファイルの種類を限定する「filetype:」コマンド（**図12**）。公式な文書はPDFとして掲載されていることが多いので、PDFのみを探すといったときに使える。

「related:」で類似するページを探す

図10 特定のサイトと同じような情報を掲載したページを探すには、「related:（URL）」で検索する

「intitle:」でページのタイトルだけを検索

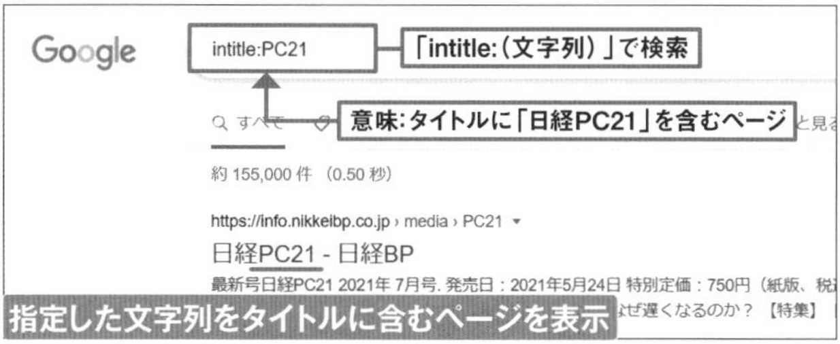

図11 「intitle:（文字列）」で検索すると、ページタイトルにその文字列を含むページのみを表示できる

「filetype:」でファイルの種類を指定

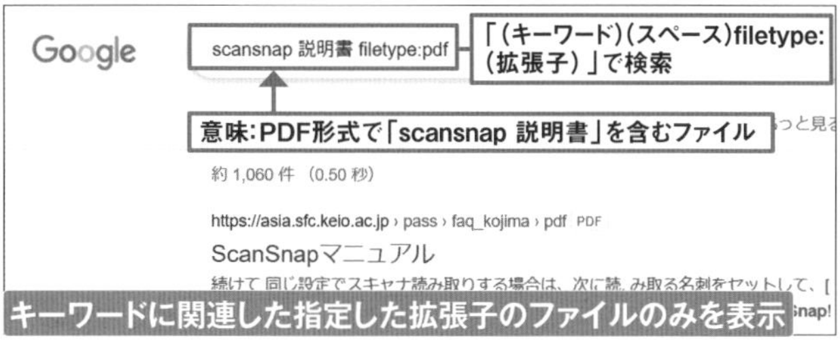

図12 「filetype:（拡張子）」を追加して検索すると、そのファイルに限定して検索できる。PDFファイルなら「filetype:pdf」、ZIP形式の圧縮ファイルを探すなら「filetype:zip」と入力する

後で読もうと思っていたページが消えてしまったときには、キャッシュデータから再現する「cache:」コマンドで再現できる可能性がある（**図13**）。

URLの最後が「.com」か「.co.jp」がわからないといった場合は、URL内の文字列を検索する「allinurl:」コマンドを使って検索できる（**図14**）。

なくなったページを「cache:」で再現

Google
cache:xtech.nikkei.com
「cache:（URL）」で検索
意味：xtech.nikkei.comの
グーグルに保存された過去のページ
すべて
ツール
約 157,000 件 （0.48 秒）
https://www.tablecheck.com › company › press › media...
日経電子版やTechCrunch他各紙で未来構想が掲載されました
これは Google に保存されている https://xtech.nikkei.com/ のキャッシュです。 このページは 2021年6月14日 03:36:00 GMT に取得されたものです。 そのため、このページの最新版でない場合があります。 詳細
フルバージョン
テキストのみのバージョン
ソースを表示
ヒント: このページで検索キーワードをすばやく見つけるには、Ctrl+F または ⌘-F（Mac）を押して検索バーを使用します。
メニュー
日経 XTECH
お申し込み
IT
自動車
日経BPはエンジニアや企画・営業も募集中
ピックアップ
指定したサイトの過去のページを表示

図13 見たいページが削除されたときなどは、「cache:（URL）」で検索。グーグルがサーバーに保存している、そのサイトの過去のページがあれば表示できる

「allinurl:」でURLに含まれる文字列を検索

Google
allinurl:nikkeibp
「allinurl:（キーワード）」で検索
意味：「nikkeibp」をURLに
含むページ
すべて
もっと見る
ツール
約 754,000 件 （0.51 秒）
https://www.nikkeibp.co.jp
日経BP
日経BPは日本経済新聞グループの一員として、経営・技術・生活という3分野で主にビジネスパーソンに向けて事業を展開しています。その内容は、雑誌・書籍の出版事業、デジタル事業、展示会・セミナーなどのイベント事業、調査・...

図14 URLがはっきりわからなくても、「allinurl:（キーワード）」で検索すれば、指定したキーワードをURLに含むページを表示できる

「@」はSNSに限定して検索するコマンド。TwitterやFacebookなど、特定のSNSで検索したいときに使う（**図15**）。

「検索コマンドは便利だけど覚えるのが面倒」「指定したいオプションが多すぎる」といったときには、まとめて条件を指定できる「検索オプション」を開こう（**図16**）。

「@」でSNSに絞って検索

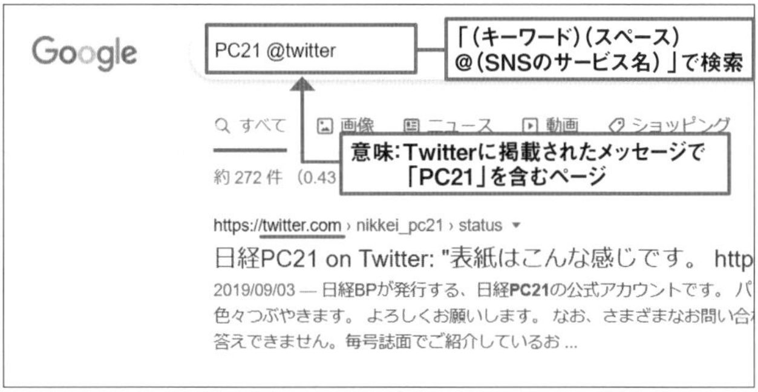

図15 SNSを指定して検索する場合は、「@」に続けてSNS名を指定する

コマンドを忘れても「検索オプション」で安心

図16 検索コマンドがあったはずだけど思い出せないという場合は、歯車のアイコン（または「設定」メニュー）から「検索オプション」を選択（❶❷）。グーグルの「検索オプション」ページが表示され、条件をまとめて指定できる（❸）

3つの検索ツールで絞り込み

グーグルでは、検索精度を上げるための3つのツールが用意されている。

英語などでキーワードを入力すると、外国語のページばかりが表示されることがある。そんなときは、「ツール」から「日本語のページを検索」を選べば、日本語のページのみを検索できる（**図17**）。検索結果が「古いな」と感じたら、ツールで期間を指定する（**図18**）。「1時間以内」や「24時間以内」を選べば、最近更新された情報だけをチェックできる。

「ブラウザ」と「ブラウザー」、「ウェブ」と「ウエブ」、「computer」と「COMPUTER」のように、同じ言葉でも表記が異なるのはよくあること。そこでグーグルでは、「ブラウザー」と入力しても「ブラウザ」も含めて検索結果が表示される。キーワードと完全に一致する文字列を含むページだけを探したいときはツールで「完全一致」を指定すれば問題は解決だ（**図19**）。

日本語のページを探す

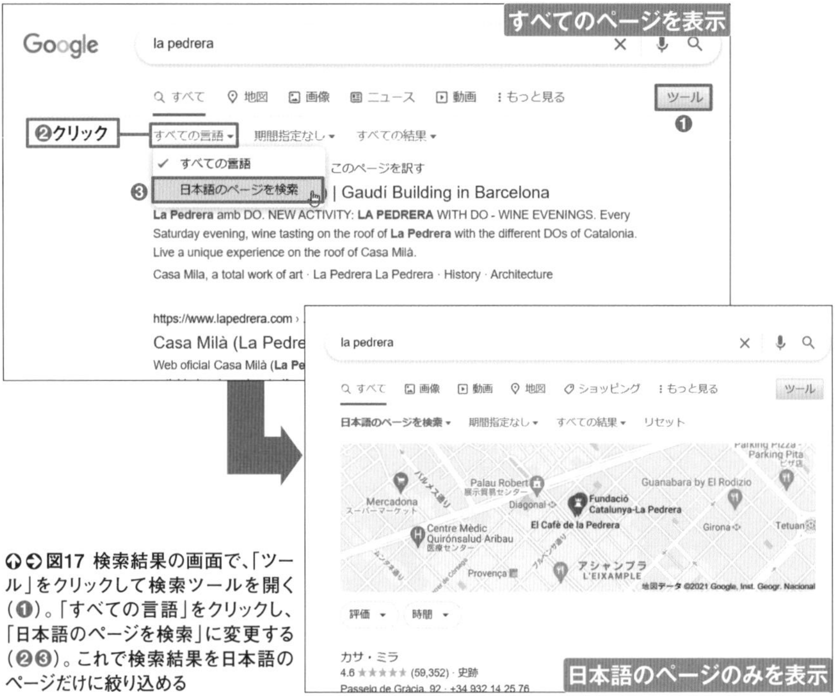

⬆⬅ **図17** 検索結果の画面で、「ツール」をクリックして検索ツールを開く（❶）。「すべての言語」をクリックし、「日本語のページを検索」に変更する（❷❸）。これで検索結果を日本語のページだけに絞り込める

最近更新したページに絞って検索

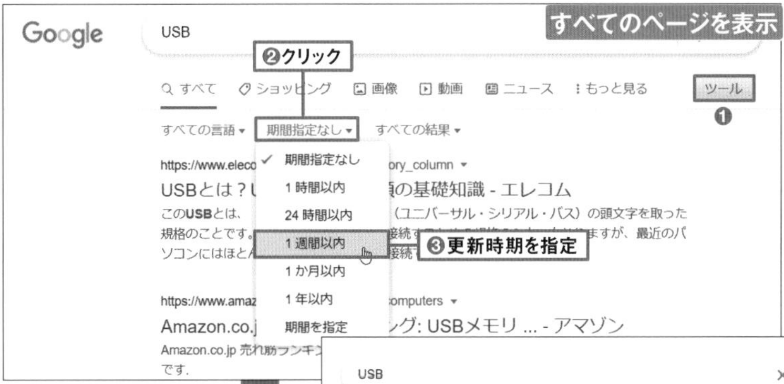

⬆⮕ **図18** 検索結果の画面で、「ツール」をクリックして検索ツールを表示する（❶）。「期間指定なし」をクリックすると、ページが更新された時期を指定できる。ここでは「1週間以内」を選んだ（❷❸）

キーワードと完全に一致する結果に絞り込む

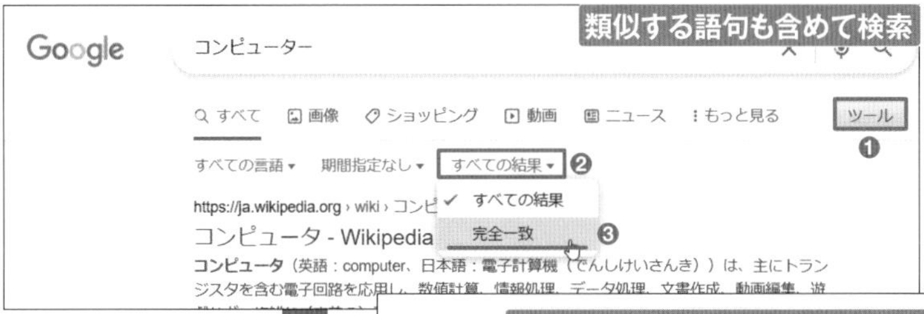

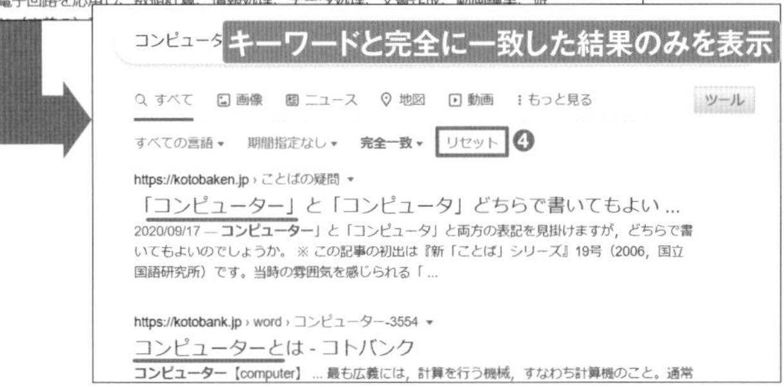

⬆⮕ **図19** 検索結果の画面で、「ツール」をクリックして検索ツールを表示する（❶）。標準設定では、類似した語句を含んだページも検索結果に表示される。これを防ぐには「すべての結果」を「完全一致」に変更する（❷❸）。なお、設定を解除するには、「リセット」をクリックする（❹）

画像ファイルで類似画像や関連情報を検索

グーグルは文字だけでなく画像からも検索できる。手元にある写真の被写体が何かわからないときに便利だ。画像で検索するには、グーグルのトップページで画像検索モードに切り替える（**図20**）。画像検索は、画像のURLを指定して検索する、手持ち画像を基に検索する、という2種類の方法がある。URLで検索するなら、図20下の画面で入力すればよい。手持ちのファイルを使うなら、ブラウザーの中央部に当該ファイルをドラッグすればOK（**図21**）。検索結果では、被写体の詳細や類似している画像、その画像が掲載されているページなどが表示される。

画像検索を始める

図20 グーグルのトップページで「画像」を選ぶと、画像検索モードに切り替わる（❶）。ここで検索窓のカメラアイコンをクリックすると、画像の受け付け画面になる（❷）

写真をアップロードして検索

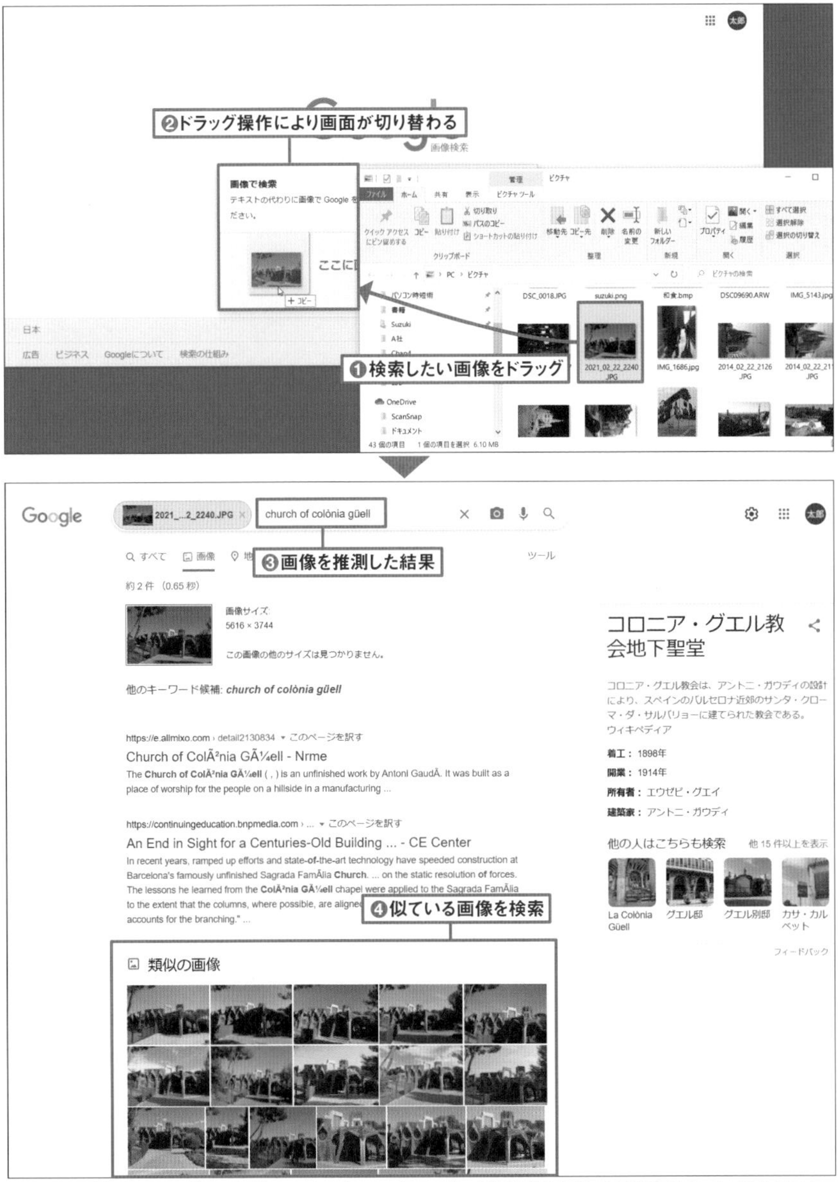

⇧ 図21　手軽なのは、手元の画像ファイルをアップロードして検索する方法。画像検索のページ内にエクスプローラーやデスクトップ画面から画像ファイルをドラッグすると、その画像の検索結果や類似した画像が表示される（❶〜❹）

Section 06

ウェブブラウザー快適操作術

5分時短

ウェブでの検索で時短を考えるなら、検索方法だけでなく、ブラウザーの使い方もポイントになる。

例えば、よく使うページはブックマーク（Edgeでは「お気に入り」）に登録するのが常識だ。しかし、ブックマークに登録したページは、ブラウザーを起動し、ブックマークを開いて、そこから選択するので最速とはいえない。登録しすぎれば管理にも手間がかかる。業界のニュースなど、「朝一番にチェックする」ページであれば、タスクバー

ブックマークは便利だが最速ではない

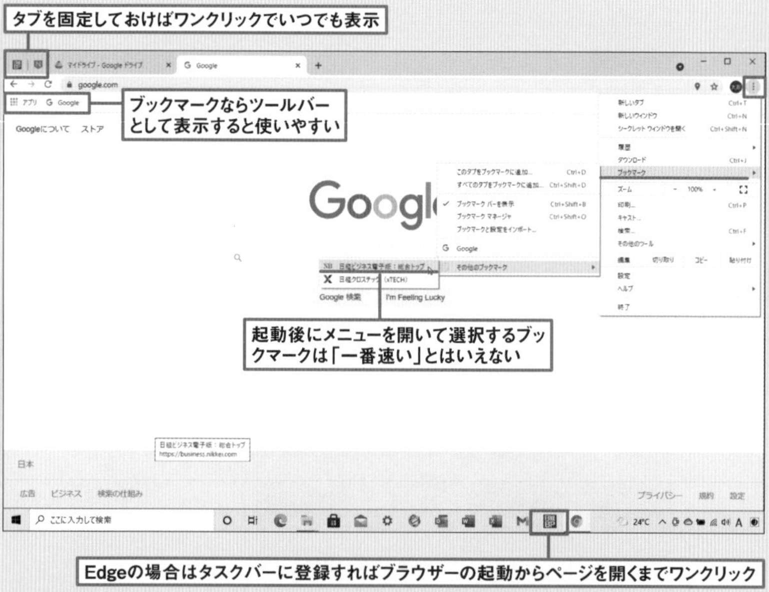

タブを固定しておけばワンクリックでいつでも表示
ブックマークならツールバーとして表示すると使いやすい
起動後にメニューを開いて選択するブックマークは「一番速い」とはいえない
Edgeの場合はタスクバーに登録すればブラウザーの起動からページを開くまでワンクリック

↑ 図1　よく使うページは「ブックマーク」や「お気に入り」に登録するのが基本だが、ブラウザーによってはもっと簡単に開ける機能がある。ページの使い方に応じて登録方法を使い分けよう

にピン留めすれば、ブラウザーの起動から自動化できる(18ページ)。ブラウザーにはページを登録する方法が複数あるので、ページの使い方を考えて使い分けるのが正解だ(**図1**)。

「一時期頻繁に使うページ」はタブに固定

頻繁に見るページは、時期によって変わるものだ。「しばらくはこのページから目が離せないな」というページであれば、タブを固定すればブラウザーの起動中にいつでもワンクリックで開くことができる(**図2**)。固定したタブは、ほかのタブと違ってブラウザーを終了しても残る。ひと仕事終わって使わなくなったら、固定を外せば通常のタブに戻る(**図3**)。Edgeでは「タブのピン留め」と呼ぶ機能だ。

よく使うタブを固定

図2 ブラウザーの起動中、頻繁に開くページはタブを固定するとよい。タブを右クリックして「固定」を選ぶ(❶❷)。タブが小さくなって左端に固定され、ブラウザーを起動すると常に同じページが開く(❸)

不要になったらタブの固定を解除

図3 固定したタブを右クリックして、「固定を解除」を選択する(❶❷)。通常のタブに戻るので、不要なら閉じればよい(❸)

使用頻度MAXの定番ページはブックマークバーに登録

グーグル検索のように「一日に何度も使う」「これからも使い続ける」ページであれば、登録すべきはブックマークバーだ。通常のブックマークと違って、ウインドウ上部に常に表示されるブックマークバーに登録すれば、ブラウザーの使用中いつでもクリックするだけで表示できる。Chromeでは、ブックマークバーが表示されていない場合は使い始めるときに表示させる（**図4**）。登録したいページのURL左に表示されるアイコンをブックマークバーにドラッグするのが最も簡単な登録方法だ（**図5**）。

Edgeの場合、初期設定では新しいタブを開いたときにしか「お気に入りバー」は表示されないので、いつも表示するよう設定を変更しておくとよい（**図6**）。

一時保管庫を有効利用

「資料に使えそうだから後でゆっくり見る」というページは、ブックマークに保存するとブックマークがどんどん増えてしまう。Chromeなら、「リーディングリスト」に保存すれば、未読かどうかも一目瞭然（**図7**）。読み終えたら削除するのも簡単だ。

なお、以前はEdgeにもリーディングリストの機能があったのだが、現在は廃止されている。

定番ページはブックマークバーに登録（Chrome）

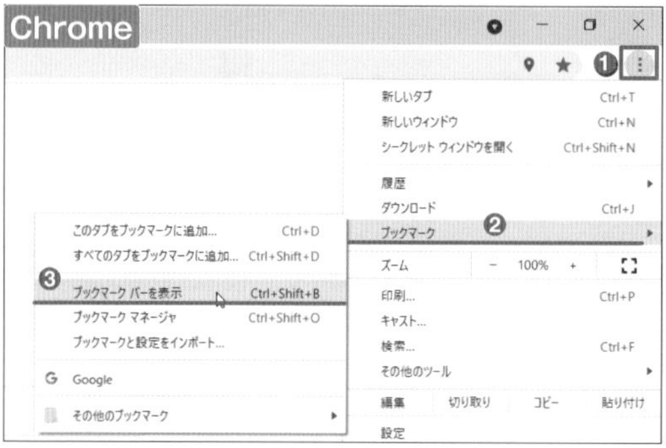

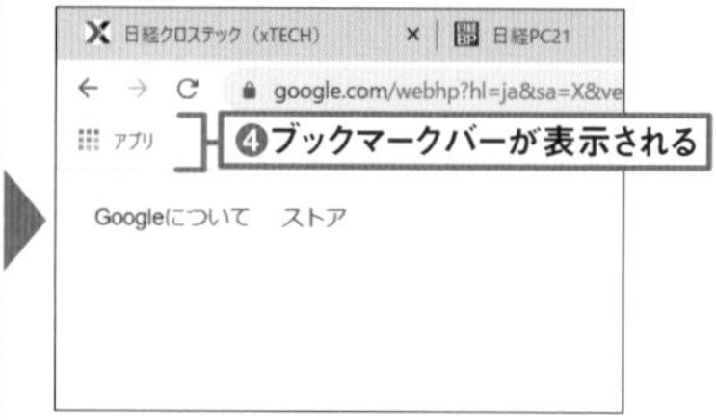

←↑ **図4** Chromeでは、ブックマークバーが表示されていない場合、メニューから「ブックマークバーを表示」を選択する（❶～❸）。画面上部にブックマークバーが表示されたことを確認する（❹）

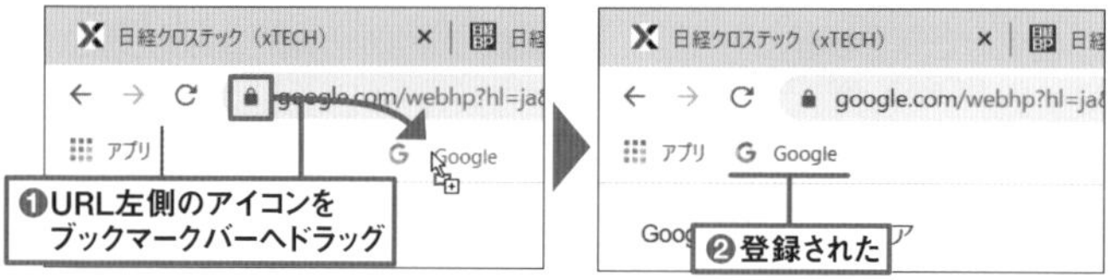

← **図5** ページを登録するには、URL左側のアイコンをブックマークバーにドラッグするのが手っ取り早い（❶❷）

Edgeで「お気に入りバー」を常に表示

←↓ 図6 Edgeで「お気に入りバー」を常に表示するには、「設定」画面を表示させる（❶❷）。「外観」を選択し、「お気に入りバーの表示」を「常に表示」に変更する（❸〜❺）

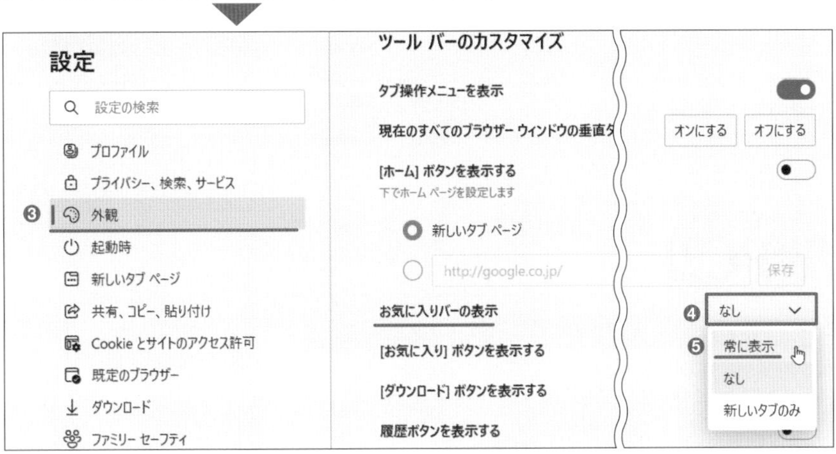

「後で読む」ページはリーディングリストに追加（Chrome）

↑→ 図7 登録したいページを開いたら、アドレスバー右端にある「☆」をクリックし、「リーディングリストに追加」を選択する（❶❷）。登録したページを読むときには、ブックマークバー右端にある「リーディングリスト」をクリックし、読みたいページを選ぶ（❸❹）

Edgeにも一時保管庫がある。Edgeの「コレクション」は、ページ全体はもちろん、「これ使えそう」と思った画像や文章だけを保存することもできる（**図8**）。保存後は一覧で表示されるので、見たいコンテンツを選べばよい（**図9**）。「次のプレゼンに備えて資料収集」といった場合に使えそうな機能だ。

「使えそう」なコンテンツはコレクションにキープ（Edge）

❶❷図8 アドレスバー右側にある「コレクション」をクリックすると、画面右側に「コレクション」が表示される（❶❷）。初回はコレクションの説明が表示されるので、コレクションの追加画面まで進み、保存したいものをドラッグする（❸）。ページ全体を保存するには「現在のページを追加」を選ぶ

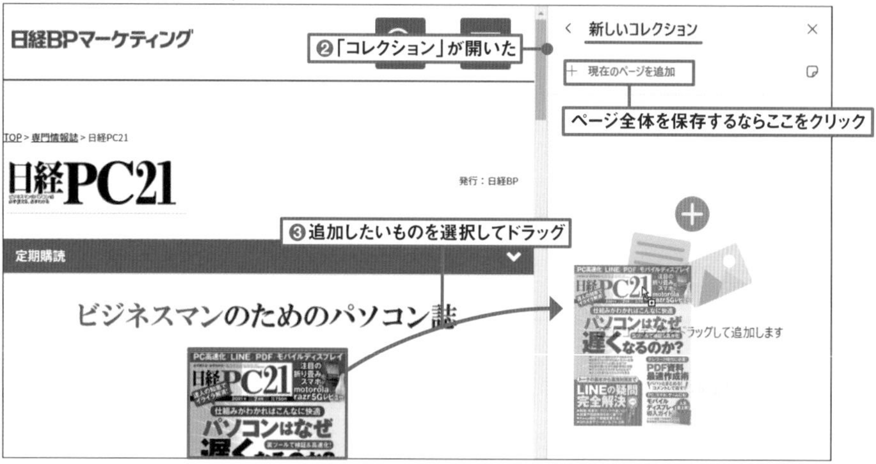

❶図9 使用したいコレクションを右クリックしてコピーしたり、「新しいタブで開く」などを選んで再表示したりできる

パソコンのブックマークをスマホと同期

パソコンでブックマークなどを整えて、必要な情報にすぐアクセスできる環境ができても、外出先ではスマホでイチから検索し直しというのでは時間の無駄だ。パソコンとスマホを同期させて、どちらでもすぐにページを開けるようにしよう。

複数の機器で環境を揃えるなら、同じブラウザーを使い、同じアカウントでログインするのが一番の近道（**図10**）。これでブックマークを共有できるだけでなく、「出がけにパソコンで見ていたページ」をスマホからも簡単に開けるようになる（**図11**）。

パソコンとスマホのブラウザーを同期

↻ **図10**　パソコンとスマホで同じウェブブラウザー（画面はChrome）を使い、同じアカウントでログインする。同期を有効にすれば、履歴やブックマークなどを共有できる

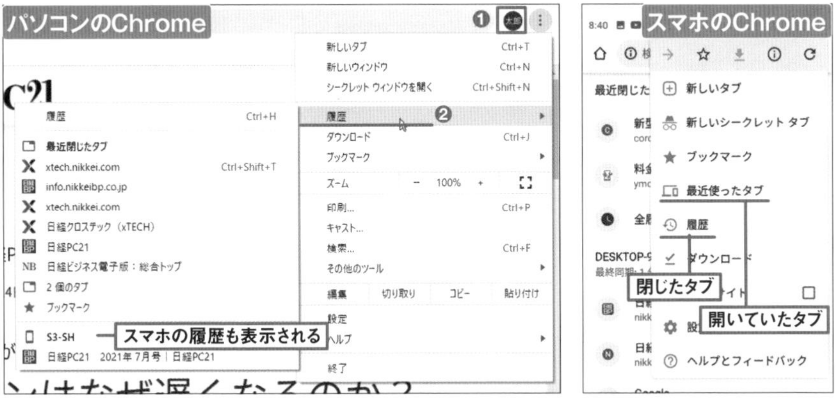

↻ **図11**　同期すると、パソコンのブラウザーの履歴にスマホの履歴も表示される（❶❷）。パソコンで直前まで見ていたページを開くなら、スマホのメニューから「最近使ったタブ」を選べばよい（右）

見たい情報に瞬間移動

ウェブページは縦長のページが多い。延々とスクロールするのは手が疲れる。ページ内を瞬間移動するためのショートカットキーは、ぜひ覚えておきたい。ここでは、ChromeでもEdgeでも使えるショートカットキーを紹介する。

ウェブページで次の画面を表示するなら「スペース」キーを押すと、1画面分、下方向にスクロールできる（**図12**）。逆に1画面分、上方向に戻すなら「Shift」+「スペース」キーを押す。

長いページでは、最後まで見て最初に戻るのも手間だ。先頭に戻るなら「Home」キー、末尾に移動するなら「End」キーを使おう（**図13**）。

検索サイトの検索結果で見たいページが複数ある場合、そのままクリックすると検索結果が消えてリンク先のページに入れ替わってしまう。検索結果を残したまま、新しいタブでリンク先を開くなら、「Ctrl」キーと「Shift」キーを押しながらクリックする（**図14**）。ちょっと覚えづらいが、便利なショートカットキーだ。

1画面分、「スペース」で下へ、「Shift」+「スペース」で上へ

図12 「スペース」キーを押すと、下方向に1画面分スクロールする。「スペース」キーを押し続けると、連続してスクロールできる。「PageDown」キーでも同じ結果になる。上方向へ1画面分スクロールするには、「Shift」キーを押しながら「スペース」キーを押す。「PageUp」キーを押してもよい

「Home」でページの先頭、「End」で末尾へ移動

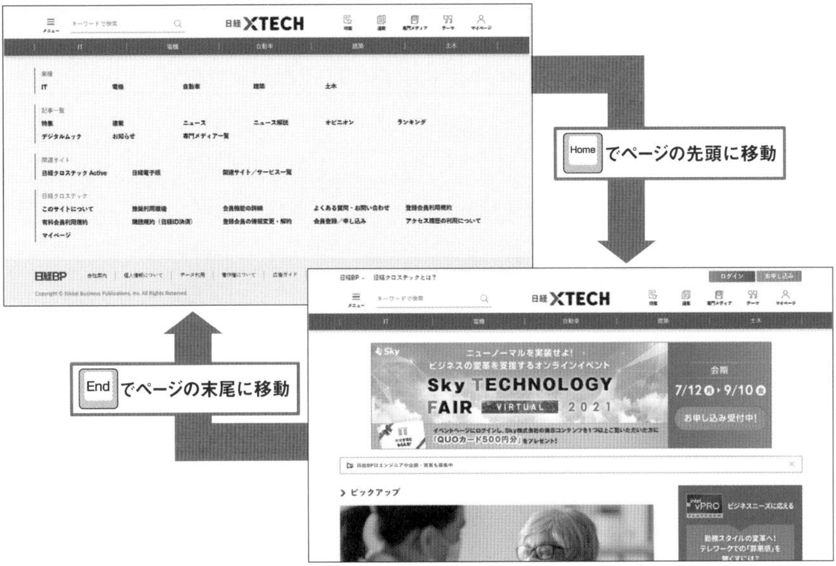

↑図13 ウェブページを末尾まで見終えた後に先頭に戻りたいときは、「Home」キーを押す。逆に、末尾へ移動したいときには「End」キーを押す

リンク先を新しいタブで即表示

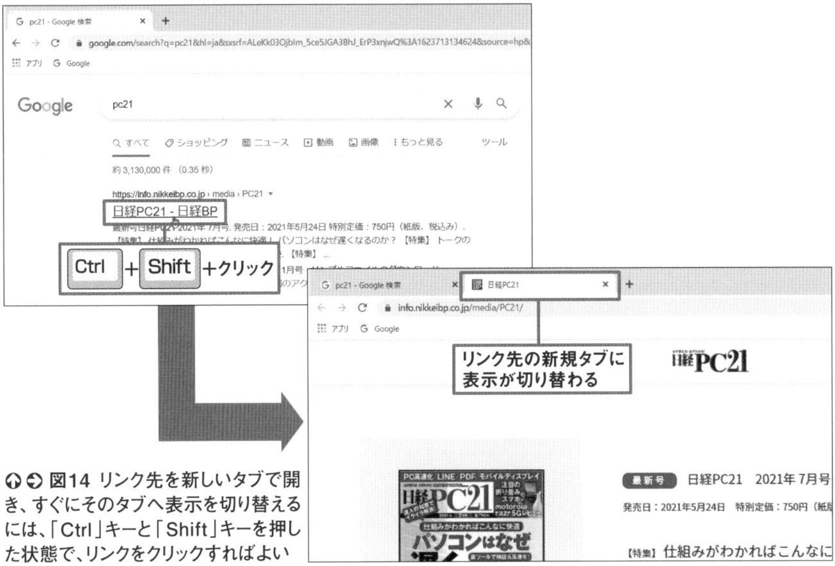

↑→図14 リンク先を新しいタブで開き、すぐにそのタブへ表示を切り替えるには、「Ctrl」キーと「Shift」キーを押した状態で、リンクをクリックすればよい

Section 07

ワードで使える検索／置換テクニック

10分 時短

文書作成でも、「探す」技術は時短に役立つ。文書作成後に「商品名が変更になった」「文字色は緑じゃなくて青に」などと、変更されるのはよくある話。該当する文字列を目視で探して手作業で修正すると、手間がかかるだけでなく見逃す危険もある。検索して別の文字列や書式に変更できれば効率が良い。ワードでは検索の条件を細かく指定し、正しい文字列に置換できる。書式のみの置換や、全角文字と半角文字の統一など、機能は豊富だ（**図1**）。

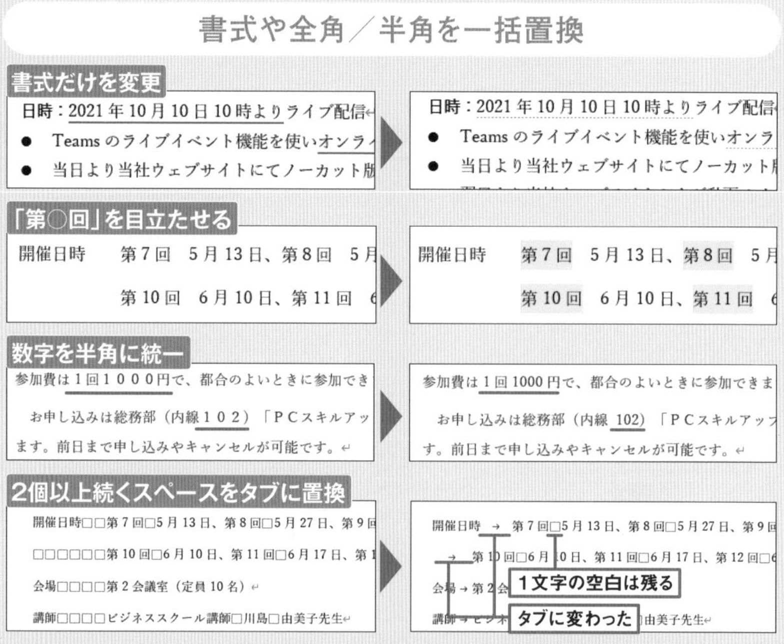
書式や全角／半角を一括置換
書式だけを変更
日時：2021年10月10日10時よりライブ配信
Teamsのライブイベント機能を使いオンラ
当日より当社ウェブサイトにてノーカット
「第○回」を目立たせる
開催日時　第7回　5月13日、第8回　5月
第10回　6月10日、第11回
数字を半角に統一
参加費は１回１０００円で、都合のよいときに参加でき
お申し込みは総務部（内線１０２）「ＰＣスキルアッ
ます。前日まで申し込みやキャンセルが可能です。
参加費は1回1000円で、都合のよいときに参加できま
お申し込みは総務部（内線102）「ＰＣスキルアッ
す。前日まで申し込みやキャンセルが可能です。
2個以上続くスペースをタブに置換
開催日時□□第7回□5月13日、第8回□5月27日、第9回
□□□□□□第10回□6月10日、第11回□6月17日、第1
会場□□□□第2会議室（定員10名）
講師□□□□ビジネススクール講師□川島□由美子先生
1文字の空白は残る
タブに変わった

図1 置換を利用すると、文字列を置き換えるだけでなく、さまざまな変換ができる。設定した書式を別の書式に変更する、数字だけをピックアップして半角にする、「第○回」を目立たせる、2個以上のスペースをタブ文字に置き換えるといった例で、置換の使い方を紹介していこう

探す文字列を正確に指定するコツ

ワードを使い慣れた人なら、検索や置換を使ったことはあるだろう。そのときに「こんなはずじゃなかった」という経験はないだろうか。ワードの検索機能では、初期設定で「あいまい検索」がオンになっている。カタカナとひらがな、「ジ」と「ヂ」などが区別されずに検索対象になるため、置換すると思わぬ文字まで変わってしまい、手作業で直す羽目になりかねない。指定した文字列だけを置換するにはコツがある。

置換は「ホーム」タブのボタンから実行するより、「Ctrl」+「H」キーで始めるほうが簡単だ（**図2**）。開いた画面で「検索する文字列」と「置換後の文字列」を入力したら、「オプション」を開く（**図3**）。必要に応じて「あいまい検索」をオフにするなどの設定をしてから置換しよう（**図4、図5**）。

検索する文字を正確に探すなら「あいまい検索」をオフ

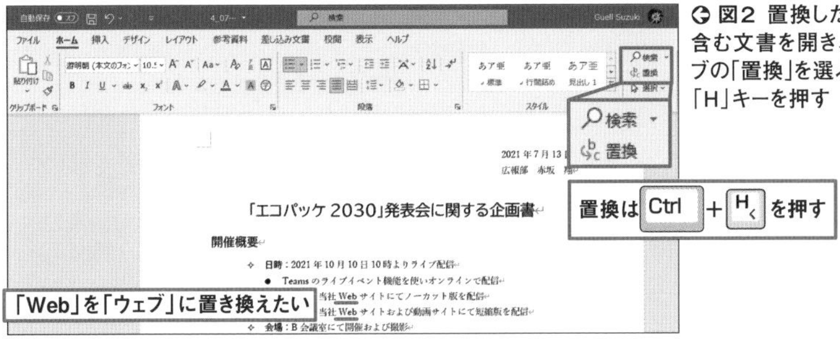

図2　置換したい文字列を含む文書を開き、「ホーム」タブの「置換」を選ぶか、「Ctrl」+「H」キーを押す

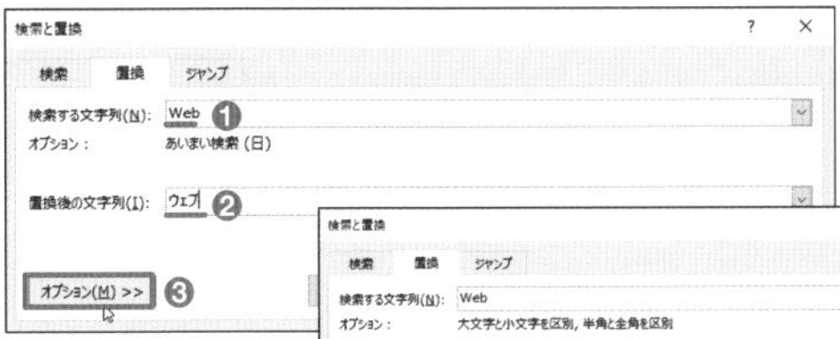

図3「検索する文字列」と「置換後の文字列」を指定する（❶❷）。厳密に置換するには、「オプション」をクリック（❸）

図4「あいまい検索（日）」のチェックを外し、「大文字と小文字を区別する」にチェックを付けて「すべて置換」を押す（❶～❸）

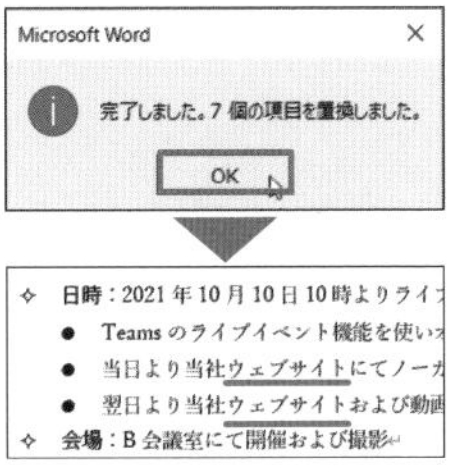

図5　確認メッセージで「OK」ボタンをクリックし、「Web」が「ウェブ」に置換されたことを確認する

特定の書式を検索して置換

文字列ではなく、書式の置換も可能だ。重要語句に赤の下線を引いたものの、印刷してみたら目立ちすぎて、「やっぱり下線を変更しよう」などと思うことは多い（**図6**）。設定した書式を1つずつ設定し直すのは面倒だ。置換機能を使って、一気に変更しよう。検索する書式と置き換える書式を指定し、「すべて置換」をクリックする（**図7、図8**）。「検索する文字列」に何も入力しなければ、書式のみを変更できる。

書式のみを置換する

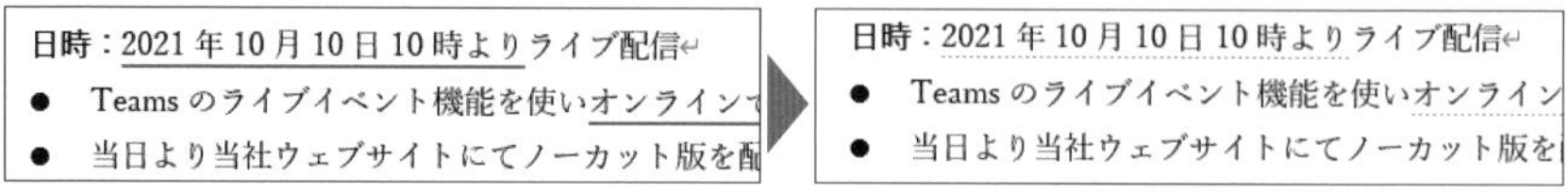

図6 下線が目立ちすぎるので、書式を変更したい。「Ctrl」＋「H」キーで置換を起動する

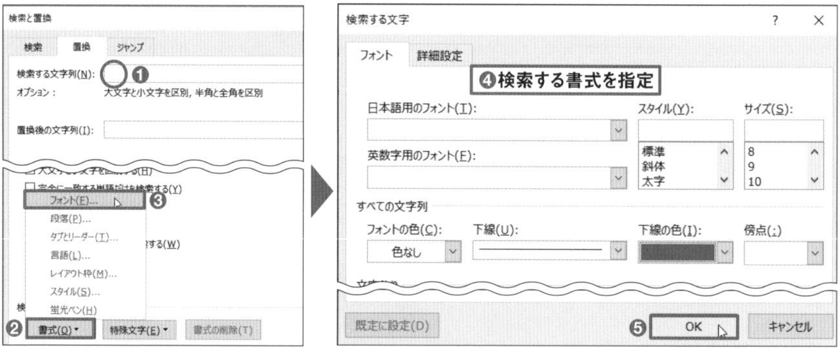

図7 「検索する文字列」欄にカーソルを移動し、「オプション」ボタンで「検索オプション」を開いて、「書式」メニューから「フォント」を選ぶ（❶〜❸）。変更前の書式を指定し、「OK」ボタンをクリックする（❹❺）

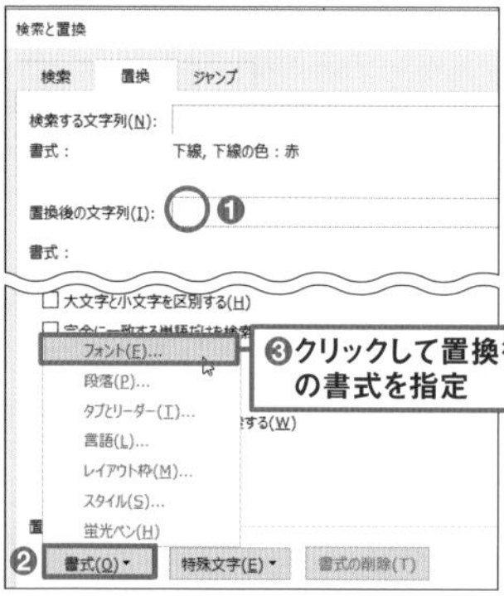

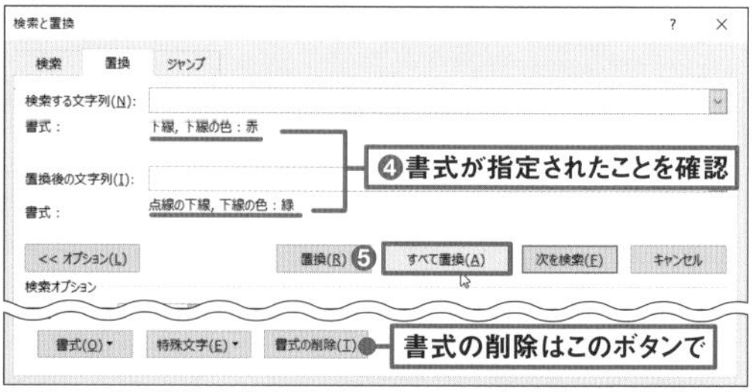

図8 「置換後の文字列」欄にカーソルを移動し、置換後に新しく設定する書式（フォントの色や下線の有無、傍点など）を指定する（❶〜❸）。書式が正しく指定されたことを確認して「すべて置換」をクリックすると、該当する文字列の書式が置き換わる（❹❺）

検索条件の自由度を広げる「ワイルドカード」

検索や置換の条件指定には、「ワイルドカード」(156ページ)も使える。「*」(半角アスタリスク)なら「任意の文字列」、「?」(半角クエスチョン)なら「任意の1文字」を示す。文書中の「第○回」(○は任意の文字列)を検索して蛍光ペンを付ける例で考えてみよう(**図9**)。次ページで紹介する特殊文字を使って検索すると、「第10回」のような2桁以上の数字が検索できない。そこで、ワイルドカードを使って「第*回」で検索すれば、「第1回」も「第100回」も検索することができる(**図10、図11**)。

ワイルドカードで「第○回」に蛍光ペンを追加

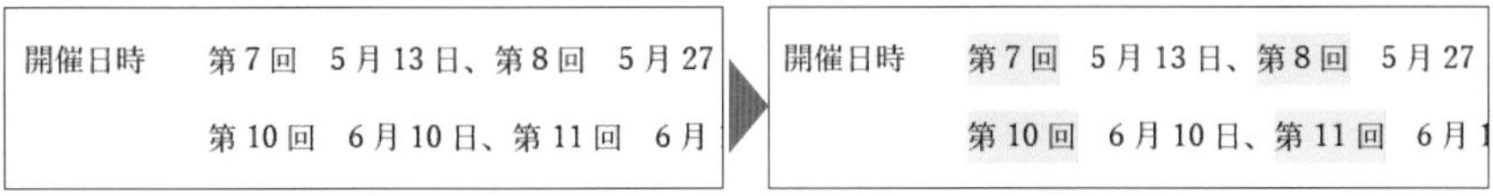

図9 回数の部分に蛍光ペンを付けて目立たせたい。「Ctrl」+「H」キーで置換を起動する

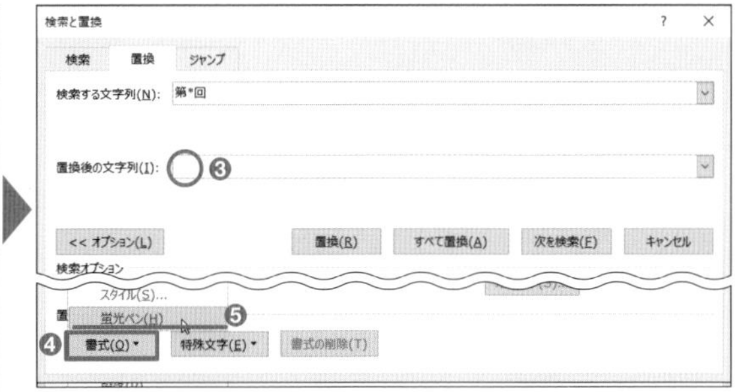

図10 「検索オプション」で「ワイルドカードを使用する」にチェックを付けてから、「検索する文字列」欄に「第*回」(「*」は半角)と入力(❶❷)。「置換後の文字列」欄をクリックし、「書式」から「蛍光ペン」を指定する(❸〜❺)

図11 指定した条件を確認し、「すべて置換」で置換を実行する(❶)。確認画面で「OK」ボタンを押すと、「第○回」に蛍光ペンが付けられる(❷)

「特殊文字」で数字をすべて検索

条件を細かく指定できる「高度な検索」では、段落記号やタブ文字などの特殊な記号を入力するための「特殊文字」が使える。特殊文字の「任意の数字」を使って文書中の数字をすべて検索してみよう（**図12、図13**）。すべての数字が選択できたら、「文字種の変換」機能で全角や半角に統一するのも簡単だ（**図14**）。

特殊文字で数字を半角に統一

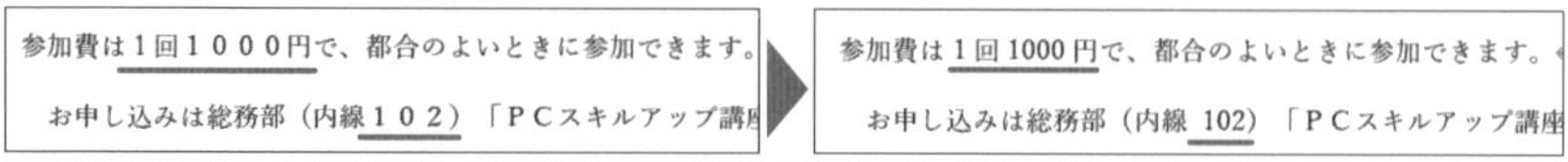

図12 文書中に全角の数字と半角の数字が混在しているので、半角に統一したい

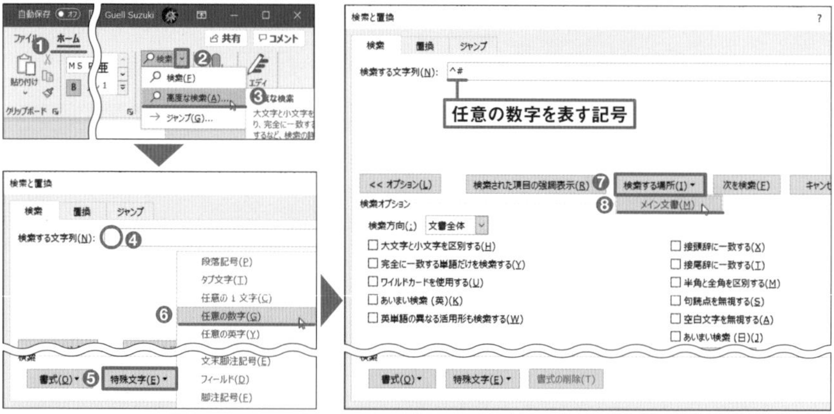

図13 「ホーム」タブにある「検索」ボタン右の「▼」をクリックし、「高度な検索」を選択する（❶～❸）。「検索する文字列」にカーソルを移動する（❹）。「あいまい検索」をオフにしてから「特殊文字」をクリックし、「任意の数字」を選択（❺❻）。「検索する場所」を「メイン文書」に指定すると検索が始まる（❼❽）

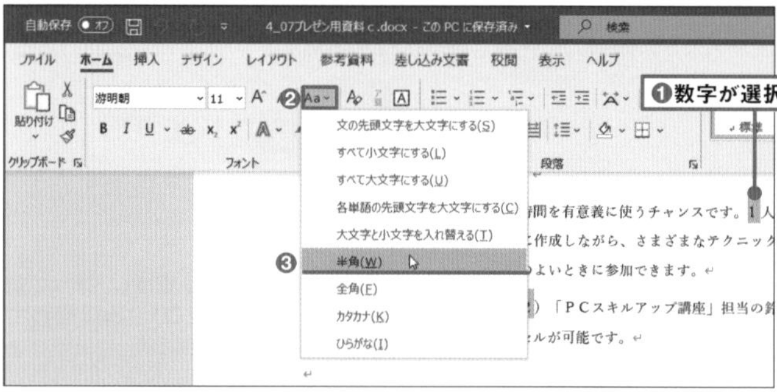

図14 「検索と置換」画面を閉じると、現在の文書内にあるすべての数字が選択されている（❶）。「文字種の変換」で「半角」を選択すると、選択されたすべての数字を半角に統一できる（❷❸）

ワイルドカードと特殊文字の合わせ技で連続するスペースを置換

スペースで文字の頭揃えをしているような場合、文字数が変わるとレイアウトが崩れるなど面倒なことが多い。位置揃えのスペースはタブに置き換えたいが、必要なスペースまでタブに置き換えてしまう危険がある。ワイルドカードと特殊文字を組み合わせて、2個以上続くスペースだけをタブに置換してみよう。

「検索する文字列」にスペースを入力したら、検索オプションで「ワイルドカードを使用する」をオンにして特殊文字から「繰り返し回数」を選択する（**図15**）。繰り返しの回数を「2」にすれば、2個以上続くスペースを置換できる（**図16**）。

2個以上続くスペースはタブ文字に変換

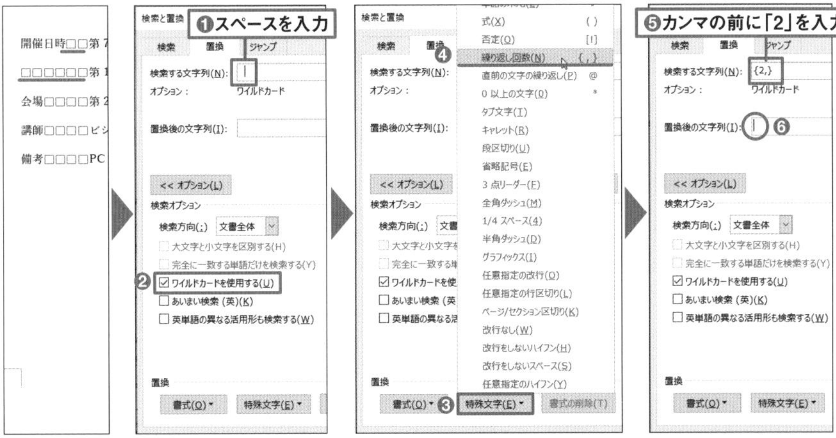

↑図15 2個以上のスペースをタブに置き換えたい。「Ctrl」＋「H」キーで置換の設定画面を表示させる。「検索する文字列」欄にスペースを入力し、「ワイルドカードを使用する」にチェックを付ける（❶❷）。「特殊文字」から「繰り返し回数」を選択すると、スペースに続いて「{ , }」が表示される（❸❹）。2個以上を検索したいので、「{ , }」のカンマの前に「2」を入力し、「置換後の文字列」欄をクリックする（❺❻）

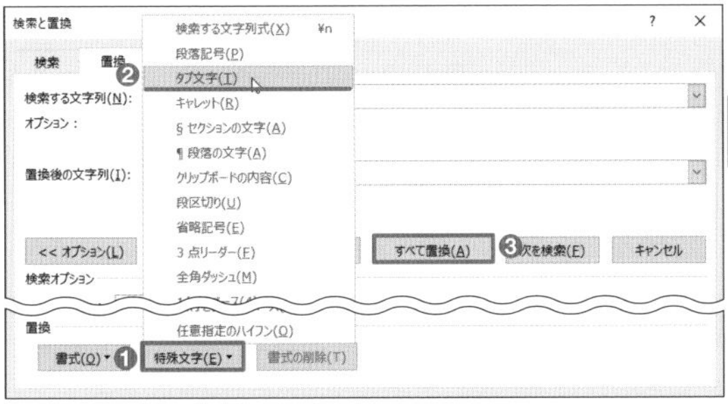

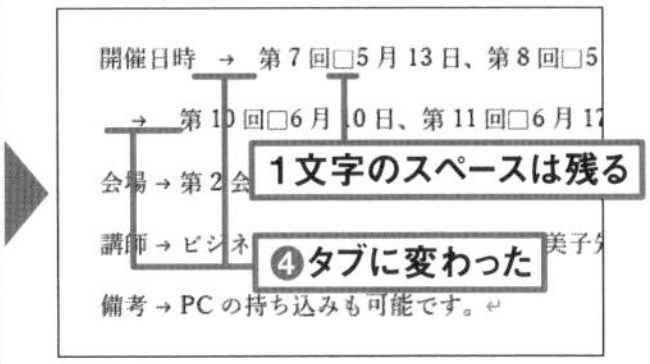

←↑図16 「特殊文字」から「タブ文字」を選択する（❶❷）。「すべて置換」をクリックすると、2個以上連続するスペースだけがタブに置き換わる（❸❹）

Section 08

エクセルで使える検索／置換テクニック

10分時短

名簿や商品リストなど、大量のデータを入力することも多いエクセルでは、「探す」ための機能も充実している。検索／置換は「ホーム」タブでも選択できるが、検索は「Ctrl」+「F」キー、置換は「Ctrl」+「H」キーでも起動できる（**図1**）。文字列だけでなく、セルの書式を置換することも可能だ。また、「オプション」をクリックすると、大文字／小文字や半角／全角の区別もできる。

検索／置換はワークシート全体で行われるので、表内で検索／置換する場合には表のどこかを選択してから操作を始めるのが確実だ（**図2**）。セル範囲を選択して特定の範囲で検索／置換することもできる。「本社のセルを目立つ色にする」のであれば、「検索する文字列」に「本社」を指定（**図3**）。置換するのは書式だけなので「置換後の文字列」には何も入力せず、「書式」を選択する。書式の設定画面が表示されるので、置換後の書式を指定する。

設定が済んだら「置換」→「次を検索」をクリックして順次確認しながら置換することもできるが、ここでは「すべて置換」を選んで一括で変更する（**図4**）。

検索場所や書式は「オプション」で指定

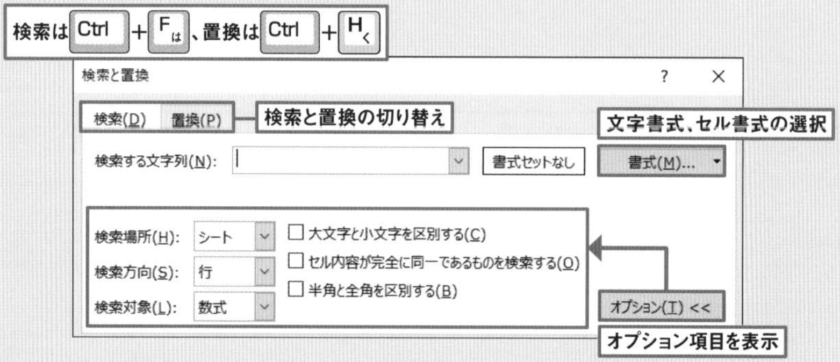

図1 検索は「Ctrl」+「F」キー、置換は「Ctrl」+「H」キーで起動する。文字書式やセル書式の置換も可能。「オプション」を押すと、大文字／小文字、半角／全角を区別するといった指定もできる

セルの書式を一括で置換

図2 表のどこかを選択し、「ホーム」タブで「検索と選択」から「置換」を選ぶか、「Ctrl」+「H」キーを押す（❶～❹）

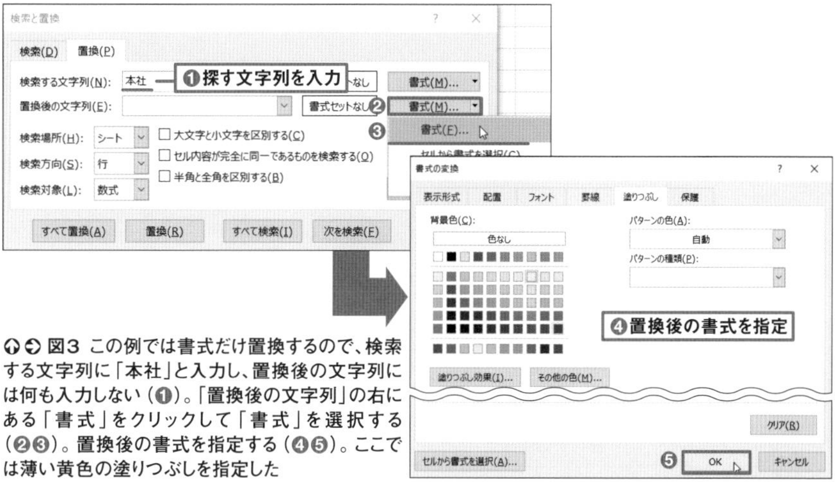

図3 この例では書式だけ置換するので、検索する文字列に「本社」と入力し、置換後の文字列には何も入力しない（❶）。「置換後の文字列」の右にある「書式」をクリックして「書式」を選択する（❷❸）。置換後の書式を指定する（❹❺）。ここでは薄い黄色の塗りつぶしを指定した

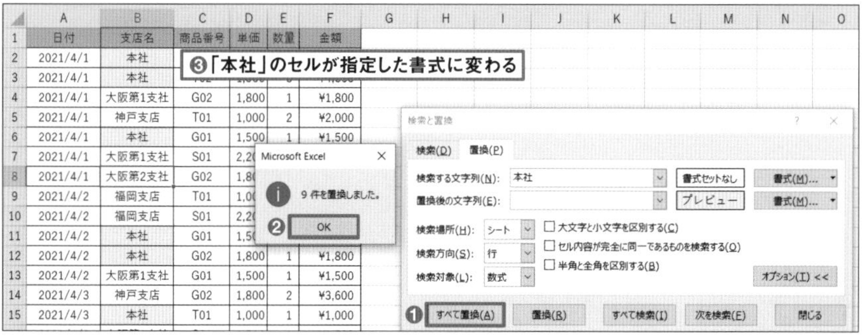

図4 「すべて置換」をクリックし、確認画面で「OK」ボタンを押す（❶❷）。検索したセルの書式がすべて置換される（❸）

エクセルの検索でも「ワイルドカード」(156ページ)が使える。「*」(半角アスタリスク)や「?」(半角クエスチョン)のワイルドカードを使うと、「…で終わる文字列」や「…で始まる3文字の文字列」といった指定も可能だ(**図5**)。

ワイルドカードでできる文字列指定

使用例	意味(該当例)
福	「福」を含む文字列(例:福田 七福神 幸福)
福*	「福」で始まる文字列(例:福 福田 福島県)
福??	「福」で始まる3文字の文字列(例:福島県)
***福**	「福」で終わる文字列(例:福 幸福 お多福)

図5 検索などの条件指定で使える「ワイルドカード」。「*」は任意の文字列、「?」は任意の1文字を表す。なお、ワイルドカードを利用するには、「セル内容が完全に同一であるものを検索する」のオプションにチェックを入れる必要がある

選択機能で空白セルを全選択

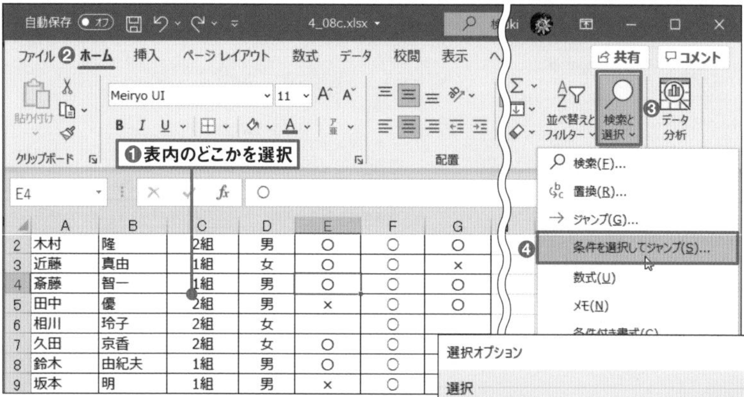

図6 表内のすべての空欄に「未回答」と入力したい。空欄を埋めたい表のどこかを選択し(❶)、「ホーム」タブの「検索と選択」メニューにある「条件を選択してジャンプ」をクリック(❷~❹)

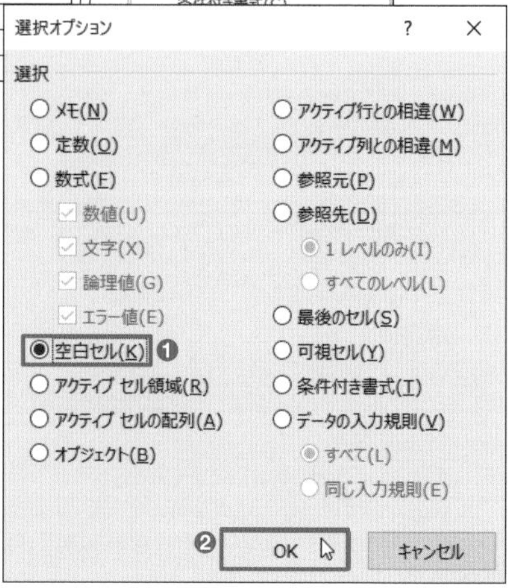

図7 表示された「選択オプション」の画面で「空白セル」を選び、「OK」ボタンを押す(❶❷)

空白セルを全選択して入力

大きな表で、空白のセルすべてに「未回答」と入力したい。空白セルを選択して文字を入力するのは置換機能でもできるが、ここでは別の機能を紹介しよう。

空白セルや数式セルなど、条件に合うセルを選択するときに便利なのが「条件を選択してジャンプ」だ（**図6**）。条件の指定画面で「空白セル」を選べば、すべての空白セルが選択できる（**図7**）。ただし、表示上空白であっても、空白文字などが入力されているセル（スペースや、関数式で指定した「""」など）は選択されないので、選択に抜けがないか確認したほうがよい。

選択後は、そのまま文字列を入力すると、選択中のどこかのセルに入力される。ポイントは、確定時に「Enter」キーではなく、「Ctrl」+「Enter」キーを押すこと（**図8**、**図9**）。これで、選択中のセルすべてに同じ文字列を入力できる。

同じ文字列を一括して入力

	A	B	C	D	E	F	G
2	木村	隆	2組	男	○	○	○
3	近藤	真由	[illegible]	[illegible]	[illegible]	[illegible]	×
4	斎藤	智一	1組	男	○	○	○
5	田中	優	2組	男	×	○	○
6	相川	玲子	2組	女		○	
7	久田	京香	2組	女	○	○	○
8	鈴木	由紀夫	1組	男	○	[illegible]	[illegible]
9	坂本	明	1組	男	×	[illegible]	[illegible]
10	蔦	幹彦	2組	男	○	[illegible]	[illegible]
11	島田	裕子	1組	女	○	○	○
12	細田	邦彦	2組	男			
13	田中	勝	1組	男		○	
14	港	亜季	2組	[illegible]	[illegible]	[illegible]	[illegible]
15	小栗	貞夫	1組	[illegible]	[illegible]	[illegible]	[illegible]
16	東	正雄	1組	[illegible]	[illegible]	[illegible]	[illegible]
17	本田	真知子	2組	[illegible]	[illegible]	[illegible]	[illegible]
18	宮本	花	1組	[illegible]	[illegible]	[illegible]	[illegible]
19	石川	美智子	1組	[illegible]	[illegible]	[illegible]	[illegible]

❶すべての空白セルが選択された

❷「未回答」と入力して Ctrl + Enter

◀ 図8 表の中で、何も入力されていないセルだけが一括で選択される（❶）。そのまま「未回答」と入力し、「Ctrl」+「Enter」キーを押す（❷）

	A	B	C	D	E	F	G
2	木村	隆	2組	男	○	○	○
3	近藤	真由	1組	女	○	○	×
4	斎藤	智一	1組	男	○	○	○
5	田中	優	2組	男	×	○	○
6	相川	玲子	2組	女	未回答	○	未回答
7	久田	京香	2組	女	○	○	○
8	鈴木	由紀夫	1組	男	○	○	○
9	坂本	明	1組	男	×	○	×
10	蔦	幹彦	2組	男	○	○	○
11	島田	裕子	1組	女	○	○	○
12	細田	邦彦	2組	男	未回答	未回答	未回答
13	田中	勝	1組	男	未回答	○	未回答
14	港	亜季	2組	女	○	○	○
15	小栗	貞夫	[illegible]	[illegible]	[illegible]	[illegible]	[illegible]
16	東	正雄	1組	男	○	○	×
17	本田	真知子	2組	女	未回答	○	未回答
18	宮本	花	1組	女	○	○	○
19	石川	美智子	1組	女	○	○	○

すべての空白セルに「未回答」と入力された

▶ 図9 選択中の空白セルすべてに「未回答」と入力される。なお、「Ctrl」+「Enter」キーは、選択したセルに一括入力するためのキー操作だ

Section 09

文書内の文字列をウェブで情報検索

1分 時短

エクセルやワードで作業中、「この言葉の意味は?」と気になったときに、いちいちブラウザーを起動して調べる必要はない。気になる文字列を選択してから右クリックして「スマート検索」を選択すると、画面右側にウェブでの用語検索の結果が表示される(**図1**)。なお、ワードの場合は「スマート検索」ではなく、右クリックメニューで「検索「○○」」を選択する。

「スマート検索」で作業中にウェブ検索

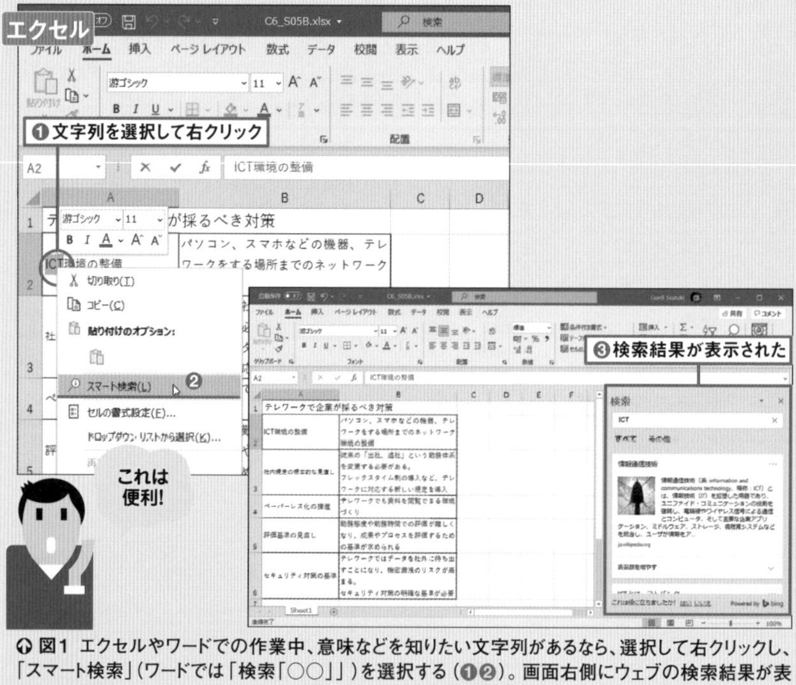

エクセル
❶文字列を選択して右クリック
ICT環境の整備
スマート検索(L)
❷
❸検索結果が表示された
これは便利!

図1 エクセルやワードでの作業中、意味などを知りたい文字列があるなら、選択して右クリックし、「スマート検索」(ワードでは「検索「○○」」)を選択する(❶❷)。画面右側にウェブの検索結果が表示される(❸)

第5章

データ編集の超速テクニック

「大量ファイルの名前をすべて変更したい」「多数のファイルを順番通りに印刷したい」「エクセル住所録の姓と名を連結したい」など、1つずつ実行すると面倒な操作を一括処理できれば大幅な時短になる。さまざまな実例に即して、データの編集を速く楽にするテクニックを一挙紹介しよう。

- 複数ファイルの名前変更&連続印刷
- 姓名を連結&分割、読みの自動入力も
- お節介機能を止めて勝手な変換を防ぐ
- スタイル活用で文書の目次を自動作成

Section 01

ファイル名をまとめて一括変換

5分 時短

ファイル管理で面倒なのが、複数のファイル名をまとめて変更する操作だ。ファイルを選択後、「F2」キーを押せば、ファイル名を素早く変更できる（140ページ）。しかし、「出張先で撮った100枚の写真のファイル名を連番にする」といった場合、1つずつファイル名を変えていては時間ばかりかかってしまう。

エクスプローラーにもファイル名を一括変更する機能はある。連番にしたいファイルをすべて選択し、連番を始めたいファイルを右クリックして「名前の変更」を選択す

エクスプローラーで一括変換

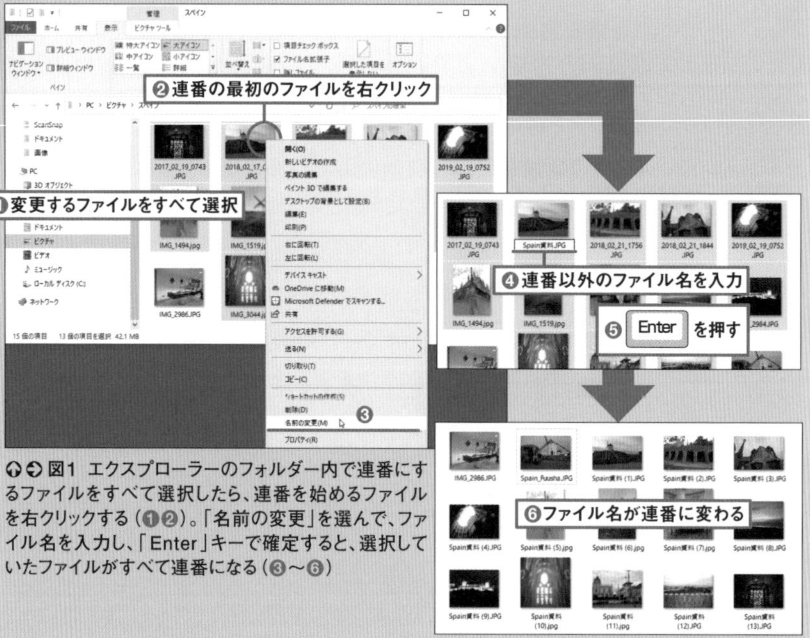

❶変更するファイルをすべて選択
❷連番の最初のファイルを右クリック
❸
❹連番以外のファイル名を入力
❺ Enter を押す
❻ファイル名が連番に変わる

⇧⇨図1 エクスプローラーのフォルダー内で連番にするファイルをすべて選択したら、連番を始めるファイルを右クリックする（❶❷）。「名前の変更」を選んで、ファイル名を入力し、「Enter」キーで確定すると、選択していたファイルがすべて連番になる（❸～❻）

る（**図1**）。ただし、この機能では「ファイル名(1)」という書式に決まっているため、使い勝手がいまひとつ良くない。

フリーソフトで自在な連番に

ファイル名を一括変換するためのフリーソフトは、連番にするだけでなく、大文字／小文字を統一するなど、さまざまな用途に使える。ここでは「お〜瑠璃ね〜む」というアプリを使ってみよう。

「お〜瑠璃ね〜む」は、連番、大文字／小文字、全角／半角、拡張子、文字追加、文字削除、日時追加など、ファイル名／フォルダー名を一括変換できる。「お〜瑠璃ね〜む」を起動し、ファイルを選んで変換方法を指定する（**図2**）。最初のファイル名の指定の仕方で、連番の位置や開始番号を好きなように設定できる。一括変換後でもアンドゥ機能で元に戻せるので安心だ。

「お〜瑠璃ね〜む」で一括変換

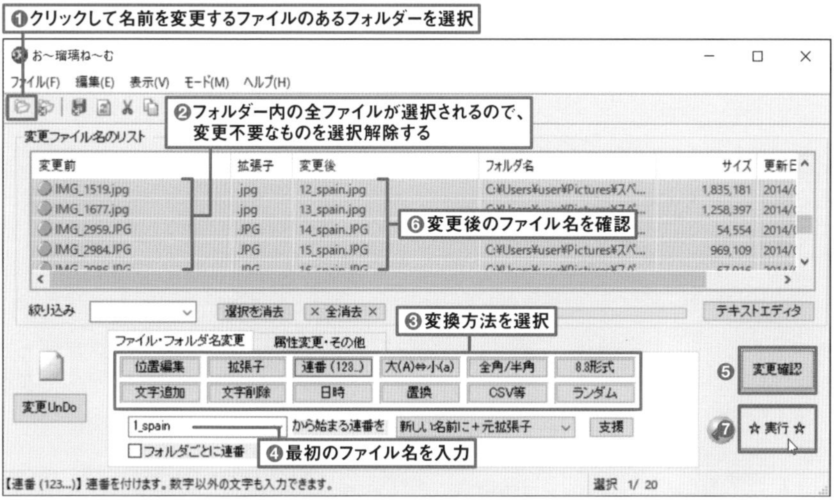

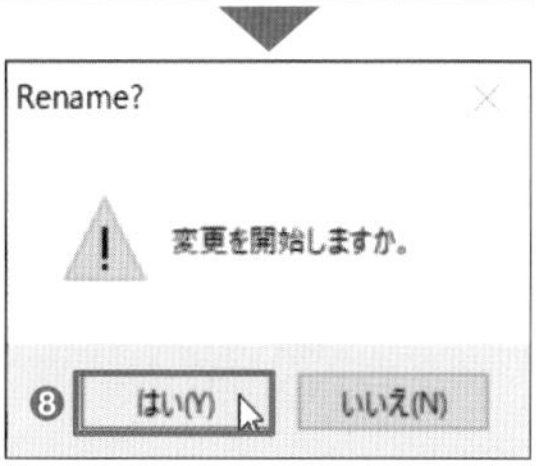

図2 「お〜瑠璃ね〜む」を起動したら、ファイル名を変えるファイルが入ったフォルダーを選択する（❶）。フォルダー内のファイルがすべて選択されるので、変更しないファイルは選択を解除する（❷）。連番にしたい場合は、変更方法で「連番」を選び、最初のファイル名を入力する（❸❹）。「変更確認」を押して変更後のファイル名を確認し、よければ「実行」を押す（❺〜❼）。確認画面で「はい」を押すと一括変換される（❽）

Section 02

複数ファイルをまとめて印刷

5分時短

ドッサリ作成した複数の文書ファイルをまとめて印刷したいときに、1つずつファイルを開いて印刷するのは手間がかかる。まとめて印刷しよう。

印刷するファイルがすべて同じアプリで作成したものであれば、1つのフォルダーにまとめて一括で印刷命令をかけることができる。エクスプローラーで印刷したいファイルをすべて選択し、いずれかのファイルを右クリックする（**図1**）。開くメニューから「印刷」を選べばよい。

この方法では印刷するプリンターや部数、印刷する順序などは指定できない。また、ファイルの種類によっては「印刷」メニューが表示されないなど、少々不自由だ。印刷部数などを指定したいなら、「印刷キュー」を使おう。印刷キューとは、プリンターに

エクスプローラーからまとめて印刷

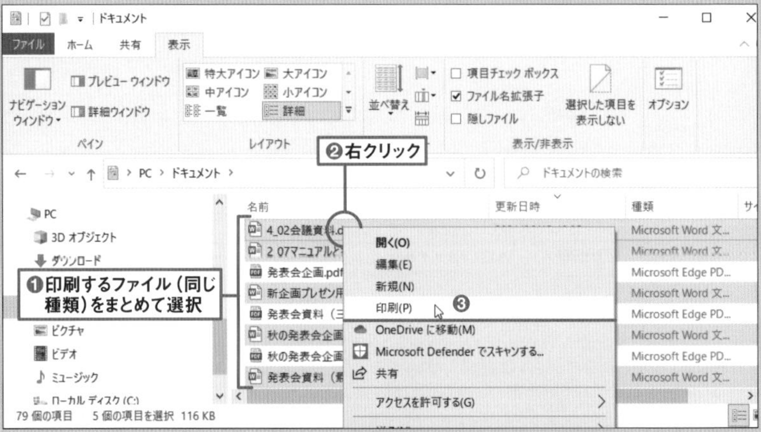

↑ **図1** エクスプローラーのフォルダー内で印刷するファイルをすべて選択後、いずれかのファイルを右クリックして、メニューから「印刷」を選択する（❶～❸）

送るデータを一時保存する場所。「設定」アプリで印刷に使用するプリンターの「キュー」を開き、印刷したいファイルをまとめてドラッグすると、ファイルの種類ごとに既定アプリが起動し、自動的に印刷される（**図2**）。ドラッグする前に印刷キューの「プリンター」メニューから「印刷設定」を選べば、部数や用紙サイズなどの変更も可能だ。

印刷順序を指定したいなら、事前にエクスプローラーの「表示」タブの「並べ替え」で印刷したい順序に並べてから印刷キューにドラッグする。印刷順序はプリンターの設定によっては指定できないこともあるので、大量に印刷する場合は事前にテスト印刷をしておくと安心だ。

「印刷キュー」からまとめて印刷

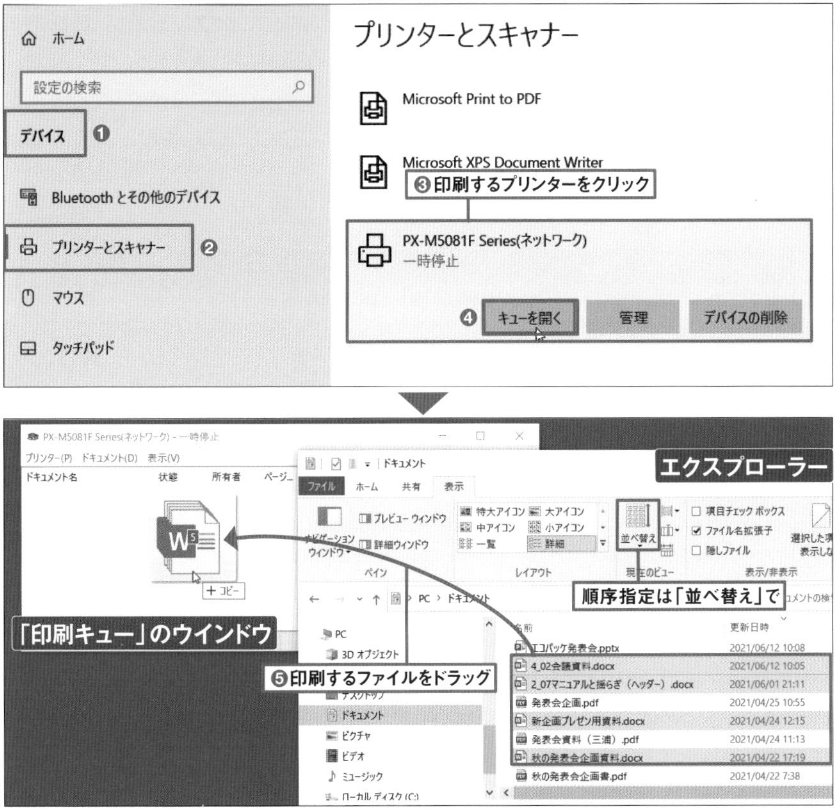

図2 「設定」アプリで「デバイス」から「プリンターとスキャナー」を選択する（❶❷）。印刷するプリンターをクリックし、「キューを開く」を選択（❸❹）。開いたウインドウに印刷したいファイルをドラッグする（❺）。確認画面で「はい」を選ぶと印刷が始まる。事前にエクスプローラーの「並べ替え」で印刷したい順に並べたり、「印刷キュー」の「プリンター」メニューから印刷部数などを指定しておくことも可能だ

Section 03

「F4」で繰り返し操作を簡略化

5分時短

単純作業の繰り返しは、人間よりもパソコンの得意とするところだ。ワードやエクセルでは、「F4」キーを押すことで、直前の操作を繰り返すことができる。例えば、文字サイズを変更後、別の文字列を選んで「F4」キーを押せば、同じ文字サイズになる（**図1**）。何度も文字サイズを選び直すよりずっと楽だ。

エクセルでも、セル書式の変更やセルの追加／削除など、多くの機能が「F4」キーで繰り返せる（**図2**）。

操作直後に「F4」で繰り返し

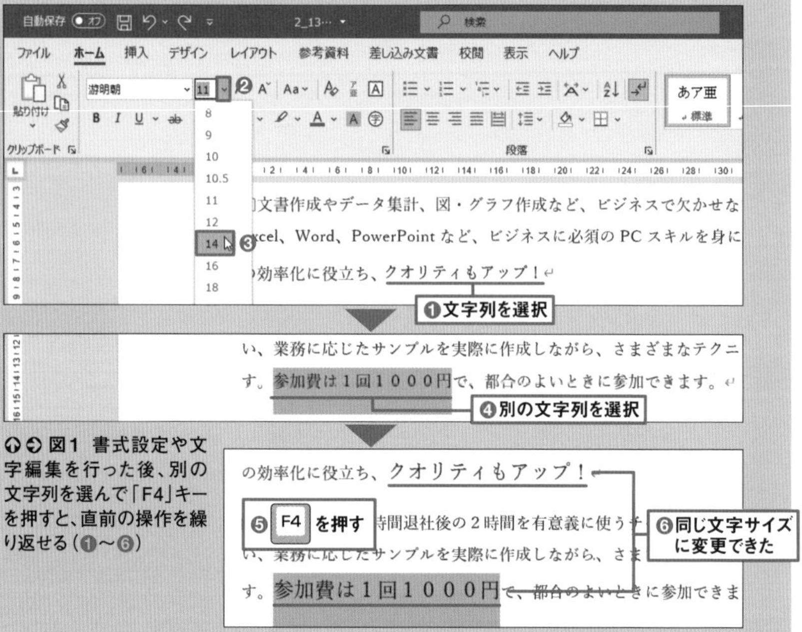
❶文字列を選択
❷
❸
❹別の文字列を選択
❺ F4 を押す
❻同じ文字サイズに変更できた

⇧⇨図1 書式設定や文字編集を行った後、別の文字列を選んで「F4」キーを押すと、直前の操作を繰り返せる（❶〜❻）

「F4」キーで繰り返せるのは直前の操作のみだが、使い方によっては複数の書式設定をまとめて繰り返すこともできる。例えば、飛び飛びのセルで文字サイズ、塗りつぶしの色、罫線を変更するといった場合、リボンで1つずつの書式を変更するのではなく、「セルの書式設定」画面で変更を行う。すると、「セルの書式設定」画面で行った一連の操作が「1つの操作」として扱われ、「F4」キーで繰り返せる（**図3、図4**）。

エクセルでも「F4」が使える

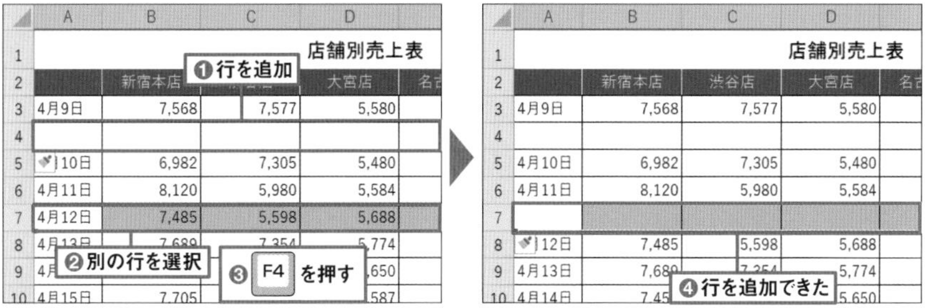
❶行を追加
❷別の行を選択
❸ F4 を押す
❹行を追加できた

図2 エクセルでも「F4」キーで操作を繰り返せる。行を追加した後で、別の行を選んで「F4」キーを押せば、同様に行の追加ができる（❶〜❹）

複数の書式設定をまとめて繰り返すコツ

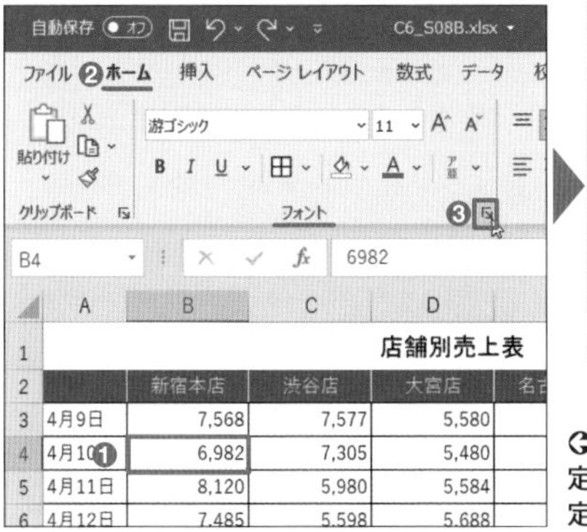
❷ホーム
❶
❸

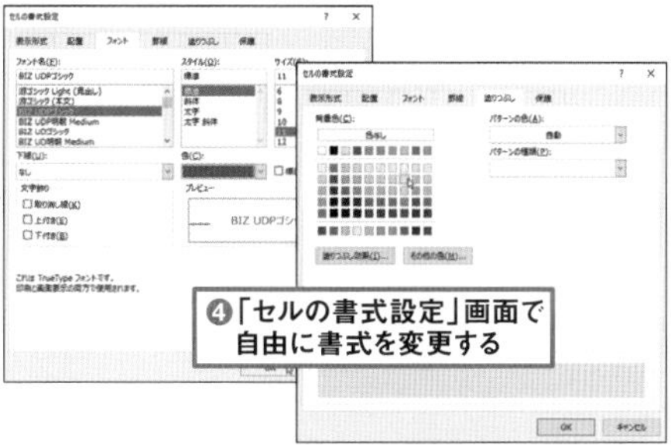
❹「セルの書式設定」画面で自由に書式を変更する

図3 セルを選んだら「ホーム」タブで「フォントの設定」をクリックする（❶〜❸）。表示される「セルの書式設定」画面で色やフォントなどを自由に変更する（❹）

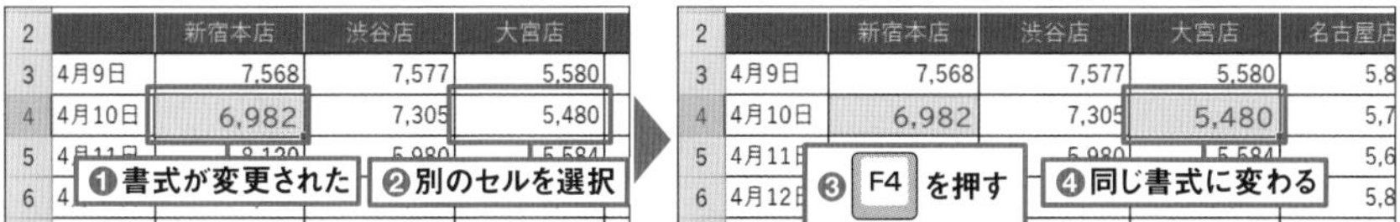
❶書式が変更された
❷別のセルを選択
❸ F4 を押す
❹同じ書式に変わる

図4 書式が変更されたら、直後に別のセルを選択（❶❷）。「F4」キーを押すと、「セルの書式設定」画面での書式設定を丸ごと繰り返すことができる（❸❹）

Section 04

書式設定が楽になるキー操作

3分 時短

ビジネス文書であっても、プレゼン資料など見た目にこだわりたいときもある。フォントや段落の書式を変更するたびに、マウスに持ち替えて文字列とリボンを行き来するのは効率的ではない。例えば、文字を太字にするなら「Ctrl」+「B」キーを押すなど、書式設定の機能にはショートカットキーが割り当てられているものが多い（**図1**）。文字の書式設定はずっと以前からある機能であり、ワードやパワーポイントなど多くのアプリで使えるので、覚えておくと何かと便利だ。すべてを覚える必要はなく、自分がよく使うものだけでも覚えれば、操作は格段に楽になる。

リボンでわかるショートカットキー

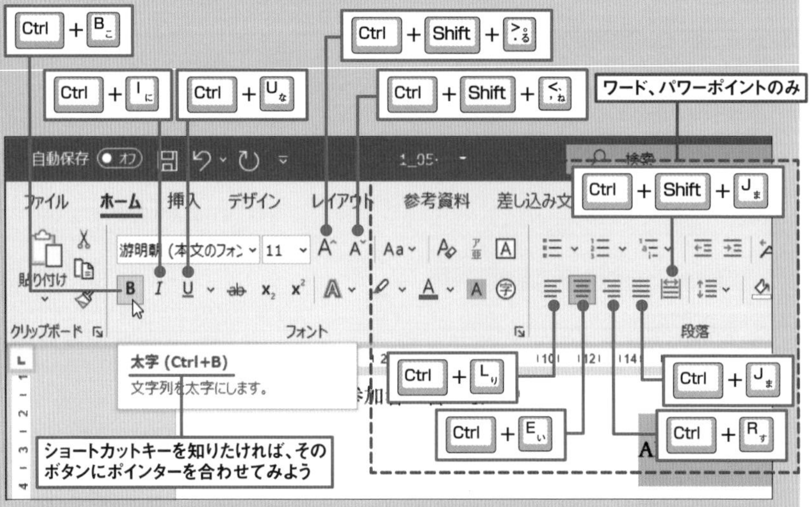

図1 「ホーム」タブにある書式設定のボタンには、ショートカットキーが割り当てられているものが多い。特に文字書式に関するショートカットキーは、ワード、エクセル、パワーポイントなど多くのアプリで使える。ボタンにポインターを合わせたときに、ショートカットキーが表示されるので参考にしよう［注1］

［注1］リボンのボタンなどに表示される「ポップヒント」は、表示／非表示を切り替えられる。表示されない場合は、「ファイル」タブの「オプション」を選択し、「全般」の「ユーザーインターフェイスのオプション」で「ヒントのスタイル」を「ヒントに機能の説明を表示する」にする

ワードなどのオフィスソフトでは、リボンのボタンにポインターを合わせると、対応するショートカットキーを表示してくれるので、忘れたときにはここで確認できる［注1］。

書式設定の操作を楽にするためのショートカットキーとして欠かせないのが、フォントの設定画面を表示する「Ctrl」+「Shift」+「F」キーだ（**図2**）。エクセルのショートカットキーだが、ワードやパワーポイントでも使える場合があるので試してみよう［注2］。

ちなみにエクセルでは、「セルの書式設定」画面を表示する機会が多いはず。「Ctrl」+「1」キーを押すと、「セルの書式設定」画面で前回この画面を閉じたときのタブを開くことができる。エクセルのみを使うなら、こちらのほうが覚えやすい。

フォントの設定画面を開くなら「Ctrl」+「Shift」+「F」

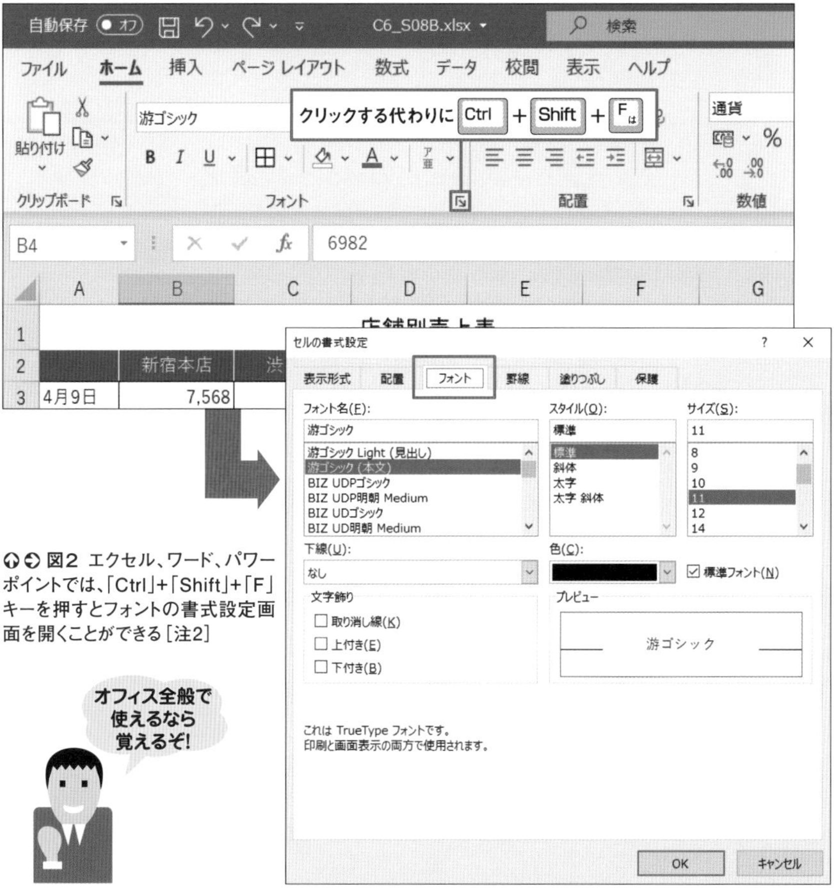

↑→ **図2** エクセル、ワード、パワーポイントでは、「Ctrl」+「Shift」+「F」キーを押すとフォントの書式設定画面を開くことができる［注2］

［注2］アプリごとの設定や、同時に起動しているアプリによっては、「Ctrl」+「Shift」+「F」キーが使えないことがある

Section 05

繰り返す書式はスタイルで設定

30分時短

長文の文書や大きな表では、タイトルや本文、項目のレベルによって、階層構造がわかりやすい書式を設定する必要がある。とはいえ、レベルが変わるたびに書式を変更するのは手間だ。同じ書式が繰り返し出てくる場合は、「スタイル」を使ってレベルに応じたスタイルを適用するのが書式設定を手早く終えるコツ。例えばワードの文書では、タイトルは「表題」、見出しは階層ごとに「見出し1」「見出し2」「見出し3」と、レベルを考えて指定する（**図1**）。

ポイントは階層ごとのスタイル設定

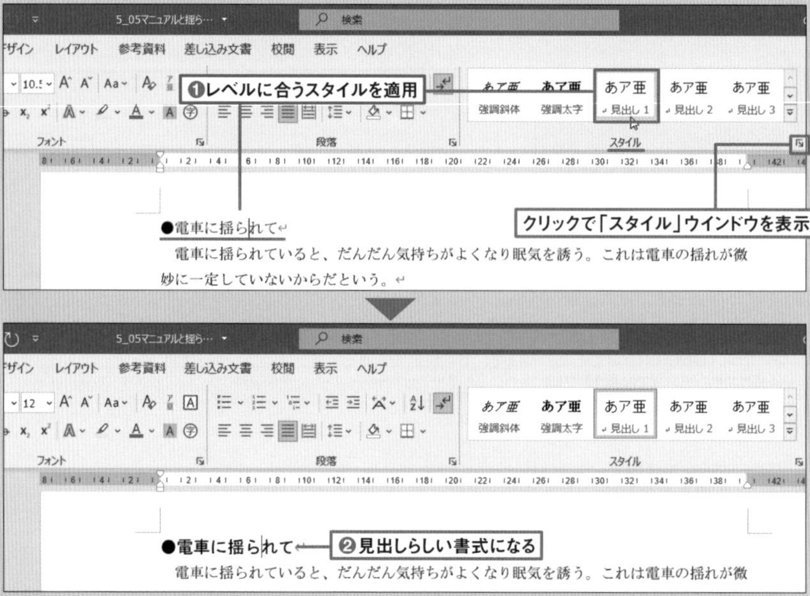
❶レベルに合うスタイルを適用
クリックで「スタイル」ウインドウを表示
●電車に揺られて
電車に揺られていると、だんだん気持ちがよくなり眠気を誘う。これは電車の揺れが微妙に一定していないからだという。
●電車に揺られて
❷見出しらしい書式になる
電車に揺られていると、だんだん気持ちがよくなり眠気を誘う。これは電車の揺れが微

図1 ワードでは、見出しの文字列を選んで「ホーム」タブの「スタイル」から「見出し1」を選択する（❶）。本文よりも目立つ書式になる（❷）。「もっと目立たせたい」と思うなら、後で変更すればよい

スタイルなら最短で修正も可能

なお、スタイルを選ぶ段階では、「フォントが気に入らない」といったことは無視してよい。後でスタイルごとに好みのフォントや段落書式に変更すれば同じレベルの見出しを一括して変更できる（**図2**）。この方法なら長文の書式統一も簡単だ。

「レベルに合ったスタイルがない」「段落書式は変えずに文字だけスタイルを使いたい」といった場合は、「スタイル」ボタンをクリックすると開く「スタイル」ウインドウで、より多くのスタイルから選択することもできる。スタイルで書式をコントロールしていれば、「見出しは青じゃなくて緑に!」といった急な指示にも臨機応変に対応できる。また、「スタイルセット」を変更することで、文書全体のイメージを変えられるので、別の目的に流用する際にも柔軟に合わせやすい（**図3**）。

スタイルの変更で書式を一括変更

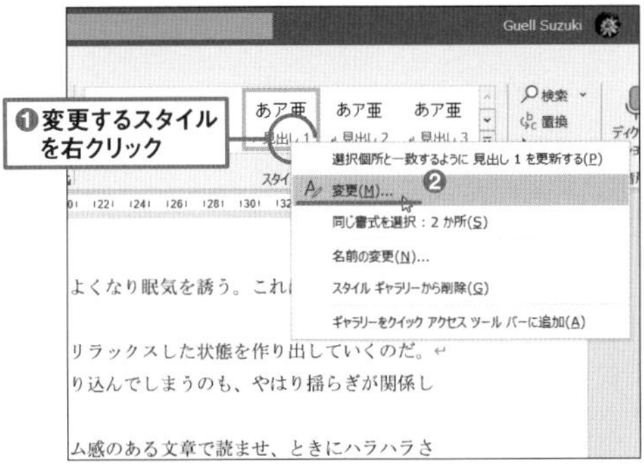

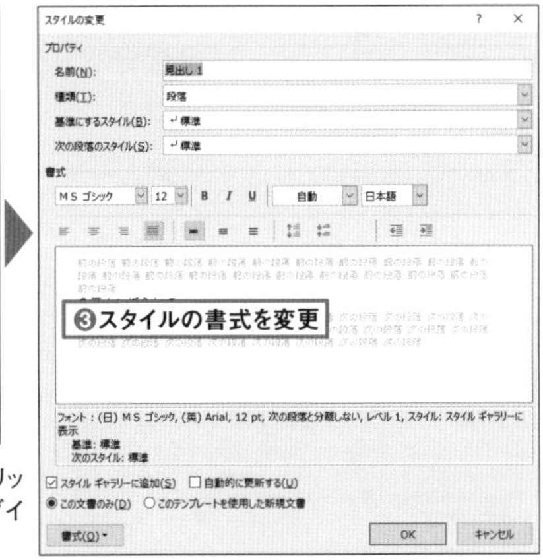

図2 スタイルを変更するにはスタイル名を右クリックして「変更」を選択する（❶❷）。「スタイルの変更」ダイアログボックスで書式を変更する（❸）

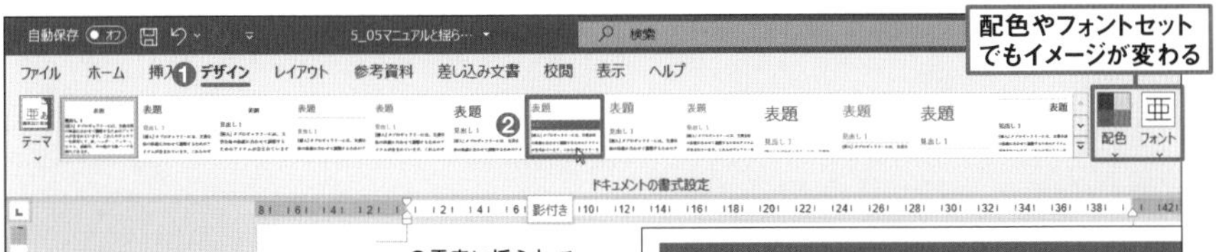

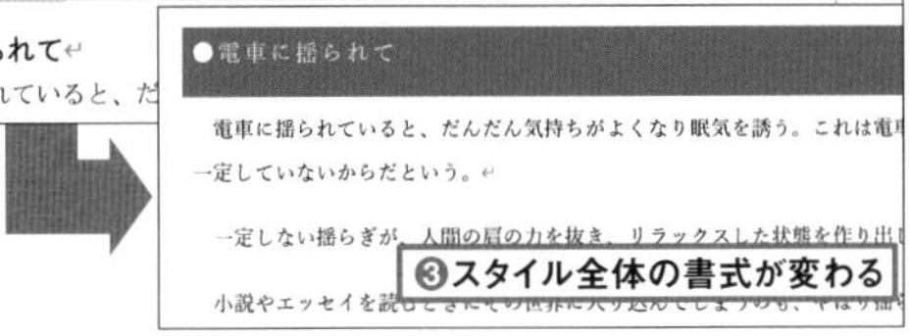

図3 「デザイン」タブで「スタイルセット」を選ぶ（❶❷）。スタイルが適用されていた文字列の書式が一括して変更される（❸）

見出しスタイルは目次の自動作成に対応

「見出し」のスタイルを適用した段落は、「目次」機能で拾い出し、目次として表示できる（**図4**）。初期設定では、「見出し1」から「見出し3」までの段落がピックアップされる。「ユーザー設定の目次」を利用すれば、拾い出す見出しレベルや書式を変更することも可能だ。内容を書き換えた場合は、「目次の更新」で更新できる。

エクセルもセルスタイルで書式を統一

エクセルの場合は、セルに対してスタイルを指定できる（**図5**）。エクセルでは、「タイトルと見出し」や「テーマのセルスタイル」で色合いなどを選択し、さらに「表示形式」で文字列の表示スタイルも指定できる（**図6**）。変更方法はワードと同じだ（**図7**）。

見出しスタイルから目次を自動作成

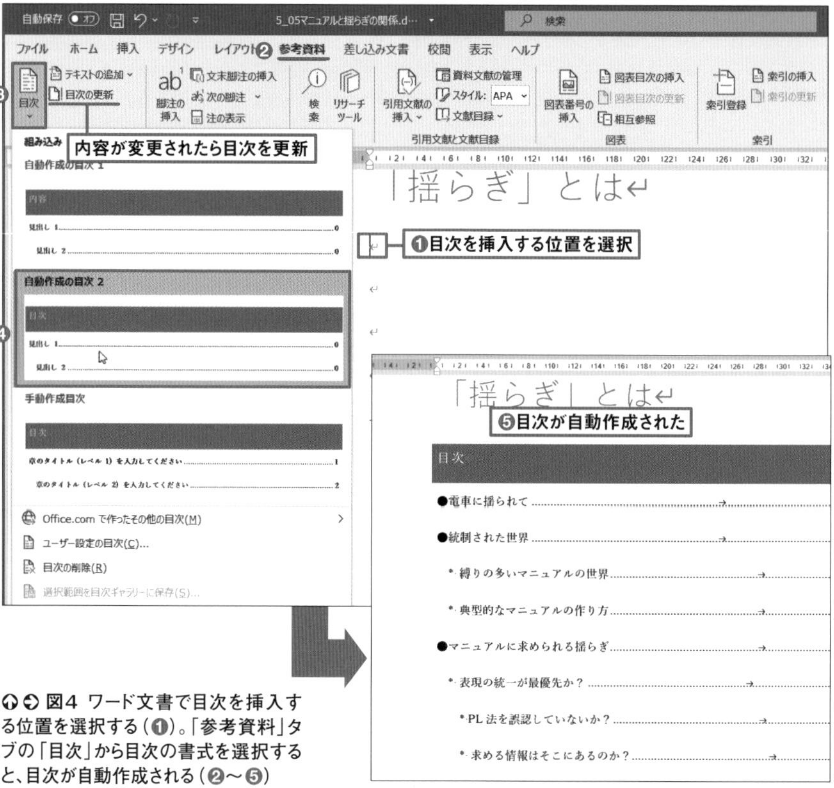

⮉⮊ **図4** ワード文書で目次を挿入する位置を選択する（❶）。「参考資料」タブの「目次」から目次の書式を選択すると、目次が自動作成される（❷〜❺）

エクセルでも書式の統一はスタイルで

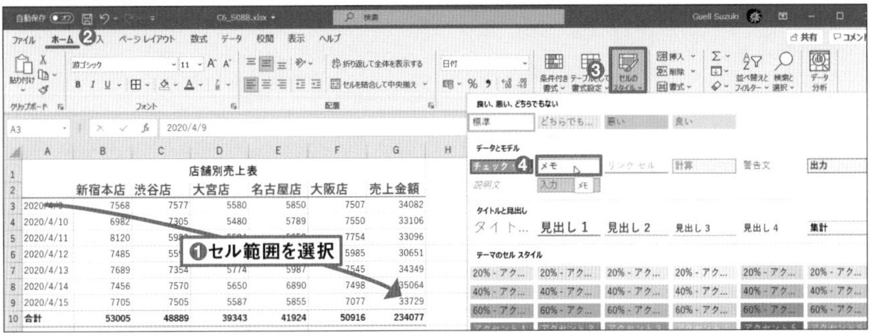

図5 エクセルではスタイルを適用するセル範囲を選択し、「ホーム」タブの「セルのスタイル」をクリック（❶～❸）。この例では開くメニューで「メモ」を選んだ（❹）

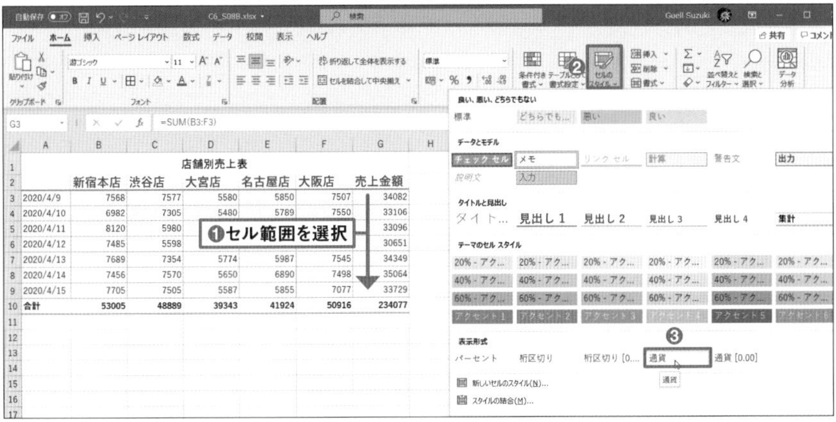

図6 売上金額のセル範囲を選択し、「セルのスタイル」を開いて「表示形式」のセルスタイルから「通貨」を選択すると、図5で設定した書式に加えて通貨の表示形式を適用できる（❶～❸）

図7 「セルのスタイル」を開き、変更したいスタイルを右クリックして、「変更」を選ぶ（❶～❸）。開く画面で書式を変更すると、そのスタイルを適用したすべてのセルの書式が変わる

Section 06

同じ文書を宛名を変えて印刷

30分 時短

受け取った文書に自分の名前があるかないかで、印象は大きく変わるものだ。同じ内容の文書を多くの人に送る場合に、宛名や文面の一部を宛先ごとに変更する「差し込み印刷」を使えば、手間をかけずに個別の文書を印刷できる。

ワードで差し込み印刷を行う場合、ワード文書と、宛名などをリスト化したエクセルファイルを用意する（**図1**）。ワード文書には後から宛名を表示するための欄を作っておく。エクセルの表には、送付先全員の宛名が入っていることを確認しておこう。

ワード文書にエクセルの宛名を差し込み印刷

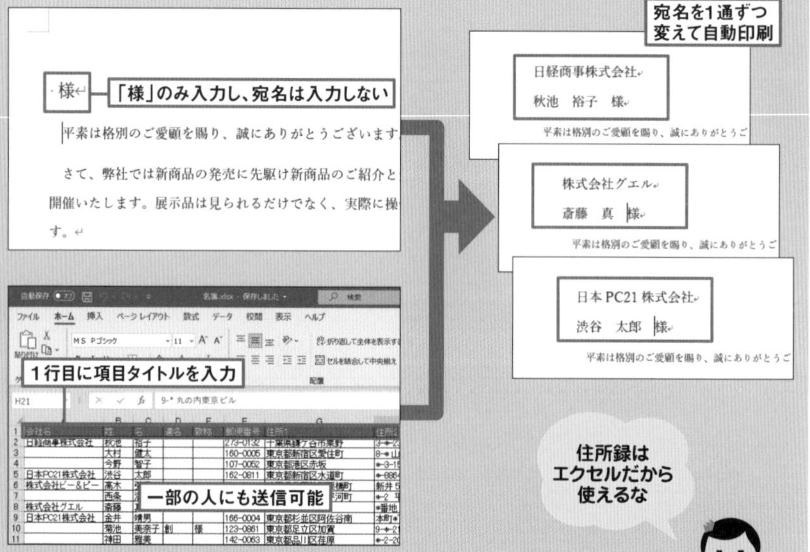

図1 ワードで文書を作成する。この例では冒頭に宛先の会社名と氏名を差し込みたいので、最初の行には「様」だけ入力してある。エクセルで宛先の情報がわかる一覧表を準備する。この例では、「会社名」「姓」「名」を使う

差し込み用のデータを指定する

ワード文書を開いたら、「宛先の選択」で差し込む宛先を入力したエクセルファイルを指定する（**図2～図4**）。エクセルファイルの中で、一部の宛先だけを使用する場合は、「アドレス帳の編集」で使用しない宛先のチェックを外しておく（**図5、図6**）。

差し込むエクセルファイルを指定

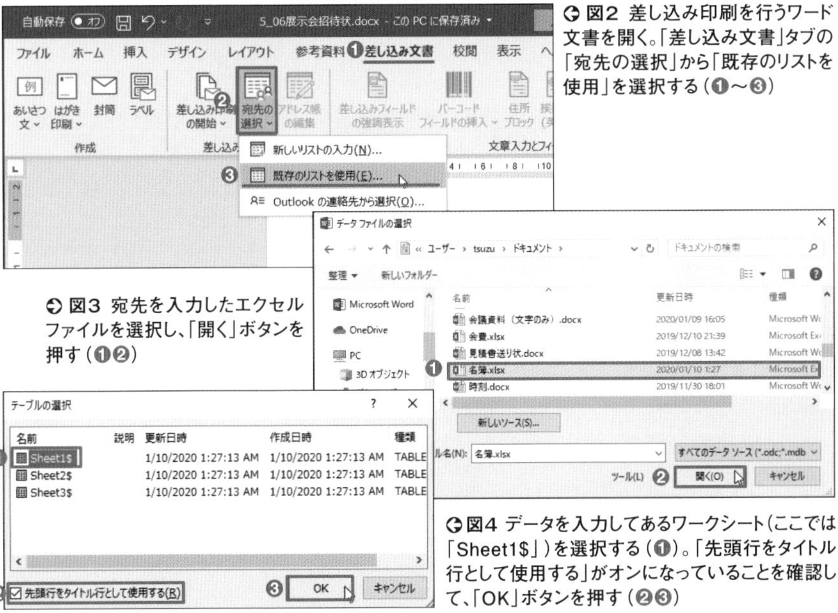

図2 差し込み印刷を行うワード文書を開く。「差し込み文書」タブの「宛先の選択」から「既存のリストを使用」を選択する（❶～❸）

図3 宛先を入力したエクセルファイルを選択し、「開く」ボタンを押す（❶❷）

図4 データを入力してあるワークシート（ここでは「Sheet1$」）を選択する（❶）。「先頭行をタイトル行として使用する」がオンになっていることを確認して、「OK」ボタンを押す（❷❸）

送る宛先を選択

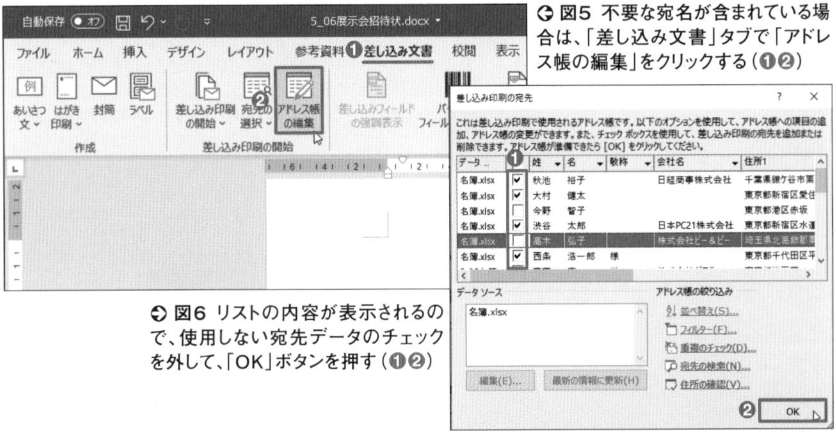

図5 不要な宛名が含まれている場合は、「差し込み文書」タブで「アドレス帳の編集」をクリックする（❶❷）

図6 リストの内容が表示されるので、使用しない宛先データのチェックを外して、「OK」ボタンを押す（❶❷）

データを差し込む位置にフィールドを設定

連絡先ごとに異なる会社名や氏名を自動表示させるために設定するのが「差し込みフィールド」だ。この文書では、エクセルファイルの項目の中で「会社名」「姓」「名」を「差し込みフィールド」として設定する。

この例では、まずページの先頭にある「様」の前にカーソルを置き、「差し込みフィールドの挿入」から「会社名」を選ぶ（**図7**）。すると「《会社名》」のように《》でくくられて表示される。実際の印刷では、「《会社名》」が個々の会社名になって印刷される。続いて同様の手順で「姓」と「名」のフィールドも挿入する（**図8**）。

必要な「差し込みフィールド」を挿入

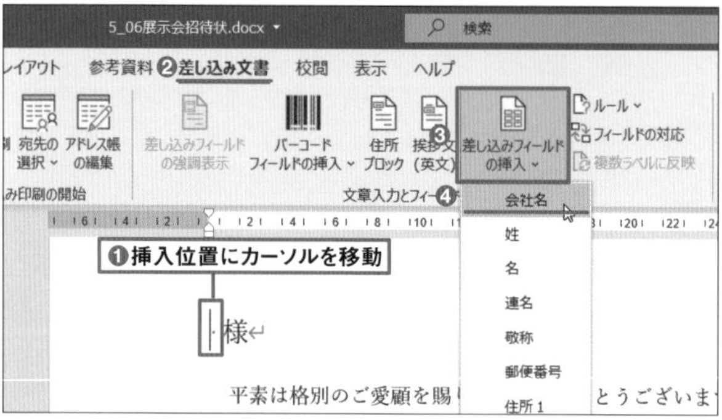

図7 まず差し込んで印刷する項目を挿入する位置にカーソルを移動する（❶）。この例では文頭に入力済みの「様」の文字の前だ。移動できたら「差し込み文書」タブの「差し込みフィールドの挿入」から「会社名」を選択（❷〜❹）

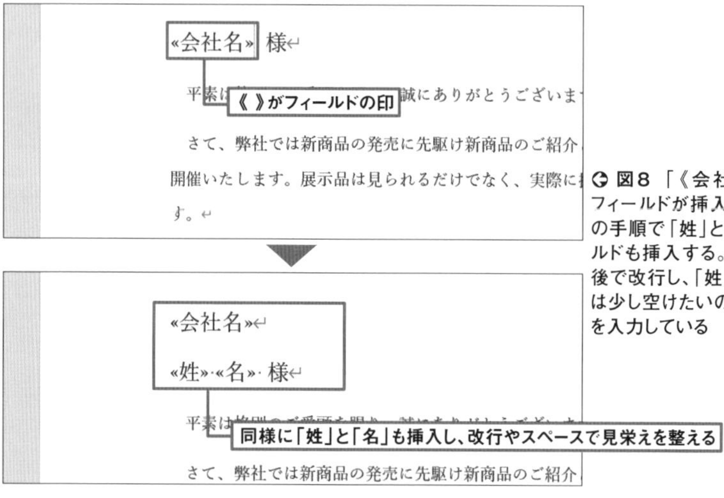

図8 「《会社名》」というフィールドが挿入される。同様の手順で「姓」と「名」のフィールドも挿入する。「会社名」の後で改行し、「姓」と「名」の間は少し空けたいので、スペースを入力している

印刷前にプレビューで結果を確認

差し込みフィールドに実際のデータが入るとどうなるかを確認する。「結果のプレビュー」をクリックしてオンにすると、差し込みフィールドにデータが入って表示される（**図9**）。確認が済んだら印刷しよう（**図10**）。なお、差し込み印刷を設定した文書は開くたびにデータファイルから差し込みの操作を行うようになる。

差し込み結果を確認して印刷する

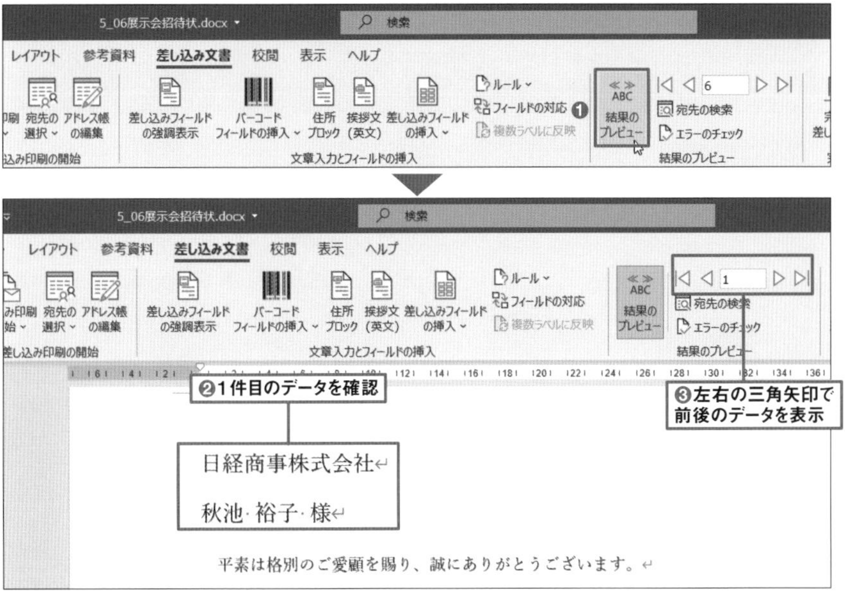

図9 「結果のプレビュー」をクリック（❶）。最初のデータが差し込みフィールドに入るので確認する（❷）。左右の三角矢印をクリックすることで、ほかのデータも確認できる（❸）

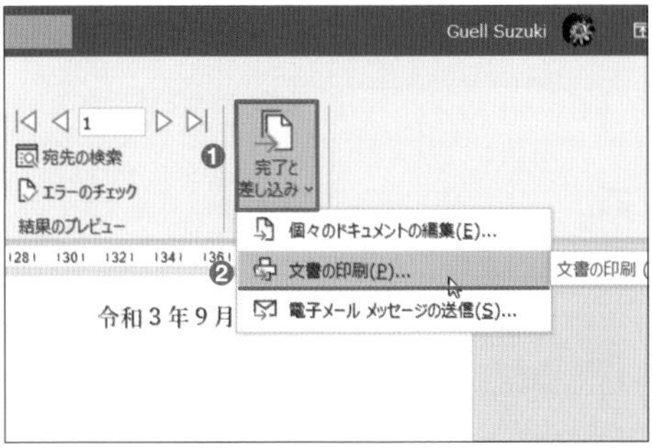

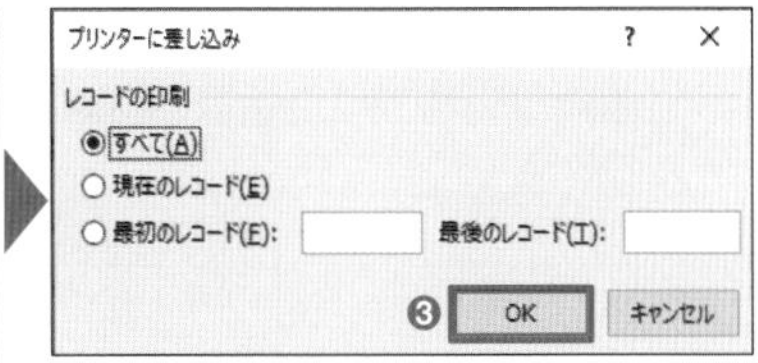

図10 確認が済んだら「完了と差し込み」から「文書の印刷」を選択（❶❷）。確認画面で「OK」を押すと印刷が始まる（❸）

Section 07

ふりがなの手入力を卒業

5分時短

すべての漢字を読める人は、まずいない。人に渡す文書であれば、読みづらいと思う漢字にはふりがなを付けると親切だ。ワードにもエクセルにもルビを自動表示する機能があるので、その使い方を説明しよう（**図1**、**図2**）。

ワードでは、ふりがなを付けたい文字列を選択して「ルビ」ボタンを押す（**図3**）。ルビの設定画面が開くので、必要に応じて修正する（**図4**）。エクセルでは、入力時の読みがながふりがなとして表示されるが、ワードの場合は自動表示されるため、「け

ワードでもエクセルでもルビは自動表示が基本

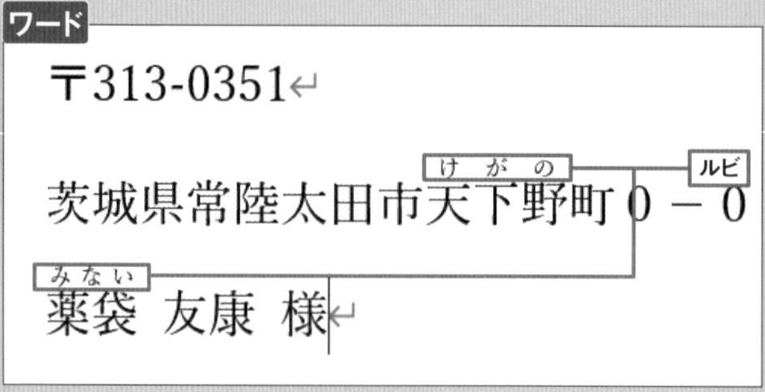

図1 ワードでは、「ルビ」ボタンでふりがなを表示できる

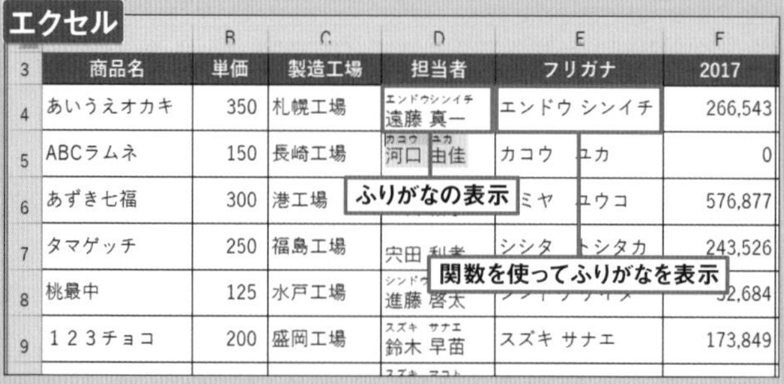

図2 エクセルでは、ワードと同様にふりがなを表示するだけでなく、関数を使って別のセルにふりがなを表示することも可能だ

がの」と入力して変換しているのに、「てんかの」と表示されるなど、難読漢字は修正が必要なことがある。

ルビの「配置」は、文字列に均等に配置する「均等割り付け2」が初期設定になっているが、「左揃え」や「中央揃え」も選択できる。「プレビュー」を見て、「オフセット」(文字とルビの間隔)やルビのサイズなどを調整する。

ルビが不要になったときには、ルビを付けた文字列を選択して再度ルビの設定画面を表示させ、ルビを削除すればよい。

ワードでルビを設定

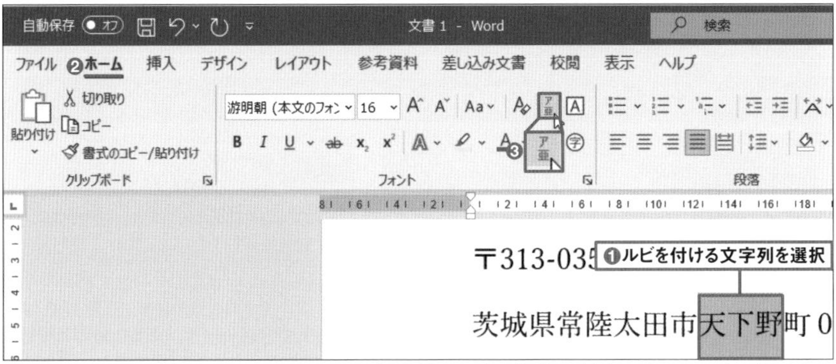

⇧図3 ワードではルビを付ける文字列を選択し(❶)、「ホーム」タブの「ルビ」ボタンをクリックする(❷❸)

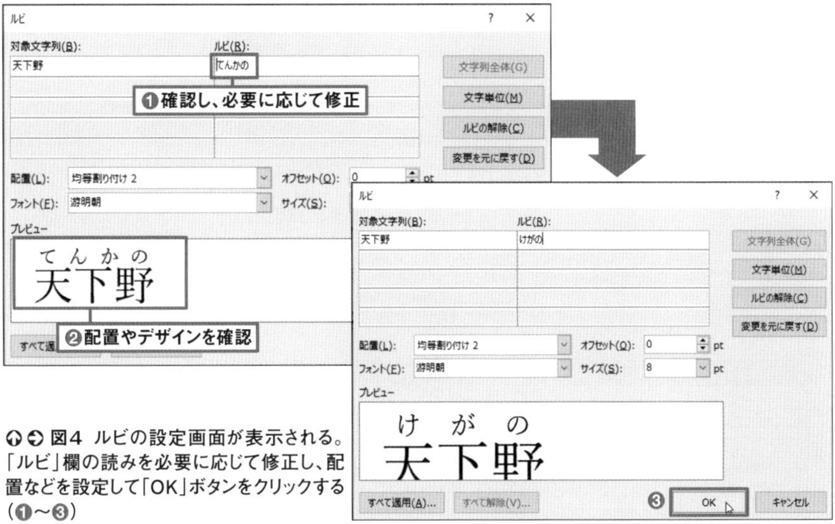

⇧⇨ 図4 ルビの設定画面が表示される。「ルビ」欄の読みを必要に応じて修正し、配置などを設定して「OK」ボタンをクリックする(❶〜❸)

重要な役割を持つエクセルのふりがな

エクセルでは、セルを選んで「ふりがなの表示/非表示」ボタンを押せば、かな漢字変換時に使用した読みがなを表示できる（**図5**）。入力時に違う読みがなを入力した場合は、当然そのまま表示されるので、修正が必要だ。また、古いデータや、ほかのアプリからコピペしたデータなど、ふりがなが自動表示されないこともある。

エクセルでは、文字列データの並べ替えにふりがなを使用するため、ふりがなが間違っていたり、表示されなかったりすると、正しい順に並ばない。ふりがながない場合、「ふりがなの編集」を選択することで、一般的なふりがなが表示される（**図6**）。ふりがなの編集モードになっているので、必要に応じて書き換えも可能だ。

エクセルではふりがなの表示/非表示を切り替え

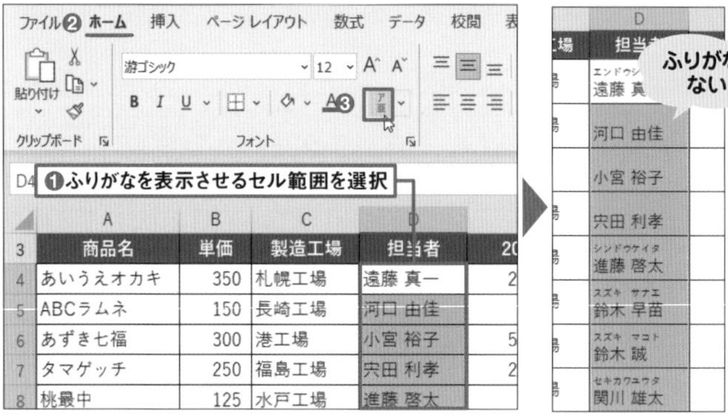

図5 正確に並ばなかったセル範囲を選択して「ホーム」タブの「ふりがなの表示/非表示」ボタンをクリックする（❶〜❸）。ふりがなが間違っていたり、表示されないセルがあるはずだ

ふりがなを修正

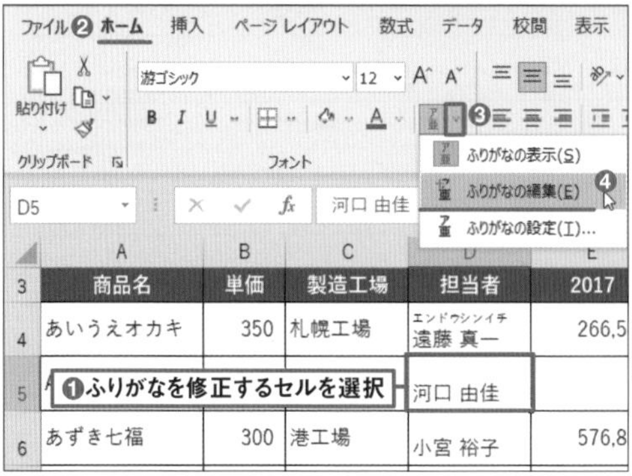

図6 ふりがながなかったり間違ったりしているセルを選択し、「ホーム」タブの「ふりがなの表示/非表示」の「▼」メニューから「ふりがなの編集」を選ぶ（❶〜❹）。空欄だった場合はふりがなの候補が自動表示されるので、合っていればそのまま確定する（❺）

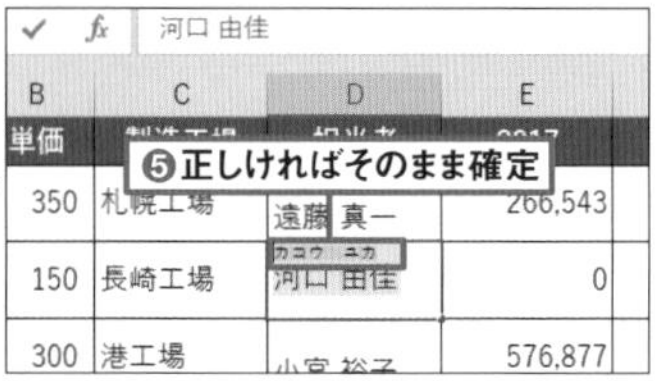

この方法は、セル1つずつで行う必要があるため、ふりがなが表示されないセルが多い場合、「VBE（Visual Basic Editor）」でごく簡単なプログラムを作るとまとめてふりがなを表示することができる（**図7、図8**）。

ふりがなを別のセルに表示することもできる。「PHONETIC」という関数を使う方法だが、これも操作は簡単なので紹介しておく（**図9**）。

表示されないふりがなを表示させる

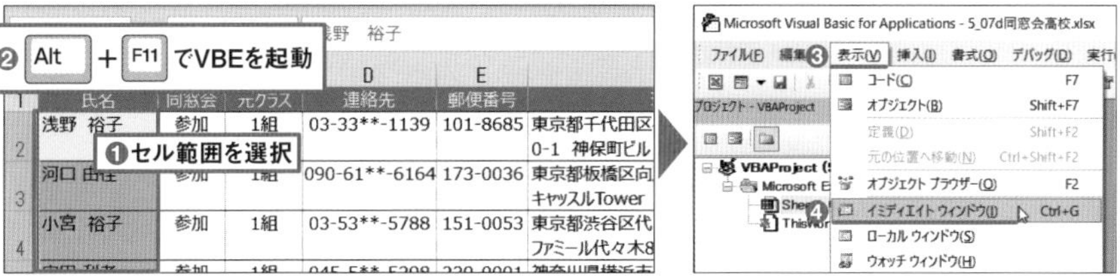

図7 ふりがなを付けたいセル範囲を選択し、「Alt」+「F11」キーを押して「VBE」を起動（❶❷）。表示されたウインドウで「表示」メニューから「イミディエイトウィンドウ」を選択する（❸❹）

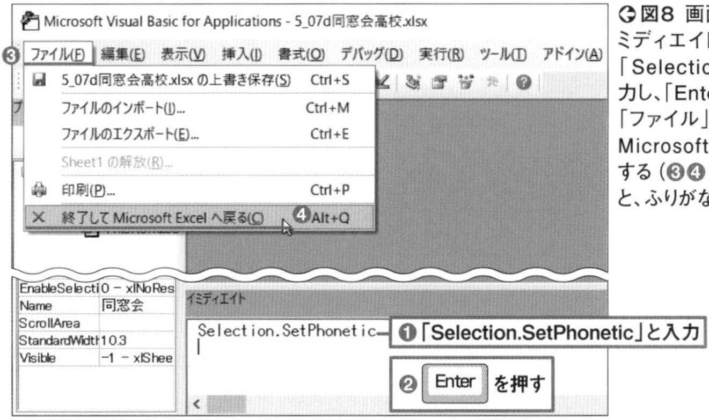

図8 画面右下に表示された「イミディエイト」ウインドウに半角で「Selection.SetPhonetic」と入力し、「Enter」キーを押す（❶❷）。「ファイル」メニューから「終了して Microsoft Excel へ戻る」を選択する（❸❹）。エクセル画面に戻ると、ふりがなが表示されている

ふりがなだけを別のセルに表示

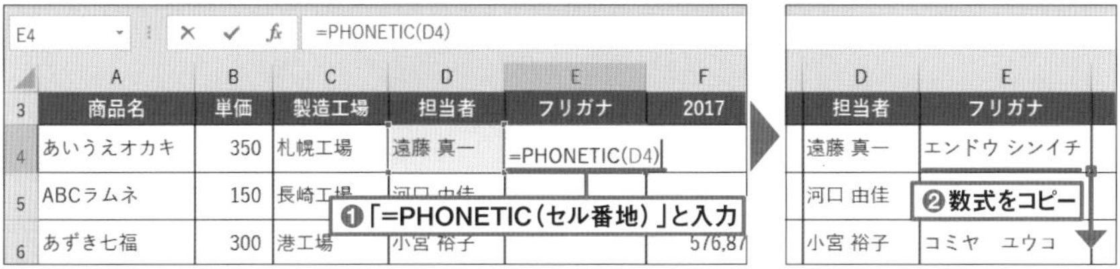

図9 ふりがなを表示させるセルを選択し、「=PHONETIC（元データのセル番地）」と入力する（❶）。これでふりがなが表示されるので、その数式を別のセルにコピーすれば、ふりがなの列ができる（❷）

Section 08

オフィスソフトのお節介をやめさせる

5分時短

正しく入力したはずの文字が勝手に別の文字に変わってしまうようでは安心して入力できない。しかし、ワードなどのオフィスソフトには、一般的な文法や書式設定に基づいて間違いと判断した文字列を自動修正する機能がある。そのまま使っていると、「(e)」が「€」になったり、「2nd」が肩文字の「2nd」になったりと、予期せぬ変換が行われる（**図1**）。

違う文字になってしまったことにその場で気付いたら、「オートコレクトのオプショ

オフィスソフトで入力すると文字が勝手に変身する

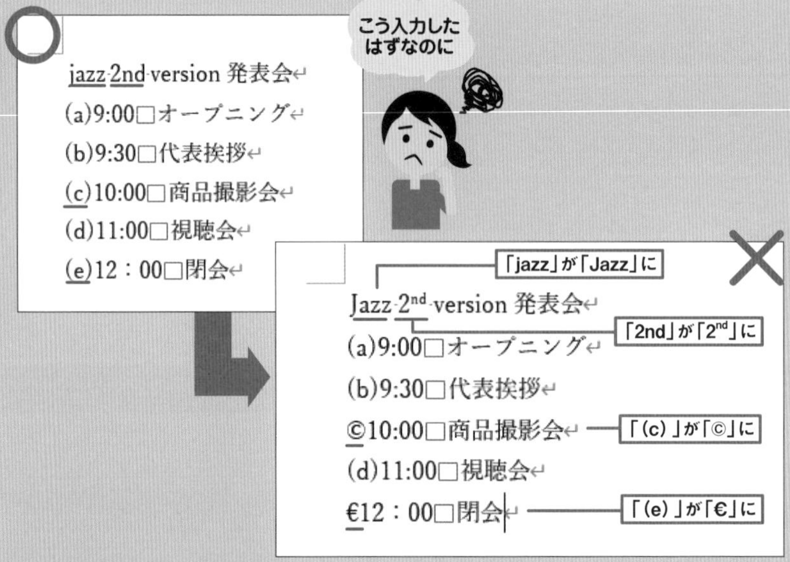

図1 左図のように入力したはずなのに、入力後は右図のように変わってしまった。「jazz」→「Jazz」、「2nd」→「2nd」、「(c)」→「©」、「(e)」→「€」に変わっている。入力確定時に自動変換されるので、思わぬミスにつながる

ン」ボタンを使って元に戻すことができる（**図2**）。しかし、いつも気付けるとは限らないので、勝手に変わるのを防ぎたければ、自動修正機能をオフにしておいたほうがよいだろう。図2右の画面で「…を自動的に…しない」を選べば、以後自動修正されるのを防ぐことができる。この画面で「オートコレクトオプションの設定」を選べば、自動修正の設定をまとめて変更することも可能だ。

自動修正の原因は2つある。「(e)」が「€」になるのは「オートコレクト」、「2nd」が肩文字になるのは「入力オートフォーマット」という機能が原因だ。どんな文字が自動修正されるのかを確認して、使わない機能はオフにしておいたほうがよい。設定画面を表示させよう。

ワード、エクセル、パワーポイントの場合は、「ファイル」タブをクリックし、「オプション」を選択（**図3**）。「文章校正」で「オートコレクトのオプション」を選んで設定画面を表示させる。アウトルックの場合は、「オプション」を選択後、「メール」で「スペルチェックとオートコレクト」を選択し、「文章校正」で「オートコレクトのオプション」を選択する。

変身した文字列をその場で修正

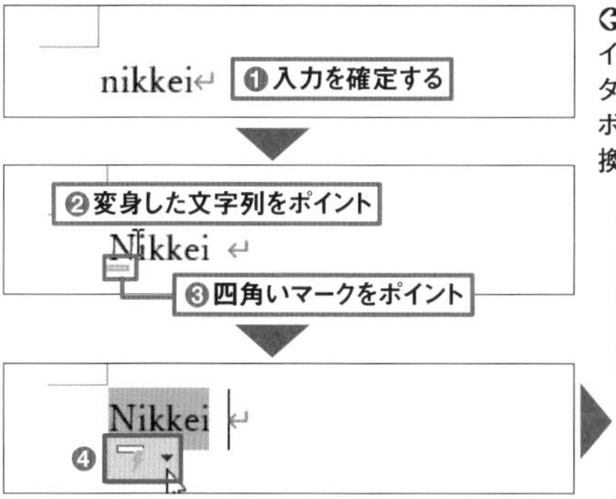

図2 入力を確定し、変わってしまった文字列をポイントする（❶❷）。表示される四角いマークにポインターを重ねると表示される「オートコレクトのオプション」ボタンをクリックして、今回だけ解除するか、以後は変換させないかを選択する（❸～❻）

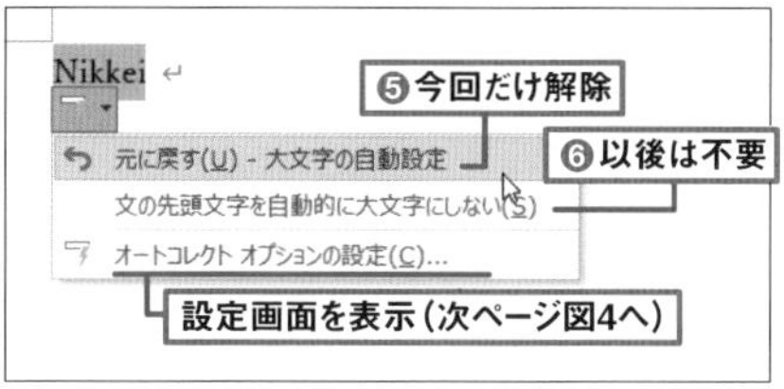

自動修正の設定画面を表示する

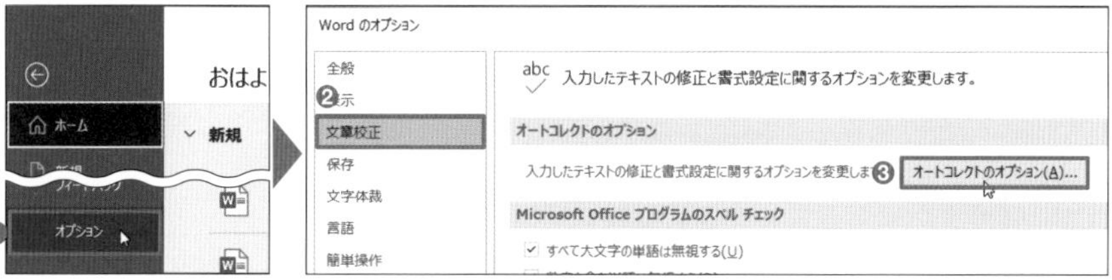

図3 「ファイル」タブで「オプション」を選択する（❶）。表示された「…のオプション」画面で「文章校正」を選び、「オートコレクトのオプション」ボタンをクリックする（❷❸）

自動修正を解除するかどうかは、「オートコレクト」タブと「入力オートフォーマット」タブで指定する（**図4、図5**）。誤字脱字を自動修正する便利な機能でもあるので、利用できるものは利用し、不要なものは解除するとよいだろう。

自動修正はここで解除

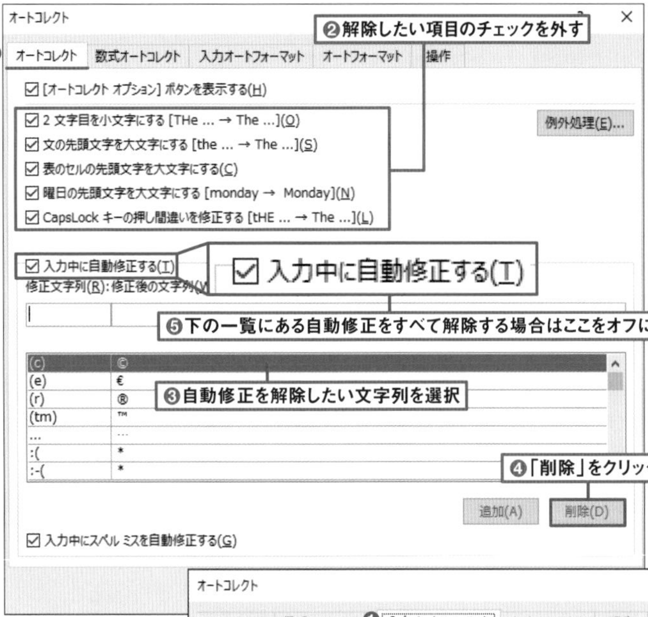

➲ 図4 「オートコレクト」タブで自動修正項目を確認し、不要なチェックを外す（❶❷）。特定の文字列が自動修正される場合は、下の一覧から解除したい文字列を選び、「削除」を押す（❸❹）。すべての自動修正をオフにすることもできる（❺）

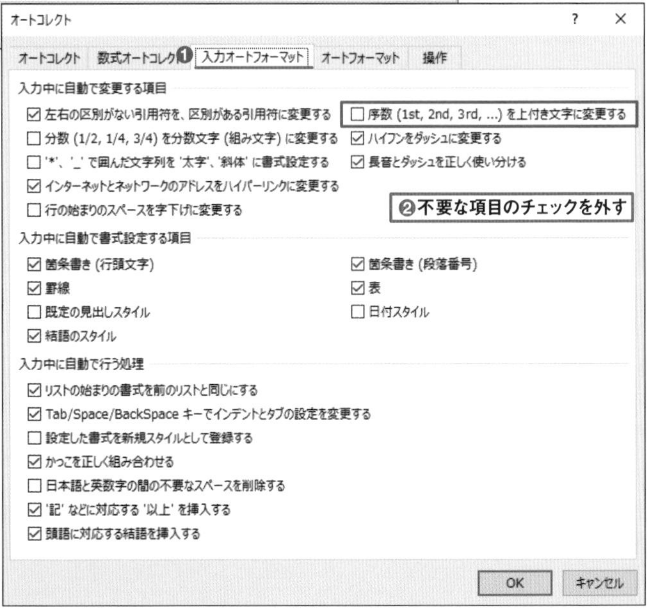

➲ 図5 「入力オートフォーマット」タブでは自動書式設定を解除できる（❶）。「2nd」が「2nd」になるのを防ぐなら、「序数 … を上付き文字に変更する」のチェックを外せばよい（❷）。画面はワードの例。エクセルやパワーポイントでは設定項目が変わるが、同じ手順で変更できる

ワードで自動表示される下線を消す

ワードの場合、入力中の文字列の下に赤い波線や青い二重線が表示されることがある。入力すると同時に英語のスペルと日本語の文法的なチェックを行い、ミスが疑われる文字列に下線を表示するのが初期設定だからだ（**図6**）。赤い波線はスペルミス、青い二重線は文法的な誤りの可能性がある。ありがたい機能であり、これらの下線は印刷されないので放っておいてもよいのだが、正しい文字列にも表示されると気になるものだ。表示された下線は、右クリックして修正候補から選び直すか、「無視」を選択する。入力中の下線が気になるなら、「ファイル」タブの「オプション」で「文章校正」を選び、下線の非表示や校正機能のオフを設定しよう（**図7**）。

ワードで自動表示される下線に対処

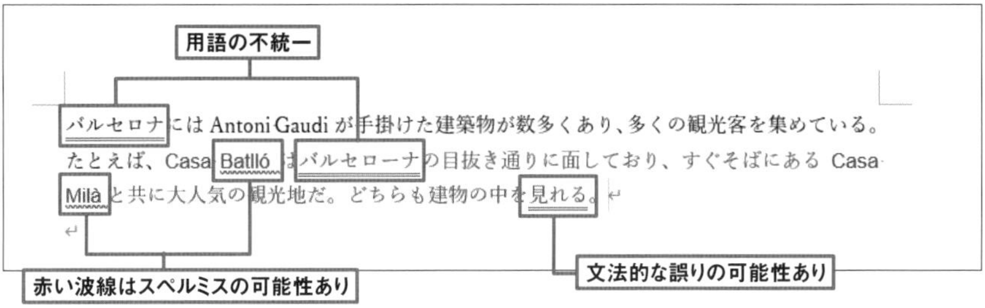

図6 ワードでの入力中、自動的に下線が表示された場合は、校正機能が注意を促している印だ。対処方法を覚えれば、入力ミスを効率良くチェックできる

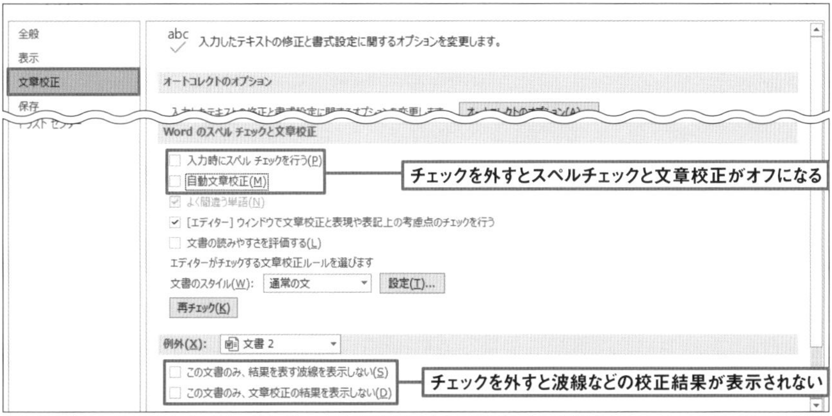

図7 「ファイル」をクリックし、「オプション」を選択して「文章校正」を選択する。スペルチェックと校正をしないように設定したり、波線などの校正結果を表示しない設定にしたりできる

Section 09

よく使う機能をワンクリックで実行

3分
時短

オフィスソフトの画面の左上に配置されている「クイックアクセスツールバー」は、いつでもワンクリックで機能を選べる便利な場所だ。通常は、「戻る」「上書き保存」といったボタンしかないが、よく使う機能を選んで追加することができる。よく使う機能をここに追加すれば確実に時短になるので、自分なりのボタンを登録していこう。

クイックアクセスツールバー右端のボタンを押すとメニューが開き、簡単に機能を追加することができる（**図1**）。

作業中、「この機能はよく使う」と思う機能があれば、そのボタンを右クリックして登録すればよい（**図2**）。リボンにない機能は、「その他のコマンド」から追加することができる（**図3**）。

クイックアクセスツールバーに機能を追加

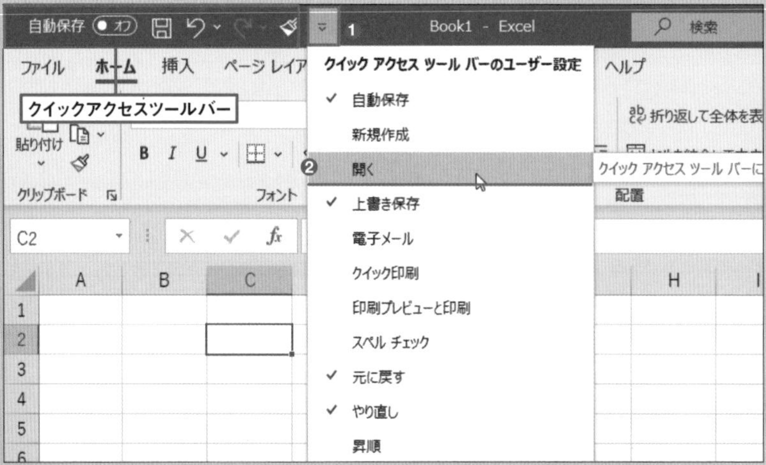

図1 オフィスソフトの画面左上に表示される「クイックアクセスツールバー」は、リボンと違っていつでも表示されているので必要なときにすぐ選べる。よく使う機能は、クイックアクセスツールバー右端にある「クイックアクセスツールバーのユーザー設定」ボタンから追加できる（❶❷）

リボンにある機能をクイックアクセスツールバーに追加

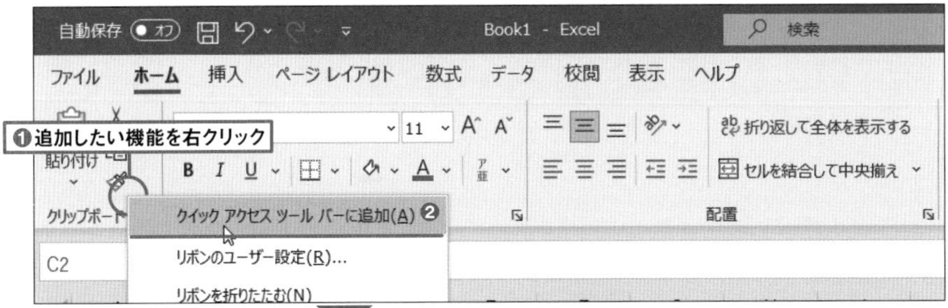

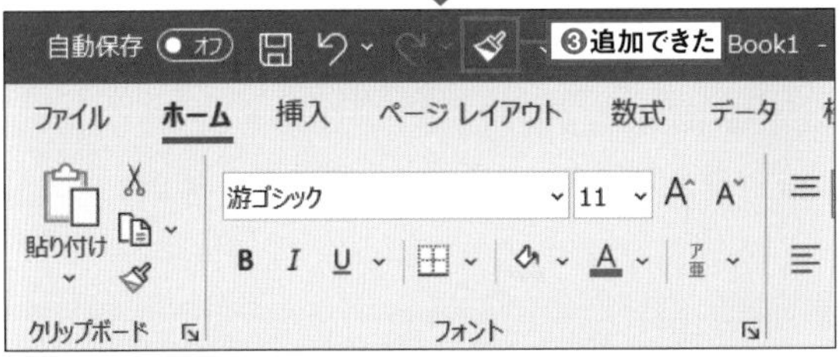

↑← 図2 リボンのボタンやメニューで追加したい機能を右クリックし(❶)、「クイックアクセスツールバーに追加」を選択(❷)。追加した順にクイックアクセスツールバーに並ぶ(❸)

リボンにない機能を追加する

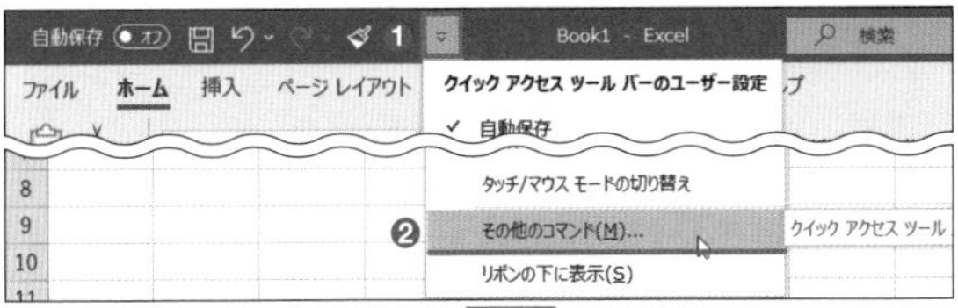

←↓ 図3 「クイックアクセスツールバーのユーザー設定」ボタンをクリックする(❶)。「その他のコマンド」を選択すると、機能の選択画面が表示される(❷)。左側で追加したい機能を選んで「追加」ボタンを押し(❸❹)、「OK」をクリックする(❺)

Section 10

「姓」と「名」を連結する・分割する

10分 時短

エクセルでは、入力済みのデータを使ってさまざまな操作を行う。別々のセルに入力された「姓」と「名」をつなげて「氏名」欄を作るのもよくあることだ。以前は関数を使わないと難しい操作だったが、エクセル2013から搭載された「フラッシュフィル」を使うと簡単にできる。「姓」と「名」を結合した「氏名」を表示する最初のセルに、サンプルを入力し、「フラッシュフィル」を選ぶだけだ（**図1**）。

フラッシュフィルは、データの結合や分割を自動化してくれる便利な機能。入力し

フラッシュフィルでセルの連結・分割を自動化

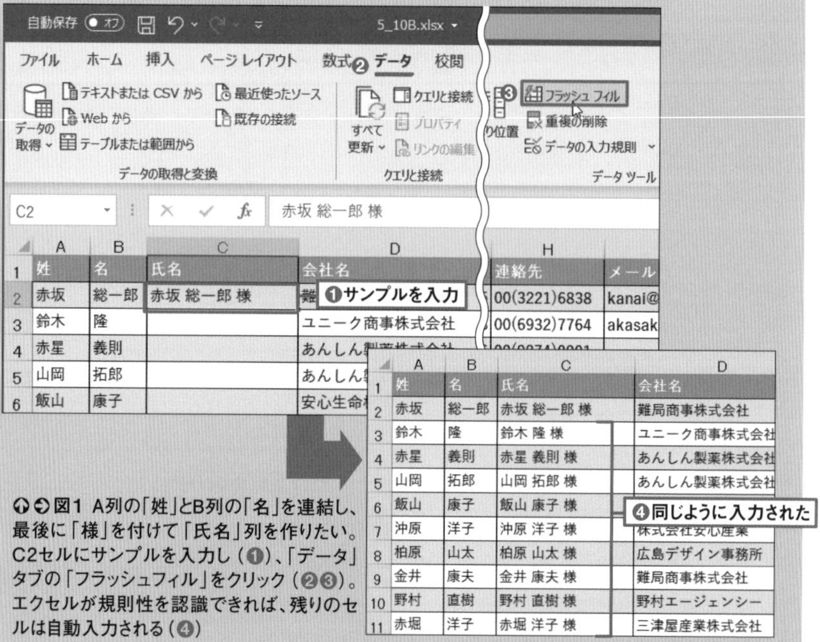

⬆➡図1 A列の「姓」とB列の「名」を連結し、最後に「様」を付けて「氏名」列を作りたい。C2セルにサンプルを入力し（❶）、「データ」タブの「フラッシュフィル」をクリック（❷❸）。エクセルが規則性を認識できれば、残りのセルは自動入力される（❹）

たサンプルで使用している文字列を隣り合うセルから探し、「ユーザーがやろうとしていること」の規則性をエクセルが見抜くことができれば、予測される入力候補を表示する。

「鈴木　太郎」のように、間をスペースなどで区切ったデータがあるなら、「姓」と「名」に分けて別々のセルに入力するのもお手のもの（**図2**）。同様に3列以上のデータを連結することもできる（**図3**）。

便利なフラッシュフィルだが、データによっては規則性を読み取れず、エラーになったり、入力されたデータが正しくないこともある。その場合は最初に入力するサンプルを1件ではなく2、3件に増やしてみるとうまくいくこともある。

フラッシュフィルで規則性のある編集作業を自動化

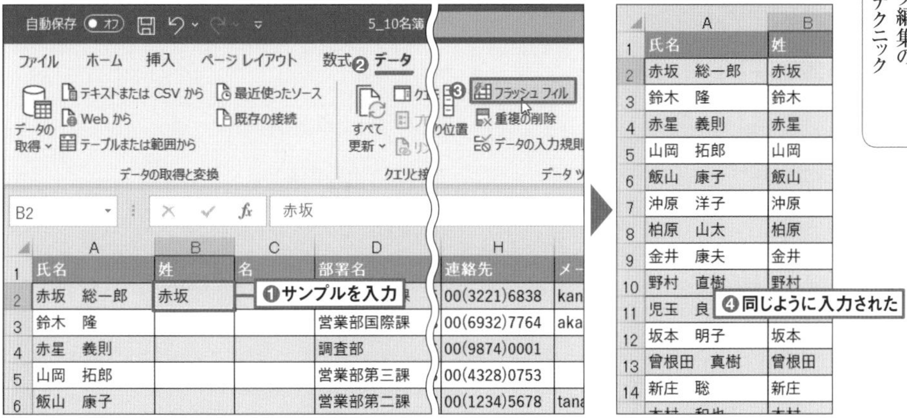

図2 A列の「氏名」の欄には、姓と名の間にスペースが入力されている。B2セルに姓の部分だけを入力してフラッシュフィルを実行すると、エクセルは「A列のセルのスペース以前の文字列を抜き出す」という規則性を見抜き、残りのセルに自動入力してくれる（❶〜❹）

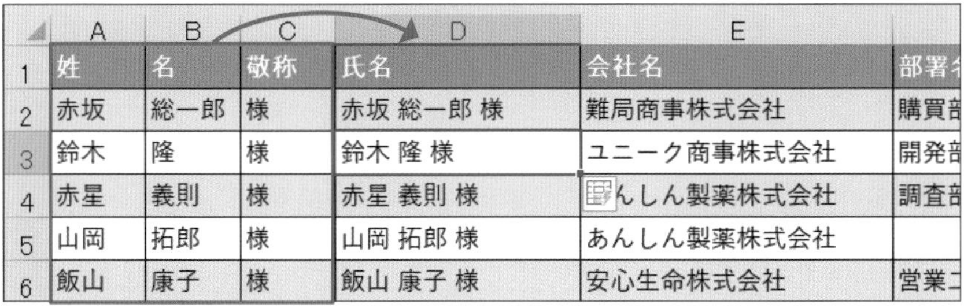

図3 結合できるセルは2列とは限らない。A列、B列、C列のセルをすべて足して、間にスペースを入力するといったことも問題なくできる

ウィンドウズ全般

⊞	スタートメニューを表示し、検索ボックスを選択
⊞ + ! 1 ぬ ～ を 0 わ	タスクバーに登録したアプリを起動
⊞ + E い	エクスプローラーを起動
⊞ + L り	ロック画面を表示
Ctrl + N み	新規作成（新規ウインドウ、新規文書など）
Delete	削除（文字列、図形、ファイルなど）
Ctrl + C そ	コピー
Ctrl + X さ	切り取り
Ctrl + V ひ	貼り付け
⊞ + V ひ	クリップボード履歴を表示
Ctrl + S と	ファイルを上書き保存
F12	名前を付けてファイルを保存
Alt + Tab	開いているウインドウの一覧を表示
⊞ + Tab	タスクビューを表示
Shift + ← ↓ ↑ →	選択範囲を広げる・狭める
クリック→ Shift +クリック	始点と終点を指定し、その範囲を選択
Ctrl +クリックまたはドラッグ	選択範囲の追加
Ctrl + A ち	全体を選択
Shift + End	ここから最後までを選択
Shift + Home	ここから最初までを選択
半角/全角 漢字 / Caps Lock	IMEのオン／オフを切り替え
⊞ + > 。 . る	絵文字パネルを表示
Ctrl + Z っ つ	1つ前の操作を元に戻す
Ctrl + Y ん	1つ前の操作をやり直す

F4	1つ前の操作を繰り返す
Ctrl + W	ウインドウを閉じる
Alt + F4	アプリの終了、ウィンドウズの終了

ブラウザー

Alt + D	アドレスバーを選択
スペース	1画面分、下へ移動
Home	ページの先頭へ移動
End	ページの末尾へ移動
Ctrl + Shift +クリック	リンク先を新しいタブで表示

エクセル

Tab	1つ右のセルへ移動
Enter	1つ下のセルへ移動
↑ ↓ ← →	矢印の方向のセルへ移動
Ctrl + ↑ ↓	表内で選択セルと同じ列の上端／下端へ移動
Ctrl + ← →	表内で選択セルと同じ行の左端／右端へ移動
Ctrl + Home	A1セルへ移動
Ctrl + End	最後(右下隅)のセルへ移動
Shift +ドラッグ	セル範囲の入れ替え
F2	セルを編集モードにする
Alt + ↓	同じ列に入力済みのデータをリストで表示
Ctrl + Enter	選択中のセル範囲に一括入力、書式の引き継ぎを解除して入力を確定
Ctrl + R	左のセルのデータをコピー
Ctrl + D	上のセルのデータをコピー

Keyboard shortcuts ●ショートカットキー一覧

ワード

ダブルクリック	単語を選択
Ctrl +クリック	文を選択
トリプルクリック /左余白をダブルクリック	段落を選択
左余白をクリック	行を選択
左余白をトリプルクリック	全文を選択
Ctrl + B	太字（ボールドのB）にする
Ctrl + I	斜体（イタリックのI）にする
Ctrl + F	検索の設定画面を表示
Ctrl + H	置換の設定画面を表示
Ctrl +ドラッグ	選択した文字列やオブジェクトのコピー
Ctrl + E	段落を中央揃えにする
Ctrl + L	段落を左揃えにする
Ctrl + R	段落を右揃えにする
Ctrl + Shift + N	すべての書式設定を解除

エクスプローラー

F2	選択中のファイル／フォルダーの名前を編集
Shift +ドラッグ	ファイル／フォルダーの移動
Ctrl +ドラッグ	ファイル／フォルダーのコピー
Alt +ドラッグ	ショートカットの作成
Ctrl + Shift + 1 ～ 0	エクスプローラーの表示を切り替え
Ctrl + Enter	フォルダーを新しいウインドウで開く

Index ●索引

日経PC21

1996年3月創刊の月刊誌。仕事にパソコンを活用するための実用情報を、わかりやすい言葉と豊富な図解・イラストで紹介。エクセル、ワードなどのアプリケーションソフトやクラウドサービスの使い方から、プリンター、デジタルカメラなどの周辺機器、スマートフォンの活用法まで、最新の情報を丁寧に解説している。

鈴木眞里子（グエル）

情報デザイナーとして執筆からレイアウトまでを行う。日経PC21、日経パソコンなど、パソコン雑誌への寄稿をはじめ、製品添付のマニュアルや教材なども手がけ、執筆・翻訳した書籍は100冊を超える。近著に『Outlook最速時短術』『Word最速時短術』『Excel最速時短術』（ともに日経BP）がある。編集プロダクション、株式会社グエル取締役。

パソコン仕事 最速操作 完全ガイド

2021年7月26日　第1版第1刷発行

著者	鈴木眞里子（グエル）
編集	田村規雄、森本篤徳（日経PC21）
発行者	中野 淳
発行	日経BP
発売	日経BPマーケティング 〒105-8308　東京都港区虎ノ門4-3-12
装丁	小口翔平＋加瀬 梓（tobufune）
本文デザイン	桑原 徹＋櫻井克也（Kuwa Design）
制作	鈴木眞里子（グエル）
印刷・製本	図書印刷株式会社

ISBN 978-4-296-10994-4

本書籍に関するお問い合わせ、ご連絡は下記にて承ります。
https://nkbp.jp/booksQA